Dominação e desigualdade
Estudos sobre a repartição da renda

FUNDAÇÃO EDITORA DA UNESP

Presidente do Conselho Curador
Mário Sérgio Vasconcelos

Diretor-Presidente / Publisher
Jézio Hernani Bomfim Gutierre

Superintendente Administrativo e Financeiro
William de Souza Agostinho

Conselho Editorial Acadêmico
Luís Antônio Francisco de Souza
Marcelo dos Santos Pereira
Patricia Porchat Pereira da Silva Knudsen
Paulo Celso Moura
Ricardo D'Elia Matheus
Sandra Aparecida Ferreira
Tatiana Noronha de Souza
Trajano Sardenberg
Valéria dos Santos Guimarães

Editores-Adjuntos
Anderson Nobara
Leandro Rodrigues

FUNDAÇÃO PERSEU ABRAMO

Instituída pelo Diretório Nacional do Partido dos Trabalhadores em maio de 1996.

Diretoria

Presidente
Paulo Okamotto

Vice-presidenta
Vívian Farias

Elen Coutinho
Naiara Raiol
Alberto Cantalice
Artur Henrique
Carlos Henrique Árabe
Virgílio Guimarães
Jorge Bittar
Valter Pomar

Conselho editorial
Albino Rubim, Alice Ruiz, André Singer, Clarisse Paradis, Conceição Evaristo, Dainis Karepovs, Emir Sader, Hamilton Pereira, Laís Abramo, Luiz Dulci, Macaé Evaristo, Marcio Meira, Maria Rita Kehl, Marisa Midori Deaecto, Rita Sipahi, Silvio Almeida, Tassia Rabelo, Valter Silvério

Coordenador editorial
Rogério Chaves

Assistente editorial
Raquel Costa

PAUL SINGER

Dominação e desigualdade
Estudos sobre a repartição da renda

ORGANIZAÇÃO André Singer, Helena Singer e Suzana Singer

Coleção Paul Singer volume 4

© 2024 EDITORA UNESP

Direitos de publicação reservados à:
Fundação Editora da Unesp (FEU)
Praça da Sé, 108
01001-900 – São Paulo – SP
Tel.: (0xx11) 3242-7171
Fax: (0xx11) 3242-7172
www.editoraunesp.com.br
www.livrariaunesp.com.br
atendimento.editora@unesp.br

DADOS INTERNACIONAIS DE CATALOGAÇÃO NA PUBLICAÇÃO (CIP)
DE ACORDO COM ISBD
Elaborado por Vagner Rodolfo da Silva – CRB-8/9410

S617d
Singer, Paul
    Dominação e desigualdade: estudos sobre a repartição da renda / Paul Singer; organizado por André Singer, Helena Singer, Suzana Singer. – São Paulo: Editora Unesp; Fundação Perseu Abramo, 2024.

    Inclui bibliografia.
    ISBN: 978-65-5711-217-5 (Editora Unesp)
    978-65-5626-091-4 (Fundação Perseu Abramo)

    1. Economia. 2. Produção. 3. Estrutura de classes. 4. Desigualdade. 5. Repartição de renda. I. Singer, André. II. Singer, Helena. III. Singer, Suzana. IV. Título.

2023-3601   CDD 330
                                                               CDU 33

Editora afiliada

Sumário

Coleção Paul Singer, *9*

Paul Singer, a desigualdade e o subproletariado –
Fernando Rugitsky, 11

DOMINAÇÃO E DESIGUALDADE

Prefácio, *35*

I Evolução da estrutura de classes do Brasil: 1950 a 1976, *43*

Introdução: por que as classes?, *43*

1. Mudanças nas relações de produção, *53*

  1.1. Fontes e conceituação, *53*

  1.2. A PEA agrícola, *55*

  1.3. A PEA não agrícola, *74*

  1.4. A PEA total, *78*

2. Evolução da repartição da renda, *85*

  2.1. Comparabilidade dos dados, *85*

  2.2. A repartição da renda total, *92*

  2.3. A repartição da renda dos empregadores, *101*

  2.4. A repartição da renda dos empregados, *110*

  2.5. A repartição da renda dos autônomos, *123*

3. A evolução da estrutura social, *129*

  3.1. Considerações metodológicas, *129*

3.2. A evolução geral, *136*

3.3. A evolução da burguesia, *148*

3.4. A evolução da pequena-burguesia, *152*

3.5. A evolução do proletariado, *155*

4. O caráter de classe dos não remunerados, *160*

II Quem são os pobres e os ricos no Brasil, *163*

III Desenvolvimento e repartição de renda no Brasil, *173*

Introdução, *173*

1. O contexto histórico-estrutural, *178*

2. O impacto do desenvolvimento sobre os setores agrícolas, *180*

3. Industrialização, urbanização e marginalização, *194*

4. A explicação "econômica" da repartição da renda, *202*

5. Repartição da renda pessoal e da renda recebida como salário, *208*

Referências bibliográficas, *213*

REPARTIÇÃO DA RENDA

I O que queremos saber, *217*

II Quem são os ricos, a classe média e os pobres no Brasil, *221*

Os ricos, *221*

A "classe média", *227*

Os pobres, *229*

III Quantos são os ricos e os pobres no Brasil, *235*

Renda individual e familiar, *235*

Pobres e ricos na década de 1960, *237*

Pobres e ricos na década de 1970, *248*

O período do "milagre econômico" (1970-1976), *249*

O período pós-"milagre" (1976-1980), *252*

O período final do regime militar (1980-1985), *258*

Para concluir, *272*

IV A desigualdade na repartição da renda, *277*

1960-1970: o crescimento da desigualdade, *278*

1970-1980: aumento e declínio da desigualdade, *280*

1970-1976: o "milagre econômico", *280*
1976-1980: os anos pós-"milagre", *286*
1979-1983: a crise econômica, *290*

V Conclusões, *293*

Referências bibliográficas, *303*

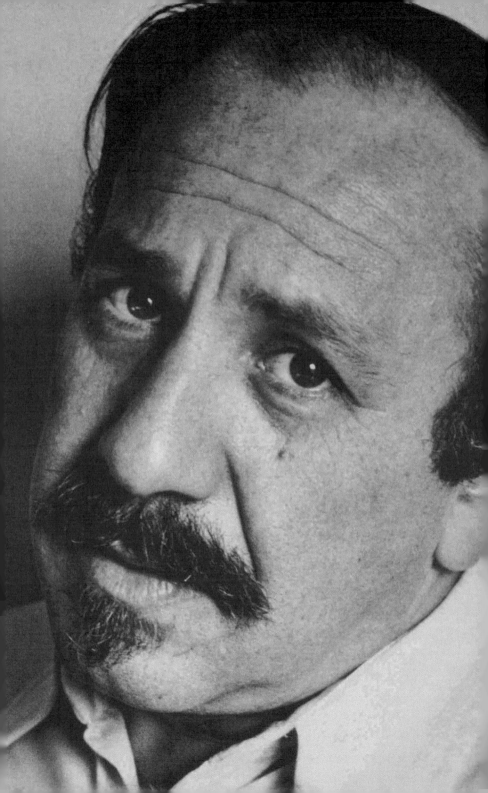

Coleção Paul Singer

Paul Singer nasceu em Viena, Áustria, em 1932. Em 1940, fugiu do nazismo levado pela mãe, viúva, para São Paulo. No Brasil, completou a escolaridade fundamental, tornando-se eletrotécnico no ensino médio. Antes de ingressar na Universidade de São Paulo (USP), em 1956, para estudar economia, foi operário e tornou-se militante socialista, condição que manteria para o resto da vida, tendo intensa participação partidária até a morte, em 2018.

Diplomado pela Faculdade de Economia e Administração (FEA) da USP, fez carreira acadêmica, a qual passou por doutorado em Sociologia, livre-docência em Demografia e titularidade na própria FEA, onde se aposentou em 2002. A segunda metade de sua existência foi marcada pela gestão pública, na qual exerceu os cargos de secretário do Planejamento do município de São Paulo (1989-1992) e secretário nacional de Economia Solidária do governo federal (2003-2016). Neles, teve oportunidade de implementar ideias e propostas que havia desenvolvido desde a juventude.

O legado dessa trajetória inclui 24 livros próprios e seis em coautoria, algumas dezenas de artigos científicos publicados em diversos países, várias centenas de textos e entrevistas a jornais, além de relatórios e comunicações orais, hoje no acervo do Instituto de Estudos Brasileiros (IEB) da USP. A Coleção Paul Singer, da Fundação Editora da Unesp e da Editora Fundação Perseu Abramo, visa disponibilizar ao público uma seleção de trabalhos do autor, cuja obra se estendeu não somente a assuntos econômicos, mas relacionados à política, urbanismo, demografia, saúde e história, entre outros.

André Singer, Helena Singer e Suzana Singer

Paul Singer, a desigualdade
e o subproletariado

Fernando Rugitsky

O livro *Dominação e desigualdade* tem lugar de honra entre os clássicos do pensamento crítico brasileiro. Publicado originalmente em 1981, é um dos grandes marcos da revisão crítica do desenvolvimentismo deflagrada pela ruptura histórica de 1964. Ao mesmo tempo, o livro inaugurou uma tradição de interpretação que ainda pode dar muitos frutos. Combinando uma meticulosa análise crítica das estatísticas socioeconômicas brasileiras com um esforço de renovar a interpretação marxista sobre as transformações do capitalismo no Brasil, Paul Singer produziu uma obra que merece ser amplamente lida e discutida. A presente reedição vem, assim, a calhar.

Para situar *Dominação e desigualdade*, convém recuar um pouco no tempo e reconstituir, ainda que brevemente, o que estava em jogo quando Singer foi convidado, em meados dos anos 1970, a contribuir com um capítulo para a célebre coletânea *A controvérsia sobre distribuição de renda e desenvolvimento*, organizada por Ricardo Tolipan e Arthur Carlos Tinelli. O capítulo lançou o autor em um percurso intelectual que o ocuparia por mais de uma década e resultaria em dois livros, reunidos na presente edição: *Dominação e desigualdade*, já mencionado, e *Repartição da renda*, publicado pela primeira vez em 1985. Assim, estão reunidas aqui algumas das respostas de Singer aos desafios ao pensamento crítico nacional colocados pela década de 1970: compreender a derrota de 1964 e o "milagre econômico" que o sucedeu. Respostas que ainda podem, quase meio século depois, nos guiar no enfrentamento de novos problemas e velhos dilemas.

A controvérsia sobre a distribuição de renda

Na década de 1950, o desenvolvimento econômico consolidou-se como uma das subdisciplinas do campo da economia.[1] Os debates na época, oscilando entre conceitos abstratos e análises detalhadas de experiências concretas, foram marcados por uma difusa confiança de que a superação do subdesenvolvimento estava no horizonte. O entusiasmo que permeava o campo era baseado na "ideia implícita de que [a subdisciplina] poderia matar virtualmente sozinha o dragão do atraso".[2] A América Latina foi, sem dúvida, uma das regiões que assumiu protagonismo nessas discussões. As teorias formuladas na Comissão Econômica para a América Latina e o Caribe (Cepal) ocupavam lugar de destaque no debate.[3] Mesmo economistas do desenvolvimento de fora da região faziam questão de visitá-la para apresentar suas ideias e discutir com seus pares latino-americanos.

Nesse período, a fronteira entre o debate acadêmico e a formulação das políticas econômicas era pouco definida e as teorias eram transformadas pelos governos em projetos de país. No Brasil, caso exemplar de um fenômeno mais geral, o principal economista do desenvolvimento, Celso Furtado, egresso da Cepal, foi convocado para

---

1 Ver, entre outros, Hirschman, "The Rise and Decline of Development Economics", em *Essays in Trespassing: Economics to Politics and Beyond*, p.1-24; Arndt, *Economic Development: The History of an Idea*, esp. cap.3, p.49-87; e Krugman, "Toward a Counter-Counterrevolution in Development Theory", em *Proceedings of the World Bank Annual Conference on Development Economics 1992*, p.15-38.

2 Hirschman, "The Rise and Decline of Development Economics", op. cit., p.23.

3 Ver Rodriguez, *O estruturalismo latino-americano*; e Fajardo, *The World that Latin America Created*.

contribuir com o plano de desenvolvimento do governo Juscelino Kubitschek e, alguns anos depois, foi alçado à posição de ministro do Planejamento no governo João Goulart. A transformação econômica acelerada, estimulada pelo governo, era acompanhada por urbanização vertiginosa da sociedade, ebulição cultural e organização crescente das classes trabalhadoras, no campo e nas cidades.

Contudo, em abril de 1964, o golpe civil-militar representou uma inflexão, desconectando o avanço da acumulação capitalista no Brasil dos sonhos modernos dos desenvolvimentistas. Não se podia mais identificar o crescimento econômico acelerado com a superação do subdesenvolvimento. Nesse sentido, Maria da Conceição Tavares e José Serra afirmaram em 1970 que, "enquanto o capitalismo brasileiro desenvolve-se de maneira satisfatória, a nação, a maioria da população, permanece em condições de grande privação econômica".[4] O próprio Furtado formularia um argumento similar: "taxas mais elevadas de crescimento, longe de reduzir o subdesenvolvimento, tendem a agravá-lo, uma vez que ensejam desigualdades sociais crescentes".[5]

O golpe no Brasil foi parte de uma série de golpes militares que instauraram ditaduras violentas na América Latina, desde o início dos anos 1960 até meados dos anos 1970, em geral com apoio dos Estados Unidos no contexto da Guerra Fria. Hirschman argumenta que tais "desastres políticos" marcaram o início do declínio do pensamento sobre desenvolvimento econômico que passaria, a partir de então, por um intenso processo de autorreflexão.[6] "Ganhou-se em maturidade o que se perdeu em entusiasmo."[7]

---

4 Tavares; Serra, "Além da estagnação: uma discussão sobre o estilo de desenvolvimento recente do Brasil", em Bielschowsky (org.), *Cinquenta anos de pensamento na Cepal*, p.593.

5 Furtado, "Underdevelopment and Dependence: The Fundamental Connections", *Review of Political Economy*, v.33, n.1, p.15, 2021.

6 Hirschman, "The Rise and Decline of Development Economics", op. cit., p.20. Examinando especificamente o caso brasileiro, Marcos Nobre refere-se a um "'momento reflexivo' do paradigma da 'formação'" e sublinha o papel do seminário sobre *O Capital* e da obra de Chico de Oliveira, ambos mencionados adiante. Ver Nobre, "Da 'formação' às 'redes': filosofia e cultura depois da modernização", *Cadernos de Filosofia Alemã: Crítica e Modernidade*, n.19, p.13-36, 2012.

7 Hirschman, "The Rise and Decline of Development Economics", op. cit., p.23.

14 DOMINAÇÃO E DESIGUALDADE

Um dos principais debates que mobilizou os economistas brasileiros durante esse período tratou da questão da desigualdade. Com a publicação dos dados do Censo de 1970, Rodolfo Hoffmann e João Carlos Duarte mostraram que, entre 1960 e 1970, a desigualdade havia aumentado no Brasil.[8] A pujança então em curso, do tal "milagre econômico", estava sendo distribuída de forma muito desigual. O argumento poderia ter passado despercebido se não fosse pela publicação pelo economista norte-americano Albert Fishlow, no mesmo ano, de estimativa similar que chamou a atenção de Robert McNamara, então presidente do Banco Mundial. Em um discurso na United Nations Conference on Trade and Development (Unctad), em 1972, McNamara destacou o caso brasileiro como motivo de preocupação e mencionou os dados de Fishlow: "[e]m termos de PNB [produto nacional bruto], o país foi bem. Os muito ricos foram muito bem. Mas, ao longo da década, os 40% mais pobres beneficiaram-se apenas marginalmente".[9]

O governo brasileiro, em especial os economistas palacianos (Antônio Delfim Netto, Roberto Campos e Mário Henrique Simonsen), reagiram prontamente, denunciando o que se apressaram em qualificar como fragilidade dos dados e espúrias motivações por trás das estimativas.[10] Seu incômodo era evidente, e as razões por trás dele, também. O caso brasileiro ocupava as páginas das revistas econômicas internacionais, em um debate que realçava a natureza política das decisões econômicas. Segundo Fishlow, o aumento da desigualdade "indicava precisamente as prioridades [do governo Castelo Branco]: a destruição do proletariado urbano enquanto ameaça política e o restabelecimento de uma ordem econômica orientada para a acumulação privada de capital".[11]

Como resposta, o então ministro da Fazenda, Delfim Netto, encomendou oficialmente um estudo sobre o assunto a ser realizado por

---

8 Hoffmann; Duarte, "A distribuição da renda no Brasil", *Revista de Administração de Empresas*, v.12, n.2, p.46-66, 1972.

9 Andrada; Boianovsky, "The Political Economy of the Income Distribution Controversy in 1970s Brazil: Debating Models and Data Under Military Rule", *Research in the History of Economic Thought and Methodology*, v.38B, p.81, 2020.

10 Ibidem.

11 Fishlow, "Brazilian Size Distribution of Income", *American Economic Review*, v.62, n.½, p.400, 1972.

Cláudio Langoni, egresso da Universidade de Chicago. Assessorado por funcionários do governo federal, Langoni publicou em 1973 o livro *Distribuição de renda e desenvolvimento econômico no Brasil*. Por trás de um aparato estatístico elaborado e uma profusão de tabelas, o livro buscou interpretar o aumento da desigualdade recorrendo à teoria neoclássica do capital humano. A mensagem principal servia aos interesses do governo:

> Numa economia como a brasileira, com altas taxas de crescimento, principalmente no setor industrial, é razoável antecipar-se a existência de desequilíbrios no mercado de trabalho, pois a expansão da demanda tende a beneficiar justamente as categorias mais qualificadas cuja oferta é relativamente mais inelástica a médio prazo. Assim é natural encontrar-se várias categorias profissionais percebendo salários acima do valor de sua produtividade marginal. Nesse sentido pode-se dizer que o grau de desigualdade da distribuição atual é maior do que o grau esperado a longo prazo, quando será possível eliminar-se esses ganhos extras através da expansão apropriada da oferta.[12]

O aumento da desigualdade seria assim "razoável" e "natural", um efeito incontornável do crescimento acelerado, em vez de um resultado das políticas adotadas. Seria, ainda, transitório, uma vez que o próprio mercado cuidaria de corrigi-lo no "longo prazo".[13] Langoni deu um passo a mais e colocou em questão a própria relação de causalidade entre distribuição de renda e bem-estar, sugerindo que talvez o objetivo principal deveria ser a eliminação da pobreza, sem que fosse necessário tratar de reduzir a desigualdade.[14]

A resposta não tardou. O trabalho de Langoni foi objeto de análise minuciosa acompanhada de crítica contundente por parte de

---

12 Langoni, *Distribuição de renda e desenvolvimento econômico do Brasil*, p.116.
13 Langoni recorria ao argumento de Simon Kuznets, segundo o qual o desenvolvimento levaria inicialmente a um aumento da desigualdade e, depois, à sua redução. Para uma crítica recente à formulação de Kuznets, ver Piketty, *Capital in the Twenty-First Century* [*O capital no século XXI*], cap.1.
14 Langoni, *Distribuição de renda e desenvolvimento econômico do Brasil*, op. cit., p.206 e 213.

inúmeros economistas brasileiros. Uma das primeiras reações apareceu em uma resenha do livro escrita por Pedro Malan e John Wells, ainda em 1973. No mesmo ano, o primeiro encontro da Associação Nacional dos Programas de Pós-Graduação em Economia (Anpec) incluiu uma sessão sobre distribuição de renda, em que foram apresentados outros textos críticos ao trabalho de Langoni. O esforço de responder à defesa "oficial" do regime uniria Edmar Bacha, Luiz Gonzaga Belluzzo, Maria da Conceição Tavares, além de Fishlow, Hoffmann, Duarte, Malan, Wells e Singer.

O debate foi travado em diversas frentes. Alguns, como Wells, buscaram utilizar dados anuais para argumentar que o aumento da desigualdade teria ocorrido sobretudo nos anos de ajuste contracionista, isto é, entre 1964 e 1966, e não no período de crescimento, de modo que o mecanismo sugerido por Langoni não seria plausível. Outros priorizaram criticar a própria base teórica adotada por Langoni, a teoria do capital humano. Houve ainda tentativas de reforçar as evidências que conectavam o aumento da desigualdade às políticas de repressão salarial e à redução do salário-mínimo.

O debate promoveu um florescimento de arcabouços conceituais e esforços empíricos que resultaram em uma leitura complexa e abrangente das transformações em curso no capitalismo brasileiro e suas repercussões sobre a distribuição de renda. Foi sem dúvida um dos pontos altos da história do debate econômico nacional. O livro organizado por Tolipan e Tinelli, que reuniria em 1975 os economistas citados acima, incluindo Singer, ainda é um marco.

Entra Paul Singer

A crítica direta de Singer a Langoni conta com dois elementos principais: (i) o argumento de que a teoria marginalista da repartição de renda, adotada por Langoni, é baseada em um pressuposto falso, segundo o qual é possível identificar produtividades marginais individuais; e (ii) o questionamento do significado da correlação entre nível de renda e grau de escolaridade (evidência principal utilizada por

PAUL SINGER, A DESIGUALDADE E O SUBPROLETARIADO   17

Langoni para sustentar sua interpretação).[15] Em relação ao primeiro ponto, Singer argumentou que a renda apropriada pelos distintos grupos sociais não é um mero resultado das características técnicas do processo produtivo, mas é influenciada por determinantes políticos e sociais. Em contraste, a teoria marginalista (que permanece dominante no pensamento econômico nos dias atuais) assume que as remunerações são determinadas pelas produtividades marginais dos diferentes fatores de produção, o que

> [se] baseia, por sua vez, na suposição da infinita divisibilidade dos fatores de produção, ou seja, que é possível determinar a produtividade na margem de cada indivíduo que trabalha na empresa. Ora, essa suposição é *falsa*. A divisão do trabalho em qualquer empresa moderna acarreta uma estreita interdependência de todos os integrantes de amplas equipes de produção. Não tem sentido, portanto, considerar a produtividade de um engenheiro ou de um operário isoladamente. A produtividade do engenheiro é nula se ele não puder contar com a colaboração de outros especialistas e de numerosos operários.[16]

Trata-se, é verdade, de um debate recorrente, opondo defensores e críticos dos níveis observados de desigualdade em diferentes sociedades e em diferentes períodos. Mais recentemente, o economista francês Thomas Piketty utilizou-se de um argumento análogo ao de Singer para rejeitar a visão segundo a qual a explosão observada nas últimas décadas dos salários dos executivos das grandes corporações deveu-se ao extraordinário crescimento de sua produtividade.[17]

Voltando ao caso brasileiro, Singer complementa a crítica à teoria marginalista da repartição com uma interpretação alternativa à principal evidência utilizada por Langoni. Segundo ele, "a correlação entre escolaridade e renda não indica uma simples relação de causa e

---

15 Esta edição, p.202-8.
16 Ibidem, p.204, grifo do original.
17 Segundo Piketty, "a noção de 'produtividade marginal individual' [é] difícil de definir. Na realidade, ela torna-se quase um artefato puramente ideológico com base no qual uma justificação para *status* elevado pode ser elaborada". Piketty, *Capital in the Twenty-First Century*, op. cit., p.331.

efeito", mas, "[n]a verdade, a pirâmide educacional reflete, com poucas distorções, a pirâmide de estratificação social e econômica".[18] Ao contrário do que argumentava Langoni, a crescente disparidade de salários entre trabalhadores com diferentes graus de escolaridade não era um resultado inevitável de desequilíbrios temporários entre a oferta e a demanda por trabalhadores com diferentes níveis de qualificação. Na realidade, tratava-se de uma disparidade instituída politicamente, uma vez que as remunerações observadas não seguiam critérios "econômicos", mas resultavam das políticas governamentais (em especial, a determinação do salário mínimo e as regras de reajustamento salarial) e suas repercussões na estrutura social brasileira.

Restava, então, investigar essa estrutura e sua transformação desde os anos 1960. Como revela Singer no prefácio de *Dominação e desigualdade*, aqui estaria sua principal contribuição à controvérsia sobre a desigualdade:

> Como já não tinha sentido meramente reafirmar as denúncias da política do regime, propus-me então desenvolver uma interpretação histórica da repartição da renda no Brasil, procurando mostrar como as transformações estruturais, ocasionadas pelo processo de desenvolvimento, produziam mudanças na repartição da renda. Essa postura metodológica obrigava-me, obviamente, a encarar a questão das classes sociais.[19]

A controvérsia sobre a desigualdade convergia, dessa maneira, com um outro desenvolvimento intelectual em curso no Brasil, também crucial para a revisão crítica do desenvolvimentismo: a reinterpretação do nosso percurso histórico com base em uma leitura crítica do marxismo. O aparato crítico herdado de Marx oferecia instrumentos para examinar as ilusões do desenvolvimentismo e interpretar a derrota havida em 1964. Ao eleger a estrutura de classes como foco da sua investigação, Singer mobilizou a retomada em curso do pensamento marxista para intervir no debate em torno do livro de Langoni.

---

18 Esta edição, p.203.
19 Ibidem, p.35.

PAUL SINGER, A DESIGUALDADE E O SUBPROLETARIADO

Junto com José Arthur Giannotti, Fernando Henrique Cardoso, Ruth Cardoso e Fernando Novais, Singer havia feito parte do núcleo original de intelectuais que decidiram se debruçar de modo crítico e interdisciplinar sobre *O capital*, nos célebres seminários realizados na Universidade de São Paulo (USP), que duraram do final dos anos 1950 até meados dos anos 1960.[20] Tendo tomado contato com a obra de Marx ainda na juventude, quando era operário e dirigente sindical, Singer retomou a leitura do pensador alemão já na sua trajetória acadêmica, combinando múltiplas experiências que lhe permitiram assumir um papel não apenas central como único nos debates intelectuais que se seguiram ao golpe de 1964.

A minifundiarização e o subproletariado

Na ocasião, um dos alvos da retomada do marxismo na periferia era examinar a natureza do processo de proletarização e das transformações das relações sociais de produção no Sul global. Buscava-se aprofundar o diagnóstico da transição que o desenvolvimentismo descrevia como uma mera realocação da força de trabalho, do setor de subsistência para o setor capitalista, trazendo à tona suas implicações para a acumulação de capital e para o conflito de classes. Em outras palavras, críticos marxistas repensavam o dualismo difundido principalmente pelos trabalhos do economista caribenho Arthur Lewis.[21]

No caso brasileiro, a formulação de Francisco de Oliveira, em *Crítica à razão dualista*, sem dúvida trouxe para o primeiro plano a discussão sobre a especificidade do capitalismo periférico e a natureza da acumulação primitiva no Brasil, oferecendo uma série de hipóteses

---

20 Ver, sobre esse seminário, Schwarz, "Um seminário de Marx", em *Sequências brasileiras: ensaios*, p.86-105; e o relato do próprio Singer em Montero; Moura (orgs.), *Retrato de grupo: 40 anos do Cebrap*, p.78-80.

21 Sobre a formulação de Lewis, sua recepção por Furtado e seus críticos marxistas, ver Rugitsky, "Luta de classes inibida? Furtado e a especificidade da estrutura social brasileira", em Saes; Barbosa (orgs.), *Celso Furtado e os 60 anos de* Formação econômica do Brasil, p.327-55. Entre os críticos marxistas de Lewis, destacaram-se o argentino José Nun e o italiano Giovanni Arrighi, além de Chico de Oliveira, mencionado a seguir.

20 DOMINAÇÃO E DESIGUALDADE

instigantes.[22] Mas foi Singer, em *Dominação e desigualdade*, quem propôs a análise mais sistemática e de fôlego do processo de proletarização brasileiro. O livro contém uma investigação inédita da estrutura de classes brasileira e de sua transformação em meados do século XX, com base em um exame rigoroso de uma série de fontes estatísticas, em especial os censos, os censos agropecuários e as pesquisas nacionais por amostras de domicílio (Pnad). Singer nos traz um diagnóstico sofisticado da especificidade da experiência histórica brasileira, e situa com enorme precisão os contornos estruturais dos conflitos de classe.

No debate clássico sobre a transição do feudalismo para o capitalismo na Europa, a chave para a compreensão do processo de proletarização foi encontrada na transformação da agricultura.[23] Para desvendar o caso brasileiro, Singer opta pela mesma estratégia.[24] Afinal, mais da metade da população econômica ativa (PEA) brasileira estava ocupada nas atividades agrícolas até ao menos 1970.[25] Desde os anos 1930, com a crise da produção agrícola voltada à exportação (especialmente a cafeicultura) e a aceleração da urbanização e da industrialização, a demanda por alimentos e outros produtos agrícolas nos centros urbanos brasileiros aumenta substancialmente. Esse aumento, por sua vez, resulta em uma expansão da agricultura comercial voltada ao mercado interno. No entanto, essa parte da produção agrícola ainda se sustenta, em larga medida, em trabalho familiar, e não em trabalho assalariado.

A situação mudaria apenas na segunda metade da década de 1950, quando, segundo Singer, "a expansão do capitalismo, acelerada

---

22 Singer acompanhou o trabalho de Chico de perto, uma vez que ambos atuavam na época no Centro Brasileiro de Análise e Planejamento (Cebrap). Em uma entrevista concedida décadas depois, Singer menciona que a *Crítica à razão dualista* foi uma resposta ao debate, realizado no Cebrap, sobre o artigo seminal de Tavares; Serra, "Além da estagnação", citado antes. Ver Montero; Moura (orgs.), *Retrato de Grupo*, op. cit., p.84-5.

23 Ellen Meiksins Wood refere-se às "origens agrárias do capitalismo", em *The Origin of Capitalism: A Longer View* [*A origem do capitalismo*].

24 Ver, em especial, esta edição, p.55-74 e 180-94.

25 Em 1960, as atividades agrícolas abrigavam 54% da PEA e, em 1970, 51%. A urbanização do emprego acelera-se a partir daí, com esse percentual caindo para 36% em 1976. Nesta edição, Tabela 30, p.136.

PAUL SINGER, A DESIGUALDADE E O SUBPROLETARIADO   21

pelo influxo de capital estrangeiro, ultrapassa o limite das atividades urbanas e começa a penetrar na agricultura."[26] Ainda que a maior parte da expansão da força de trabalho no campo, entre 1950 e 1960, tenha ficado à margem das relações sociais capitalistas, o número de trabalhadores assalariados nas atividades agrícolas cresce, de cerca de 5 milhões para 5,8 milhões de pessoas. Contudo, a despeito desse crescimento absoluto, os empregados agrícolas representam uma parcela em declínio da força de trabalho total.

Entre 1960 e 1970, no entanto, observa-se uma notável inflexão: o número de assalariados nas atividades agrícolas cai para menos de 3,5 milhões (pouco mais de 10% da PEA), ao mesmo tempo que há um aumento do número de pessoas ocupadas na agricultura.[27] O percentual de trabalhadores assalariados na força de trabalho rural brasileira é reduzido quase à metade em dez anos, de 37% para 20%.[28] A penetração do capitalismo na agricultura não generaliza o assalariamento, mas sim o campesinato.

O paradoxo é apenas aparente, contudo. Assim como ocorrera em tantas outras experiências anteriores de avanço do capitalismo sobre o campo, o capital repeliu o trabalho com uma intensidade muito maior do que o atraiu. Ao longo dos anos 1960, a agricultura capitalista expandiu seu domínio sobre a produção agrícola brasileira, recorrendo a intensa mecanização e expulsando a força de trabalho. As páginas dedicadas por Singer à análise do papel crescente desempenhado pelos tratores são especialmente interessantes.[29] O resultado foi um processo intenso de minifundiarização. Entre 1960 e 1970, a população ocupada nos menores estabelecimentos rurais (com até dez hectares) aumentou vertiginosamente. Sua participação na PEA agrícola total saltou de 31% para 41%.[30] Ademais, esse enorme contingente populacional não apenas se via aprisionado em áreas de dimensão reduzida, mas também havia sido deslocado para regiões

---

26 Ibidem, p.175.
27 Ibidem, Tabela 14, p.81.
28 Idem.
29 Ibidem, p.60-74 e 186-94.
30 Ibidem, Tabela 40, p.187.

22   DOMINAÇÃO E DESIGUALDADE

mais distantes dos mercados urbanos pela concentração das terras sob domínio da agricultura capitalista.[31] Sua capacidade de garantir a própria subsistência era cada vez mais limitada.

A minifundiarização foi decisiva para criar as bases da proletarização em grande escala, ao constituir um enorme "exército agrícola de reserva"[32] disponível para o capital: "a grande maioria dos trabalhadores agrícolas vive em tal pobreza que, *em relação ao capital*, ela forma uma única classe de expropriados, cuja força de trabalho está disponível para ser adquirida pelo custo mínimo legal e socialmente estabelecido".[33] A minifundiarização não apenas reserva um estoque de mão de obra potencial como também, ao pressionar as condições de subsistência da população minifundiária, acelera o êxodo rural. Em outra passagem, Singer refere-se à "'urbanização' forçada dos trabalhadores agrícolas" para descrever esse processo.[34] Na década de 1960, observou-se ao mesmo tempo o crescimento da população ocupada nos minifúndios e a redução da população rural, de 55% para 44,1%.[35]

Acentuando a especificidade do caso brasileiro, Singer notou que esse vasto exército industrial de reserva tornou dispensável "uma fase de acumulação primitiva", no sentido de que o acesso à terra era limitado já havia muito tempo no Brasil. Ou seja, o período decisivo para a proletarização não foi marcado predominantemente por expropriação de terras, como no caso clássico inglês, mas pela acentuação do desequilíbrio estrutural entre os restritos meios de produção à disposição dos produtores e os requisitos de subsistência.[36]

A minifundiarização consistiu no pressuposto da proletarização por ter sido indissociável da formação de uma enorme

---

31 Ibidem, p.182.
32 Ibidem, p.188.
33 Ibidem, p.139.
34 Ibidem, p.170.
35 Ibidem, p.189.
36 Essa formulação é devida a Arrighi, que buscou especificar o conceito marxista de acumulação primitiva. Ver Arrighi, "Labour Supplies in Historical Perspective: A Study of Proletarianization of the African Peasantry in Rhodesia", *Journal of Development Studies*, v.6, n.3, p.197-234, 1970.

PAUL SINGER, A DESIGUALDADE E O SUBPROLETARIADO   23

superpopulação relativa, tomando emprestada a expressão de Marx.
No mapeamento da estrutura de classes brasileira (tanto a urbana
quanto a rural), Singer optou por dividir as classes trabalhadoras em
dois grupos, o proletariado e o subproletariado.[37] O segundo grupo,
que o autor vinculou explicitamente ao conceito de exército de reserva, é composto por aqueles "que de fato ou potencialmente oferecem sua força de trabalho no mercado sem encontrar quem esteja
disposto a adquiri-la por um preço que assegure sua reprodução em
condições normais".[38]

A partir da interpretação histórica das transformações das relações sociais de produção, Singer ofereceu uma explicação original
para o fenômeno que vinha desafiando os observadores do desenvolvimento periférico: a urbanização acelerada sem a contrapartida
da criação de empregos urbanos, com a resultante "marginalização
em massa"[39] dos subproletários: "[a] origem desse subproletariado
se liga à dissolução, pelo capitalismo, de partes da economia de subsistência, sem que a acumulação de capital gere uma demanda por
força de trabalho suficiente para absorver – nas condições normais – a
mão de obra assim liberada".[40]

Leitor atento de *O capital*, Singer sabia que o processo clássico de
proletarização na Europa tampouco foi capaz de absorver a população
expulsa do campo.[41] Seria, então, o caso de dizer que o Brasil repetia,
com mais de um século de atraso, os passos trilhados por outros países?

---

37 Nesta edição, p.48-61.
38 Ibidem, p.39.
39 Ibidem, p.201.
40 Ibidem, p.211. Ver também passagens semelhantes nas p.170 e 201.
41 Ao formular o conceito de exército industrial de reserva, Marx afirma o seguinte:
   "Assim que a produção capitalista se apodera da agricultura, ou à medida que se
   apoderou dela, decresce, com a acumulação do capital que aí funciona, a demanda de população trabalhadora rural de modo absoluto, sem que sua repulsão,
   como na indústria não-agrícola, seja complementada por maior atração. Parte da
   população rural encontra-se, por isso, continuamente na iminência de transferir-
   -se para o proletariado urbano ou manufatureiro, e à espreita de circunstâncias
   favoráveis a essa transferência. [...] O trabalhador rural é, por isso, rebaixado para
   o mínimo do salário e está sempre com um pé no pântano do pauperismo". Ver
   Marx, *O capital: crítica da economia política*, Lv.I, v.2, p.272.

24 DOMINAÇÃO E DESIGUALDADE

Não haveria, então, algo específico ao capitalismo periférico? Singer enfrentou essas questões de forma explícita, ressaltando duas diferenças entre o desenvolvimento brasileiro e o caso clássico europeu:

> 1) tendo-se iniciado muito mais tarde, o nosso processo de desenvolvimento é contemporâneo de economias capitalistas maduras, que nele intervêm pesadamente, dando-lhe características próprias; 2) dada a grande extensão territorial do país, o excedente de população criado pela expansão capitalista, em vez de ser exportado (como ocorreu na Europa do século XIX), tende a reproduzir, no interior do país, as formas pré-capitalistas que estão sendo aniquiladas nos centros mais dinâmicos da economia.[42]

O primeiro ponto sem dúvida merece análise que não cabe nestas linhas, mas aqui quero destacar que a segunda diferença apontada é um dos achados críticos decisivos de *Dominação e desigualdade*. Ao interpretar a origem do subproletariado brasileiro e quantificá-lo, Singer ofereceu uma das principais pistas para entender as especificidades dos conflitos de classe no Brasil.

E aqui retomo meu ponto de partida: quais lições *Dominação e desigualdade* ofereceu para a controvérsia sobre a desigualdade?

Ao jogar luz sobre a imbricação entre a minifundiarização e a formação de um enorme subproletariado, em especial ao longo da década de 1960, Singer explicitou como os mecanismos que reproduziam a concentração de renda e levavam a um aumento da desigualdade poderiam ser identificados na estrutura de classes brasileira e na dinâmica de transformação das relações sociais de produção. Em outras palavras, o crescimento excludente do milagre econômico, marcado por taxas extraordinariamente altas de crescimento do PIB e por estagnação salarial, não teria sido possível sem a formação prévia da enorme superpopulação relativa. O braço violento das políticas repressoras do governo militar combinava-se assim com o também violento processo de minifundiarização, e de urbanização forçada das populações rurais, engendrado pelo capital em expansão.

---

42 Nesta edição, p.174.

PAUL SINGER, A DESIGUALDADE E O SUBPROLETARIADO

Ao incorporar dados posteriores, Singer mostrou ainda que era possível identificar a partir desse momento ciclos de absorção e reconstituição do exército industrial de reserva no Brasil, ainda que com características específicas e temporalidade própria. Valeu-se do capítulo de Marx sobre a "lei geral da acumulação capitalista" para elucidar, em certa medida, os ciclos distributivos brasileiros. Concretamente, a expansão acelerada ocorrida durante o milagre econômico, a despeito das políticas de repressão salarial, levou a uma notável redução do subproletariado com correspondente crescimento do proletariado e da pequena burguesia.[43] Certas teorias do desenvolvimento, enredadas em seus esquemas lineares, poderiam identificar em tal transição um passo na superação do subdesenvolvimento. Mas Singer não perdia de vista a natureza cíclica da dinâmica capitalista. Como ele nota, em *A formação da classe operária*, "[e]ntre 1980 e 1983, a produção caiu no campo e, nas cidades, o desemprego se agigantou e parcelas significativas tanto da pequena burguesia quanto do proletariado foram lançadas no subproletariado".[44] Lançadas *de volta* às fileiras do subproletariado, ouso acrescentar.

Retomar o fio da meada

Há muito mais nas páginas a seguir do que pode sugerir esse breve sobrevoo. Mas o exame dos argumentos mencionados permite que se apontem alguns preciosos legados das investigações de Paul Singer sobre a estrutura de classes brasileira. O debate sobre a distribuição de renda no Brasil, que ofereceu o impulso inicial para os trabalhos de Singer reunidos nesta edição, foi retomado no Brasil em meados dos anos 2000. Buscou-se, nos esforços recentes, compreender a queda então em curso na desigualdade salarial. Mas a ambição teórica da controvérsia dos anos 1970 foi, em grande medida, deixada de lado e substituída por métodos estatísticos sofisticados. O que se ganhou em precisão, contudo, foi perdido em capacidade interpretativa.

---

43 Ibidem, p.136.
44 Singer, *A formação da classe operária*, p.72.

A maior parte dos esforços recentes para estudar a trajetória da desigualdade resigna-se a descrever o movimento, sem ousar interpretá-lo. Ricardo Paes de Barros, que, além de ser protagonista do debate econômico brasileiro sobre desigualdade ocupou cargos de alto escalão no governo federal no período do lulismo, "declarou ter encontrado o método que buscava para analisar com rigor a desigualdade brasileira ao se deparar, já na segunda metade dos anos 1980, com o livro que Langoni publicara em 1973".[45] A retomada da perspectiva adotada por Langoni é, na realidade, um fenômeno mais geral, isto é, não apenas restrito ao debate brasileiro. Segundo argumenta Pedro Ferreira de Souza, nas décadas que se seguiram à controvérsia dos anos 1970, "a abordagem de Langoni tornou-se dominante" no Brasil e em outros países.[46] É preciso, porém, que recuperemos a potência e a percuciência de seus críticos para compreender por que a redução recente da desigualdade salarial acentuou conflitos políticos e dinâmicas estruturais que acabaram levando à sua reversão.

Retomar apenas um lado da controvérsia dos anos 1970 tornou o debate recente deficiente e incompleto, na medida em que se furtou a pautar de forma explícita os limites da queda da desigualdade salarial. Como aprendemos com Singer e seus contemporâneos, tais limites não são dados pela própria trajetória da desigualdade, mas por sua conexão com a dinâmica estrutural da economia e as mudanças da estrutura de classes, temas que precisam urgentemente retomar centralidade. Os poucos trabalhos que se debruçaram sobre as relações entre a dinâmica estrutural da economia e a distribuição de renda trazem uma constatação inconveniente: a redução das desigualdades se alimentou da regressão da estrutura produtiva, aumentando a vulnerabilidade externa da economia brasileira e criando barreiras ao seu prosseguimento.[47]

---

45 Cariello, "O liberal contra a miséria", *Revista Piauí*, n.74, nov. 2012.

46 Souza, *Uma história de desigualdade: a concentração de renda entre os ricos no Brasil (1926-2013)*, p.119.

47 Ver Rugitsky, "Desigualdad y heterogeneidad sectorial: desafíos para América Latina y el Caribe", em Cepal, *El futuro de la igualdad en América Latina y el Caribe: ensayos breves*, p.53-61.

A perspectiva sugerida por Singer em *Dominação e desigualdade* é mais frutífera para elucidar a trajetória recente da distribuição de renda no Brasil.[48] Isso porque as crises econômica, política e social que se combinaram de forma devastadora no Brasil, a partir de 2014, têm sua origem no agravamento dos conflitos de classe. Lembremo-nos de que foram detonadas antes que a vulnerabilidade externa freasse a economia brasileira e, portanto, não podem ser creditadas a restrições de balanço de pagamentos. Mas qual é o vínculo entre a redução das desigualdades e o agravamento dos conflitos de classe? A resposta passa pela retomada do estudo do subproletariado brasileiro, inaugurado por Singer.

Esforços recentes de mapear a estrutura de classes brasileira, quando interpretados à luz dos conceitos de Singer, sugerem que o período do lulismo foi caracterizado por um novo processo de ampliação do proletariado com correspondente redução do subproletariado.[49] Ou, para usar os termos de Marx, de absorção do exército industrial de reserva. A despeito da inclinação conciliatória dos governos Lula, que justamente implementaram um programa focado no subproletariado, evitando o confronto com o capital, as classes antagônicas reorganizaram-se para disputar os contornos da exploração.[50] A razão de fundo é que as políticas lulistas, combinadas à bonança externa na forma do *boom* de *commodities*, reduziram substancialmente a superpopulação relativa, pressionando – à revelia do governo – as condições estruturais para a reprodução ampliada do capital.

Tais tensões de fundo vêm à tona nos anos 2010 com uma onda grevista que não se via desde a emergência do novo sindicalismo no final dos anos 1970. Não é coincidência que a onda anterior também tenha ocorrido após um ciclo de redução da superpopulação relativa. No período recente, ocorreu também um expressivo achatamento

---

48 Idem, "Luta de classes inibida?", op. cit.

49 Ver Figueiredo Santos, "Classe social e deslocamentos de renda no Brasil", *Dados*, v.58, n.1, p.79-110, 2015; e Loureiro, "Class Inequality and Capital Accumulation in Brazil, 1992-2013", *Cambridge Journal of Economics*, v.44, n.1, p.181-206, 2020.

50 Foi o cientista político André Singer, filho de Paul Singer, quem primeiro notou o potencial crítico de recuperar o conceito de subproletariado para analisar o período lulista. Ver Singer, *Os sentidos do lulismo: reforma gradual e pacto conservador.*

cíclico dos lucros, associado à agitação sindical.[51] Esses dois elementos, combinados, contribuem para explicar o acirramento da luta de classes visível no período, que desembocou em uma violenta regressão política e econômica.

Não será fácil para a sociedade brasileira recuperar-se do retrocesso ocorrido. Mas seria ainda mais difícil se não dispusesse de instrumentos que lhe permitissem compreender o que se passou. Uma parte importante desses instrumentos, teóricos e empíricos, foram forjados por Singer nos debates dos anos 1970, nos textos que podem ser lidos nas páginas a seguir. Cabe à geração atual apropriar-se deles e levar adiante o legado de seu autor.

Referências

ANDRADA, Alexandre F. S.; BOIANOVSKY, Mauro. The Political Economy of the Income Distribution Controversy in 1970s Brazil: Debating Models and Data Under Military Rule. *Research in the History of Economic Thought and Methodology*, v.38B, p.75-94, 2020.

ARNDT, H. W. *Economic Development*: The History of an Idea. Chicago: University of Chicago Press, 1987.

ARRIGHI, Giovanni. Labour Supplies in Historical Perspective: A Study of Proletarianization of the African Peasantry in Rhodesia. *Journal of Development Studies*, v.6, n.3, p.197-234, 1970.

CARIELLO, Rafael. O liberal contra a miséria. *Revista Piauí*, n.74, nov. 2012.

FAJARDO, Margarita. *The World that Latin America Created*. Cambridge, Mass.: Harvard University Press, 2022.

FIGUEIREDO SANTOS, José Alcides. Classe social e deslocamentos de renda no Brasil. *Dados*, v.58, n.1, p.79-110, 2015.

FISHLOW, Albert. Brazilian Size Distribution of Income. *American Economic Review*, v.62, n.½, p.391-402, 1972.

FURTADO, Celso. Underdevelopment and Dependence: The Fundamental Connections. *Review of Political Economy*, v.33, n.1, p.7-15, 2021.

HIRSCHMAN, Albert O. The Rise and Decline of Development Economics. In: *Essays in Trespassing*: Economics to Politics and Beyond. Cambridge: Cambridge University Press, 1981.

---

51 Martins; Rugitsky, "The Long Expansion and the Profit Squeeze: Output and Profit Cycles in Brazil (1996-2016)", *Review of Radical Political Economics*, v.53, n.3, p.373-97, 2021.

HOFFMANN, Rodolfo; DUARTE, João Carlos. A distribuição da renda no Brasil. *Revista de Administração de Empresas*, v.12, n.2, p.46-66, 1972.

KRUGMAN, Paul. Toward a Counter-Counterrevolution in Development Theory. In: *Proceedings of the World Bank Annual Conference on Development Economics 1992*. Washington: World Bank Group, 1993.

LANGONI, Cláudio G. *Distribuição de renda e desenvolvimento econômico do Brasil*. Rio de Janeiro: Expressão e Cultura, 1973.

LOUREIRO, P. Mendes. Class Inequality and Capital Accumulation in Brazil, 1992-2013. *Cambridge Journal of Economics*, v.44, n.1, p.181-206, 2020.

MARTINS, Guilherme K.; RUGITSKY, Fernando. The Long Expansion and the Profit Squeeze: Output and Profit Cycles in Brazil (1996-2016). *Review of Radical Political Economics*, v.53, n.3, p.373-97, 2021.

MARX, Karl. *O capital*: crítica da economia política. v.I: O processo de produção do capital. Trad. Regis Barbosa e Flavio R. Kothe. São Paulo: Abril Cultural, 1983.

MONTERO, Paula; MOURA, Flavio (orgs.). *Retrato de grupo*: 40 anos do Cebrap. São Paulo: Cosac Naify, 2009.

NOBRE, Marcos. Da "formação" às "redes": filosofia e cultura depois da modernização. *Cadernos de Filosofia Alemã: Crítica e Modernidade*, n.19, p.13-36, 2012.

OLIVEIRA, Francisco de. *Crítica à razão dualista/O ornitorrinco*. São Paulo: Boitempo, 2003.

PIKETTY, Thomas. *Capital in the Twenty-First Century*. Cambridge, Mass.: Harvard University Press, 2014. [Ed. bras.: *O capital no século XXI*. Rio de Janeiro: Intrínseca, 2014.]

RODRIGUEZ, Octavio. *O estruturalismo latino-americano*. Rio de Janeiro: Civilização Brasileira, 2009.

RUGITSKY, Fernando M. Luta de classes inibida? Furtado e a especificidade da estrutura social brasileira. In: SAES, Alexandre M.; BARBOSA, Alexandre de F. (orgs.). *Celso Furtado e os 60 anos de* Formação econômica do Brasil. São Paulo: Sesc, 2021.

_____. Desigualdad y heterogeneidad sectorial: desafíos para América Latina y el Caribe. In: COMISSÃO ECONÔMICA PARA A AMÉRICA LATINA E O CARIBE (Cepal). *El futuro de la igualdad en América Latina y el Caribe*: ensayos breves. Santiago: Cepal, 2018.

SCHWARZ, Roberto. Um seminário de Marx. In: *Sequências brasileiras*: ensaios. São Paulo: Companhia das Letras, 1999.

SINGER, André. *Os sentidos do lulismo*: reforma gradual e pacto conservador. São Paulo: Companhia das Letras, 2012.

SINGER, Paul. *A formação da classe operária*. 23.ed. São Paulo: Atual, 2001.

SOUZA, Pedro H. G. F. de *Uma história de desigualdade*: a concentração de renda entre os ricos no Brasil (1926-2013). São Paulo: Hucitec, 2018.

TAVARES, Maria da Conceição; SERRA, José. Além da estagnação: uma discussão sobre o estilo de desenvolvimento recente do Brasil. In: BIELSCHOWSKY,

R. (org.). *Cinquenta anos de pensamento na Cepal*. Trad. Vera Ribeiro. Rio de Janeiro: Record, [1970] 2000.

TOLIPAN, Ricardo; TINELLI, Arthur Carlos. *A controvérsia sobre distribuição de renda e desenvolvimento*. Rio de Janeiro: Zahar, 1975.

WOOD, Ellen Meiksins. *The Origin of Capitalism*: A Longer View. Londres: Verso, 2002. [Ed. bras.: *A origem do capitalismo*. Rio de Janeiro: Zahar, 2001.]

Dominação
e desigualdade

**Estrutura de classes
e repartição da renda no Brasil**

*Para Helena
dos olhos azuis*

Prefácio[*]

O s ensaios reunidos neste livro resumem meus esforços no sentido de ligar dois temas que, no debate brasileiro, andavam separados: a repartição da renda e a estrutura de classes. A repartição da renda distingue basicamente ricos e pobres, com uma ou várias camadas intermediárias no meio. É um tema, portanto, para economistas que foram efetivamente os que se ocuparam do assunto, durante os últimos anos, no país.

A repartição da renda não mostra, como alguns poderiam pensar, o modo como se reparte entre a população *tudo* o que se produz, ou seja, *todo* o valor novo criado. Uma parte substancial desse valor é apropriada por entidades não pessoais – "pessoas jurídicas", como são chamadas –, tais como o Estado e as empresas. Os recursos investidos pelo Estado e pelas empresas não são contabilizados pelas estatísticas da repartição da renda, pois estas são oriundas de inquéritos domiciliares – censos demográficos, Pnad – que computam

---

[*] *Dominação e desigualdade: estrutura de classes e repartição da renda no Brasil* foi publicado originalmente em 1981 pela editora Paz e Terra.

apenas as rendas familiares, a chamada "renda pessoal disponível". Embora uma parcela dessa renda indubitavelmente seja poupada, ela tende a ser diminuta. A acumulação de capital é financiada sobretudo por poupanças institucionais – lucros retidos nas empresas, tributos, poupanças obrigatórias como o FGTS, PIS/Pasep, previdência social etc. – que não integram os montantes de renda declarados pelas famílias.

Dessa maneira, a repartição da renda (pessoal disponível) reflete sobretudo os níveis de consumo dos indivíduos e famílias. O que corresponde à noção corrente de pobres, ricos e remediados. Os dados da repartição da renda mostram as proporções da população que se encontram nesses estratos e como essas proporções variam ao longo do tempo, à medida que a renda global cresce, inclusive quando ela aumenta mais depressa do que a população, como tem ocorrido no Brasil nas últimas décadas. As séries de tempo, disponíveis de 1960 para cá, mostram que a parcela da renda total – vale dizer: do consumo total – usufruída pelos mais ricos tem aumentado quase todo tempo, ao passo que a proporção de ricos (seu número absoluto e relativo) também tem crescido. Ao mesmo tempo, a parcela da renda que vai para os remediados e pobres diminui, mas as proporções nesses estratos têm mudado, conforme o subperíodo que se considere. Em suma, a repartição da renda no Brasil apresenta-se em constante transformação e interessa, sem dúvida, explicar a que se devem tais mudanças.

A ciência econômica apresenta várias e conflitantes teorias sobre a repartição *funcional* da renda, ou seja, da repartição da renda entre "capital", "trabalho" e "terra" ou, mais precisamente, entre rendas do capital (lucros, juros), do trabalho (salários) e da terra (aluguéis, renda da terra). Mas, da renda pessoal disponível, uma grande parte das rendas do capital já estão excluídas. Além disso, no rendimento de cada indivíduo pode haver várias espécies de renda misturadas. Por exemplo, nos ganhos de um diretor de empresa há rendas de trabalho e de capital; nas de um agricultor que é proprietário da terra que cultiva, há elementos de lucros, juros, salário e renda da terra. Portanto, as teorias da repartição da renda não podem ser aplicadas diretamente para entender como esta tem evoluído no Brasil.

DOMINAÇÃO E DESIGUALDADE

Essa carência se tornou clara quando se passou a dispor dos dados de dois censos sucessivos – de 1960 e de 1970 – que mostravam, sem dar lugar à dúvida, que o grau de concentração da renda no Brasil já era incrivelmente elevado e estava se tornando ainda maior. Quais seriam as razões disso? A interpretação "oficial", que logo depois começou a circular, era de que o desenvolvimento econômico tinha privilegiado os indivíduos possuidores de grande "capital humano" – sobretudo educação escolar – e que, à medida que o acesso à educação se difundisse, a concentração da renda tornar-se-ia cada vez menor. Essa interpretação tinha base nos dados, desde que se aceitasse que a escolaridade era a *causa* da renda percebida pelos indivíduos. A interpretação crítica logicamente dava toda ênfase às políticas econômicas postas em prática, que favoreciam os capitalistas em detrimento dos trabalhadores assalariados e dos pequenos agricultores atribuindo-lhes toda a responsabilidade pela crescente concentração da renda. Na realidade, a crítica dessas políticas econômicas e sociais já vinha sendo feita por vários economistas (inclusive por mim) e a revelação de que a renda estava se concentrando cada vez mais era entendida como confirmação da justeza dessas críticas.

O debate estava nesse pé quando fui convidado a contribuir para uma coletânea intitulada *A controvérsia sobre distribuição da renda e desenvolvimento.*[1] Minha contribuição constitui, devidamente revisada (na realidade, com a parte referente à agricultura completamente reformulada), o terceiro capítulo do presente volume. Como já não tinha sentido meramente reafirmar as denúncias da política do regime, propus-me então a desenvolver uma interpretação histórica da repartição da renda no Brasil, procurando mostrar como as transformações estruturais, ocasionadas pelo processo de desenvolvimento, produziam mudanças na repartição da renda. Essa postura metodológica obrigava-me, obviamente, a encarar a questão das classes sociais.

Acontece que as classes sociais não correspondem diretamente a estratos de renda nem constituem província exclusiva da ciência

---

1 Organizada por Ricardo Tolipan e Arthur Carlos Tinelli e publicado pela Zahar em 1975.

económica, como ela é convencionalmente definida. Quem se ocupa da estrutura de classes são sociólogos, que tendem a ver nas classes sociais agrupamentos qualitativamente distintos, engendrados por modos de produção que se articulam numa formação social capitalista, como a brasileira. Tratava-se, pois, de mostrar como o desenvolvimento das forças produtivas numa formação social dessa espécie é o resultado da expansão das relações de produção capitalistas, implicando, portanto, a subordinação de uma proporção crescente da população economicamente ativa ao capital. Em outras palavras, a experiência histórica brasileira mostra como o desenvolvimento económico nos quadros do capitalismo resulta – como não podia deixar de resultar – na proletarização de uma parcela cada vez maior dos produtores diretos, embora esse processo seja muito menos linear e contínuo do que se poderia supor à primeira vista.

Nessa primeira tentativa de "mapear" a evolução da estrutura de classes no Brasil, os dados disponíveis eram escassos e geralmente de caráter precário. Foi durante a década de 1970 que a divulgação completa dos resultados dos censos demográficos e económicos de 1970 e 1960 (nesta ordem) e das sucessivas Pnads passou a oferecer um elenco de dados que permitem um tratamento sistemático da questão.

Em 1975, com a publicação dos resultados da Pnad de 1972, voltei à carga com um artigo no jornal *Opinião* que constitui o segundo capítulo do presente volume. Pela primeira vez foi possível relacionar *natureza* e *tamanho* do rendimento, de modo que se tornava possível identificar, de forma naturalmente ainda superficial, o caráter de classe de ricos e pobres no Brasil. Nesse ensaio, aparece com clareza (e por isso o incluí neste volume) o paradoxo de haver capitalistas "pobres" e assalariados "ricos". Tudo levava a crer que não há uma correspondência perfeita entre estrutura de classes e estrutura de repartição da renda, embora a primeira devesse ser encarada como a matriz que engendra a última. Nesse capítulo, o paradoxo dos assalariados de alta renda já recebe uma solução que acredito estar correta: é que a condição de classe não é dada exclusiva nem preponderantemente pela natureza jurídica da relação de produção. Um assalariado, em termos formais, que desempenha funções de direção numa empresa pertence de fato à burguesia, não ao proletariado. O outro paradoxo – o dos capitalistas de baixa renda – é deixado de lado no segundo capítulo, somente sendo tratado no capítulo escrito por último e que constitui o primeiro deste volume.

Nesse capítulo, a abordagem é diferente, pois não pretendo mais "explicar" a repartição da renda pela estrutura de classes, mas trato de analisar e, na verdade, de *constituir* a estrutura de classes a partir das relações formais de produção *e* dos níveis de renda. Estou convicto que esta é a melhor abordagem, dada a limitada disponibilidade de dados. Não que o estrato de renda "defina" a classe, mas o nível de renda é, sem dúvida, um *indicador* do caráter de classe, que não pode deixar de ser utilizado na medida em que as categorias de "posição na ocupação", usados nos censos e nas Pnads, não distinguem suficientemente entre burguesia e pequena burguesia nem entre burguesia e proletariado. Um empregador, por exemplo, não é um burguês meramente por ser empregador, mas por ser empregador *capitalista*, ou seja, por empregar produtores diretos sem que ele mesmo participe diretamente da produção. Desde que os dados não dão elementos que permitam fazer diretamente essa distinção, há que procurar meios indiretos de fazê-lo e, nesse sentido, o nível de renda se mostrou um indicador imprescindível.

A metodologia aplicada no primeiro capítulo se baseia no pressuposto teórico, fartamente confirmado pelos dados, de que as estruturas de classes e de repartição da renda são *congruentes*. As relações de classe são relações de dominação e de exploração. Não é de se surpreender que os que ocupam posições dominantes na estrutura de classes também usufruam situações de privilégio na pirâmide da repartição da renda. Esse princípio se aplica não apenas ao ápice da hierarquia de classes, mas também à sua base. A pobreza absoluta não pode deixar de indicar uma integração precária no processo de produção, designando uma parcela dos sem-propriedade – isto é, do proletariado – que não consegue vender sua capacidade de trabalho por um preço "normal". Trata-se de uma parte (no Brasil, majoritária) do proletariado que não possui condições econômicas mínimas para a resistência à exploração que habitualmente caracteriza a atuação dessa classe. Em outras palavras, a percepção de um mínimo de renda é condição *sine qua non* para que um proletário possa integrar aquela fração de classe capaz de se portar como classe "para si".

Essas considerações servem para definir com maior exatidão as relações de mútuo condicionamento entre estrutura de classes e repartição da renda. Não há dúvida que esta última é determinada pela primeira, em termos gerais. A estrutura de classes, por sua vez, decorre do modo, ou melhor, dos vários e diferentes modos como se organizam a produção e o controle social. A concentração do capital, a subdivisão das explorações agrícolas, a expropriação de posseiros, o remanejamento dos serviços de controle (governo, saúde, educação etc.), tudo isso transforma a estrutura de classes, na medida em que esses processos implicam a transferência de indivíduos de uma classe para outra ou de uma fração de classe para outra. Mas a repartição da renda, que em última análise resulta da estrutura de classes, também influi nesta última. Quando o nível de renda de um pequeno burguês, ou seja, de um trabalhador que possui seus próprios meios de produção cai abaixo do mínimo necessário à reprodução de sua capacidade de trabalho, ele é obrigado a se pôr à disposição do capital que eventualmente queira empregá-lo, passando a partir daí a integrar o proletariado. Quando o nível de renda de um pequeno burguês sobe a ponto de poder empregar assalariados que o substituam na produção direta, passando a exercer apenas funções diretivas, esse personagem ascende à burguesia, tornando-se membro da classe dominante. A repartição da renda, nesses casos, contribui para definir a estrutura de classes.

Resta ainda explicar por que organizei as partes deste livro em ordem inversa à sequência em que foram escritas. A ordem cronológica teria a vantagem de permitir ao leitor acompanhar a evolução do pensamento do autor ao longo de cerca de sete anos. Mas preferi apresentar o último estudo em primeiro lugar para que o leitor possa ler os ensaios subsequentes já ciente das conclusões quanto à evolução da estrutura de classes no Brasil nas últimas décadas. Se este livro fosse um romance policial, caberia apresentar inicialmente o enigma, em seguida desenvolver as várias pistas para, só no fim, revelar a solução, ao mesmo tempo lógica e insuspeitada. Mas, numa obra científica, convém que o leitor saiba os principais resultados

DOMINAÇÃO E DESIGUALDADE

da investigação desde o começo, para poder apreciar os passos anteriores da caminhada numa perspectiva adequada. Sou de opinião, porém, que as conclusões do segundo e do terceiro capítulos se sustentam e completam o amplo painel traçado no primeiro, mostrando de forma mais minuciosa alguns dos processos que contribuem para a evolução da estrutura de classes e da repartição da renda no Brasil.

Desejo consignar que estes estudos foram realizados no Centro Brasileiro de Análise e Planejamento (Cebrap), de cujo ambiente intelectual extremamente estimulante tive o privilégio de participar desde sua fundação. Agradeço as críticas de meus colegas do Cebrap, em particular as de Juarez Brandão Lopes, Vinícius Caldeira Brant e Octavio Ianni, que muito contribuíram para que certos defeitos da versão original pudessem ser corrigidos. Como é óbvio, os defeitos que restam são de minha exclusiva responsabilidade. Quero também consignar minha gratidão a Cleusa Simões da Costa, cuja excelente colaboração, na datilografia dos originais, permitiu que este trabalho acabasse por vir à luz.

São Paulo, 14 de outubro de 1980

PAUL SINGER

I

Evolução da estrutura de classes do Brasil: 1950 a 1976

Introdução: por que as classes?

Já existe hoje uma boa quantidade de informações sobre várias características da população brasileira: demográficas, ocupacionais, nível de renda, padrões de consumo etc. Uma parte desses dados tem sido explorada para caracterizar, por assim dizer, "morfologicamente" a evolução da estrutura social brasileira. O que tentamos, neste capítulo, no entanto, é algo mais ambicioso: medir o tamanho das classes no Brasil e analisar a transformação da estrutura de classes ao longo de um período de 16 anos (1960-1976).

Determinar o tamanho das classes é mais do que cruzar certo número de variáveis para obter uma estratificação social. O pressuposto teórico aqui é que as classes são os verdadeiros atores do drama que se desenrola no cenário histórico. Em outros termos, o que se encontra por detrás dos embates entre partidos e correntes de opinião, dos conflitos entre órgãos de representação, do entrechocar de ideologias é a oposição entre diferentes classes, de cuja luta resultam as grandes transformações sociais e econômicas, que constituem a própria história do país.

É importante notar que, apesar de sua importância, as classes jamais aparecem *como tais* em cena. Cada classe compreende todo um setor social, cuja presença se exprime mediante numerosos "órgãos de classe": sindicatos, associações empresariais, profissionais, partidos políticos, entidades culturais etc. O que dá a certo número desses órgãos o *mesmo* caráter de classe é o fato de se referirem ao mesmo conjunto social – a classe propriamente dita – em termos da visão de mundo que ostentam e dos interesses que defendem. A classe, enquanto tal, existe como parte da estrutura socioeconômica, ou melhor, como parcela da população economicamente ativa (PEA). Numa sociedade de classes, como é a do Brasil (e dos demais países capitalistas), todos os que participam ativamente da vida econômica pertencem a alguma classe.

Essa proposição define o próprio conceito de classe: esta é constituída por todos aqueles que integram de modo idêntico a teia de relações sociais de produção. Sendo a produção uma atividade eminentemente social, todos que dela participam têm que se relacionar com os demais e, portanto, pertencem necessariamente a alguma classe. Assim, no modo de produção capitalista, os meios de produção são propriedade privada de uma minoria que, graças a esse privilégio, monopoliza o mando da vida econômica e a apropriação do excedente de produção. Os que dispõem da propriedade dos meios de produção formam, portanto, uma classe: a burguesia. Os demais, que não participam da propriedade dos meios de produção, são obrigados, para sobreviver, a vender aos primeiros a única propriedade de que dispõem: a sua capacidade (física e psíquica) de produzir. Constituem, portanto, a outra classe: a dos trabalhadores assalariados ou proletariado.

Estas seriam as duas únicas classes existentes, se todos os meios de produção fossem propriedade de não produtores, ou seja, de pessoas que, no processo produtivo, desempenham unicamente as funções de adquirir capacidade de trabalho alheia e de comandar a sua utilização produtiva. Mas este não é o caso, nem no Brasil, nem nos demais países capitalistas. Sempre existe, ao lado dos meios de

DOMINAÇÃO E DESIGUALDADE

produção apropriados por não produtores e que constituem o *capital*, um certo volume de meios de produção apropriados por produtores diretos, que os utilizam isoladamente ou com o auxílio de membros não remunerados da família (no fundo, coproprietários) ou até, eventualmente, de assalariados. Esses produtores diretos não assalariados, proprietários dos seus meios de produção, constituem, juntamente com os parentes que com eles trabalham, uma outra classe social: a pequena burguesia.

A pequena burguesia não constitui, como alguns imaginam, uma classe intermediária entre burguesia e proletariado. Ela, na verdade, reúne em si características tanto da burguesia quanto do proletariado. Os seus membros têm em comum com a burguesia o fato de não dependerem do mercado de trabalho, de não precisarem que alguém lhes dê um emprego para poderem sobreviver. O pequeno burguês é autônomo, é dono do produto do seu trabalho, que vende, em concorrência com outros pequenos (e, algumas vezes, grandes) produtores. Seu êxito ou seu malogro lhe aparece como resultado de sua própria iniciativa. Mas ele tem em comum com o proletariado o fato de *trabalhar*, de participar diretamente da produção. Mesmo quando conta com auxiliares, assalariados ou não, o pequeno burguês não só produz, mas realiza, muitas vezes, a principal parte da produção. São exemplos o camponês, ajudado pela mulher e filhos e, por ocasião da colheita, por diaristas; o médico, assistido por técnicos, enfermeiras, atendentes; o artesão, auxiliado por aprendizes e assim por diante.

Na verdade, a pequena burguesia não participa diretamente do modo de produção capitalista, embora se ache articulada a ele. Ela constitui um modo de produção à parte: a produção simples de mercadorias, também chamada pequena produção de mercadorias, por se realizar necessariamente em escala reduzida, em geral com métodos pré-industriais. A pequena burguesia, estando fora do modo capitalista de produção, não deixa de fazer parte da estrutura social capitalista, ou seja, da estrutura de classes de uma formação social dominada pelo capital. Isso não é estranho se se considera que a formação social é geralmente constituída pela articulação de vários modos de produção, dos quais um é o dominante. No caso da formação social brasileira, o modo de produção dominante é o capitalista.

46   DOMINAÇÃO E DESIGUALDADE

É o movimento do capital – dado pela sua acumulação – que confere à formação social como um todo a maior parte de sua dinâmica.

Como se verá adiante, uma grande parte dos que constituem a produção simples de mercadorias é formada por camponeses. Classicamente, a sua contrapartida é uma outra classe, também "externa" ao modo capitalista de produção: a classe dos proprietários de terra. Essa classe monopoliza o acesso ao solo agriculturável e, de modo geral, ao espaço (inclusive urbano) e esse monopólio lhe permite participar do produto, ao usufruir a renda da terra. Historicamente, essa classe é uma relíquia de um modo de produção – a servidão – que o avanço do capitalismo já eliminou, em grande medida, no Brasil. A propriedade privada do solo tornou-se capitalista e os que dela participam não constituem uma classe específica, mas integram as outras classes, na medida em que fazem parte da PEA. Há, naturalmente, um certo número de pessoas que vivem exclusivamente da renda da terra, seja agrícola ou urbana. Estas pessoas podem ser classificadas, juntamente com outros *rentistas* (que vivem, por exemplo, de juros ou de pensões), num grupo social específico. Mas esse grupo não constitui uma classe, pelo fato de que, hoje em dia, seus integrantes (enquanto rentistas) não participam do processo de produção.

É provável que, em passado ainda recente, uma parte ponderável da produção agrícola nas áreas mais atrasadas do país dependia de latifundiários, que viviam de renda, em forma principalmente de produto e/ou trabalho, paga por camponeses sem terra. Pesquisas[1] têm mostrado que esse tipo de arranjo está sendo rapidamente substituído por situações em que os proprietários do solo tendem a privilegiar a intermediação comercial e financeira, como fontes de renda e de exploração dos produtores diretos. Nessas condições, deixa de ter sentido distinguir os latifundiários como classe à parte dos proprietários em geral, ou seja, da burguesia.

---

1 Vide, por exemplo: Sá Jr., "O desenvolvimento da agricultura nordestina e a função das atividades de subsistência", em *Questionando a economia brasileira*; Garcia Jr., *Terra de trabalho*; e Cepal, "Las transformaciones rurales en America Latina: ¿desarrollo social o marginación?", *Cuadernos de la Cepal*, Santiago de Chile, n.26, 1979 (vide a seção "Dinámica de los cambios en el sistema de clases", p.109-21).

DOMINAÇÃO E DESIGUALDADE

É preciso, por outro lado, reconhecer que a "propriedade dos meios de produção", que caracteriza a burguesia, não coincide mais inteiramente com a propriedade jurídica de empresas. O surgimento e a rápida expansão das sociedades por ações (sociedades anônimas) separaram de forma nítida a propriedade jurídica do controle real do processo econômico. O acionista, que juridicamente é o "dono" da empresa, via de regra, nas grandes sociedades anônimas, não passa de um prestamista, ou seja, de alguém que forneceu fundos financeiros à empresa e deles espera retirar proventos. Sua interferência na empresa é apenas externa: conforme sua lucratividade, os acionistas podem "valorizar" o capital da empresa na Bolsa de Valores ou "desvalorizá-lo". Embora essa ação dos detentores de ações tenha importância para a empresa, na medida em que facilita ou dificulta ulterior "mobilização de capital", ela é completamente reflexa, dependendo do sucesso ou malogro da atividade dos administradores profissionais, que de fato detêm a direção das grandes empresas, nelas desempenhando o papel atribuído à burguesia, ou seja, de funcionários do capital.

Marx, que testemunhou o início do surgimento das sociedades anônimas, assim descreveu os seus efeitos sobre a classe dirigente: "Transformação do capitalista realmente funcionante num mero dirigente, administrador de capital alheio, e do proprietário do capital em mero proprietário, mero capitalista financeiro".[2] É óbvio que o "capitalista realmente funcionante", mesmo que *juridicamente* não passe de um assalariado bem pago, *socialmente* não faz parte do proletariado, mas sim da burguesia.

Isso quer dizer que, no capitalismo hodierno, a burguesia se compõe de duas frações distintas, não só em termos jurídicos, mas também econômicos e sociais: uma fração "empresarial", composta por aqueles dirigentes de empresas que são os seus proprietários legais (em geral, de empresas médias e pequenas), e outra fração "gerencial", composta por dirigentes de empresas que são administradores ou técnicos, cuja autoridade é derivada de uma delegação real ou

---

2 Marx, *Das Kapital: kritish politischen ökonomie*, v.III, p.477. Vide cap.27, "O papel do crédito na produção capitalista".

fictícia dos proprietários legais, sejam estes cidadãos privados, pessoas jurídicas (em geral, entidades financeiras) ou entidades governamentais (união, estados ou municípios).

A existência de uma burguesia gerencial é inegável, na medida em que, nas grandes empresas, a produção é organizada de forma rigidamente hierárquica, segundo um modelo burocrático de corte militar, estando todo o poder de decisão concentrado nas mãos de um grupo de "empregados", enquanto os demais assalariados (que formam o proletariado) estão sujeitos a uma disciplina que em nada difere da que lhes é imposta nas empresas dirigidas pelos seus "proprietários".

Convém reconhecer que fazem parte da burguesia gerencial não só os administradores profissionais que dirigem as grandes empresas capitalistas – a maioria multinacionais ou estatais –, mas também os administradores do aparelho de Estado e dos grandes aparelhos burocráticos paraestatais, como universidades e hospitais mantidos por entidades não lucrativas, fundações, conselhos profissionais, órgãos de pesquisas etc. etc. A burguesia é, nesse sentido, a classe que monopoliza a propriedade dos meios de produção e de controle social, entendendo-se por propriedade o domínio efetivo desses meios, ou seja, o domínio sobre aqueles que, mediante o seu trabalho, realizam a produção e o controle.

Burguesia e proletariado se definem, assim, conjuntamente. Constituem a burguesia todos aqueles que "dão trabalho" ao proletariado, definindo-lhe as tarefas e criando condições tais que não resta outra alternativa ao proletariado a não ser cumprir essas tarefas de modo a atingir os objetivos do capital. Constituem o proletariado todos aqueles que, não tendo meios próprios de vida, são obrigados a se submeter aos desígnios dos que têm meios de pagar um preço "adequado" pela sua capacidade de trabalho.

O proletariado é, portanto, uma classe que se define em termos negativos, ou seja, ele se compõe dos que se encontram *excluídos* da propriedade ou, mais especificamente, de propriedade *suficiente* para a reprodução "normal" de sua força de trabalho. Essa definição negativa é necessária porque o capitalismo tende a proletarizar uma massa humana muito maior do que a necessária para pôr em movimento, no nível adequado para o capital, os meios de produção e de controle

DOMINAÇÃO E DESIGUALDADE

social. Em outras palavras, o capitalismo tende inerentemente a produzir uma população excedente, colocada inteira ou parcialmente à margem da vida econômica.

Essa população excedente ou superpopulação relativa não se distingue, em termos de classe, da parte efetivamente empregada do proletariado, pois ambas são essenciais ao funcionamento do sistema, ou seja, à acumulação do capital. "O sobretrabalho da parte ocupada da classe trabalhadora incha as fileiras de sua reserva, enquanto inversamente a pressão multiplicada exercida pelos últimos mediante sua concorrência com os primeiros, força estes a se submeter ao sobretrabalho e aos ditados do capital. A condenação de uma parte da classe trabalhadora ao ócio forçado pelo sobretrabalho da outra parte, e vice-versa, torna-se meio de enriquecimento do capitalista individual e *acelera ao mesmo tempo a produção do exército industrial de reserva num ritmo correspondente à acumulação social.*"[3]

O proletariado, portanto, também se compõe de duas partes: uma empregada pelo capital ou pelo Estado, organizações paraestatais, sem fins de lucro etc., que chamamos de "proletariado propriamente dito", e outra composta pelos que de fato ou potencialmente oferecem sua força de trabalho no mercado sem encontrar quem esteja disposto a adquiri-la por um preço que assegure sua reprodução em condições normais, constituindo assim um proletariado virtual ou "subproletariado". O subproletariado ou exército de reserva não é integrado apenas pelos desempregados, como a menção de Marx aos "condenados ao ócio forçado" poderia dar a entender. Os desempregados, num país em que não recebem auxílio do Estado (como é o caso do Brasil), só podem sobreviver consumindo poupanças previamente acumuladas ou mediante o auxílio de parentes ou amigos. Ora, quem conhece a vida dos pobres sabe que eles não possuem nem poupanças nem parentes ou amigos que possam sustentá-los. Esta é a razão de por que a proporção de desempregados, num país como o Brasil, é sumamente reduzida, muito menor do que a necessitada

---

3 Marx, *Das Kapital: kritish politischen ökonomie*, v.I, p.670-1. Vide seção 3 do cap.23, intitulada "Produção progressiva de uma superpopulação relativa ou exército industrial de reserva", itálicos no original.

pelo capital para preencher as funções de exército de reserva. Por isso, os que são recrutados para o referido exército são *pobres que trabalham*, embora seu trabalho não lhes proporcione meios suficientes para assegurar a reprodução normal de sua força de trabalho. Na época de Marx ocorria o mesmo, o que o levava a distinguir três formas da superpopulação relativa (denominada aqui de subproletariado): a fluente, a latente e a estagnada. A fluente se compõe basicamente dos desempregados, sejam trabalhadores que perderam o emprego ou jovens recém-chegados ao mercado de trabalho. A latente é constituída pela superpopulação rural que alimenta o fluxo de migração do campo à cidade. Essa superpopulação é composta pelo trabalhador agrícola, "que é, portanto, reduzido ao mínimo do salário e se encontra sempre com um pé no pântano do pauperismo. A terceira categoria da superpopulação relativa, a *estagnada*, forma uma parte do exército *ativo* dos trabalhadores, mas com ocupação completamente irregular. Ela proporciona, assim ao capital, um reservatório inexaurível de força de trabalho disponível. Suas condições de vida descem abaixo do nível normal médio da classe trabalhadora e exatamente isto a torna uma ampla base de ramos próprios de exploração do capital. O máximo de tempo de trabalho e o mínimo de salário a caracterizam. Nós já travamos conhecimento com sua forma principal sob a rubrica de trabalho doméstico [...]. Mas ela constitui um elemento da classe trabalhadora que se autorreproduz e se eterniza, que participa no crescimento geral da mesma em proporção relativamente maior que os demais elementos".[4]

A descrição que Marx nos oferece da superpopulação relativa no seu tempo não deixa de ser adequada, em boa medida, às condições do Brasil de hoje. Como se verá, uma grande parte do subproletariado é composta por trabalhadores agrícolas e empregados domésticos. O fundamental é que o subproletariado não pode ser caracterizado pela forma como se insere na teia de relações de produção, pelo simples motivo de que essa inserção é excessivamente precária, sendo na

---

4 Ibidem, p.677-8. Vide seção 4 do cap.23, intitulada: "Diferentes formas de existência da superpopulação relativa. A lei geral da acumulação capitalista", itálicos no original.

DOMINAÇÃO E DESIGUALDADE

verdade apenas um meio de sobrevivência enquanto a oportunidade de um emprego "normal" não se oferece.[5] A importância das classes provém, sobretudo, da dinâmica que sua luta imprime ao movimento histórico. Se não fosse a luta de classes, a "classe" como categoria não passaria de um recorte peculiar, de natureza predominantemente econômica, da hierarquia social. Porém, o que caracteriza as classes não é apenas a posição relativa no processo de produção, mas um conjunto de interesses que define um "projeto de classe", ou seja, um modo objetivo e global de organização da vida social. Cada classe social, através dos seus "órgãos", elabora seu projeto e trata de implementá-lo através dos processos políticos e sociais que a conjuntura histórica lhe possibilita. E como esses projetos são diferentes e mutuamente exclusivos, a implementação de um impede a dos outros, o que fez que as diferentes classes se contraponham, no plano social e político, engajando-se numa luta que é historicamente inevitável.

O projeto que atualmente se realiza no Brasil é o da burguesia e consiste no desenvolvimento capitalista da economia nacional. A essência desse projeto é a divisão da sociedade em classes e a livre competição, em todas as áreas, determinando "em princípio" a inserção dos indivíduos nas várias classes. As desigualdades econômicas e sociais não são negadas, mas são explicadas e (implicitamente) justificadas pela maior capacidade e melhor sorte dos que ascendem aos píncaros da riqueza e do poder. E esse processo de seleção é tido como o melhor para todos, inclusive para os que ficam para trás nessa corrida ao sucesso, na medida em que suas regras asseguram a união entre privilégio e competência, dando a gestão da riqueza social e do Estado aos mais capacitados.

O projeto da pequena burguesia não difere essencialmente deste. Nele se acentuam as vantagens da livre competição, ameaçada pelo avanço dos monopólios, sejam estes públicos ou privados. Por isso, a pequena burguesia reclama privilégios específicos para si, encarando

---

5 Consulte-se, a esse respeito, a excelente pesquisa de Sonia Lemos Grandi sobre os peões da construção civil, em *Relações de trabalho e rotatividade na construção civil* (mimeo).

sua própria sobrevivência como condição indispensável para a preservação da autenticidade do projeto capitalista, que a crescente centralização do capital colocaria em perigo.

O projeto do proletariado visa, antes de mais nada, à igualdade social, a ser alcançada pela abolição da divisão de classes, que se origina do acesso privilegiado de uma minoria ao controle dos meios de produção. Esse projeto é socialista ao propor a democratização integral desse controle, ou seja, a socialização dos meios de produção. A otimização das decisões econômicas e sociais, que a burguesia pretende alcançar mediante a livre competição, segundo o proletariado, só pode ser obtida mediante o planejamento deliberado destas, no qual a participação coletiva deve assegurar que os interesses da maioria prevaleçam.

São estes os projetos mediante os quais as diversas classes disputam a hegemonia no processo de transformação social. Como as classes não são homogêneas e suas várias frações dispõem de órgãos diferenciados de expressão, tais projetos se apresentam com diferentes nuances, diversificando-se de muitas maneiras. Não obstante, em cada momento e diante de cada questão, as opções fundamentais costumam, explicitamente ou não, ter um inegável caráter de classe, que as "filia", por assim dizer, a um desses projetos.

Este capítulo não trata da luta de classes, ou seja, das classes em movimento, mas apenas tenta averiguar de que forma, no processo de desenvolvimento capitalista da economia brasileira, a composição de classe da sociedade tem evoluído. A relação entre a evolução da estrutura de classes e a dinâmica da luta de classes é extremamente complexa e não é nosso propósito elucidá-la aqui. Parece óbvio, no entanto, que o peso de cada classe nessa luta se relaciona, *ceteris paribus*, com o seu tamanho absoluto e relativo. Muitos fatores influenciam esse relacionamento e provavelmente são diferentes, conforme a classe em questão. Seja como for, a possibilidade de cada classe de conquistar ou reter a hegemonia no processo depende *também* do número de pessoas que a compõem. É um aspecto apenas da dinâmica de classes, sobre o qual já se dispõe de dados e o objetivo deste capítulo é o processamento, a análise e a interpretação destes.

DOMINAÇÃO E DESIGUALDADE

1. Mudanças nas relações de produção

1.1. Fontes e conceituação

Os censos demográficos e a Pesquisa Nacional por Amostra de Domicílios (Pnad) oferecem informações sobre a dimensão atingida por diferentes relações de produção através da "posição na ocupação", que divide a população economicamente ativa (PEA) em: empregadores, empregados, autônomos e não remunerados. As definições de empregadores e empregados são as habituais. Vale a pena, no entanto, reproduzir as definições adotadas pelo IBGE de:

– autônomo: atividades por conta própria, exercidas individualmente ou com auxílio de membro da família não remunerado;
– não remunerado: pessoas sem remuneração que auxiliam o trabalho de pessoas da família, e os que trabalham nessa mesma condição para instituições religiosas, beneficentes etc.

Deixando de lado esta última categoria de trabalhadores voluntários, fica claro que provavelmente a maioria dos não remunerados trabalha para os autônomos e forma em conjunto com estes o que se denomina produção simples de mercadorias, ou seja, um modo de produção em que os meios de produção são de posse dos produtores diretos, ao contrário do modo de produção capitalista, em que a posse dos meios de produção pelos empregadores força o produtor direto a assumir a condição de empregado assalariado. Convém notar, porém, que nem todos os empregados trabalham para o capital, não estando nessa situação os funcionários públicos nem os empregados domésticos.

Os dados a respeito da evolução da posição na ocupação da PEA brasileira, entre 1950 e 1976, se encontram na Tabela 1. A PEA total é dividida em duas partes: a ocupada em atividades agrícolas e a restante, ocupada em atividades não agrícolas. Essa divisão se justifica pelo fato de que na agricultura predomina a produção simples de mercadorias, ao passo que as atividades urbanas se organizam quase inteiramente de modo capitalista.

Tabela 1 – Posição na ocupação. Brasil em 1950, 1960, 1970, 1973 e 1976

Total	1950	%	1960	%	1970	%	1973	%	1976	%
Empregadores	628.946	3,8	425.484	1,9	445.189	1,5	1.817.642	5	1.043.032	2,6
Empregados	8.154.551	49,1	10.895.769	48	16.193.552	55	20.467.379	56	24.014.988	62
Autônomos	4.877.117	29,4	7.977.407	35	9.994.994	33,7	8.620.839	23	9.028.355	23
Sem remuneração	2.908.047	17,5	3.406.674	14,9	2.914.322	9,8	5.876.392	16	4.906.689	12,4
Sem declaração	36.057	0,2	44.694	0,2	9.167	–	–	–	3.170	–
Soma	16.604.718	100	22.750.028	100	29.557.224	100	36.782.252	100	38.996.234	100
Atividades agrícolas	1950	%	1960	%	1970	%	1973	%	1976	%
Empregadores	323.961	3,3	226.635	1,9	209.111	1,6	845.895	5,6	393.429	2,7
Empregados	3.334.479	33	2.986.867	25,2	3.329.820	25,4	4.169.724	28	4.640.155	32,4
Autônomos	3.521.788	35	5.446.840	46	6.970.111	53,3	4.659.826	31	4.739.520	33,1
Sem remuneração	2.886.816	28,7	3.108.646	23,9	2.581.046	23,6	5.322.479	35,4	4.555.115	31,8
Soma	10.076.934	100	11.840.988	100	13.090.358	100	14.997.924	100	14.328.219	100
Atividades não agrícolas	1950	%	1960	%	1970	%	1973	%	1976	%
Empregadores	304.985	4,5	198.849	1,8	236.078	1,4	971.747	4,3	649.603	2,9
Empregados	4.820.072	71,8	7.908.902	72,5	12.863.732	78,1	16.297.655	75	19.374.833	78,4
Autônomos	1.355.329	20,2	2.530.567	23,2	3.024.883	18,4	3.961.013	18,2	4.288.835	17,3
Sem remuneração	21.231	3,1	226.028	2,1	333.318	2	553.913	2,5	351.574	1,4
Sem declaração	26.167	0,4	43.929	0,4	8.855	0,1	–	–	3.170	–
Soma	6.527.784	100	10.908.275	100	16.466.866	100	21.784.328	100	24.668.015	100

Fonte: IBGE, Censos demográficos de 1950, 1960 e 1970; IBGE, Pnad de 1973 e 1976.

DOMINAÇÃO E DESIGUALDADE

1.2. *A PEA agrícola*

Pelos dados da Tabela 1, a maior parte dos ocupados em atividades agrícolas é formada por autônomos e não remunerados. Em conjunto, essas duas categorias respondiam por 63,7% da PEA agrícola em 1950, crescendo sua participação para 72,9% em 1960 e para 73% em 1970; nos anos mais recentes, a tendência ao aumento dessa proporção se inverte, verificando-se sua queda para 66,4% em 1973 e para 64,9% em 1976. A proporção de empregados tende a decrescer entre 1950 e 1960, mantendo-se no mesmo nível (cerca de um quarto) entre 1960 e 1970, para voltar a aumentar mais recentemente, atingindo novamente quase um terço em 1976. Tendência análoga é revelada pela proporção de empregadores, exceto que em 1973 essa categoria sofre forte expansão – seu número absoluto mais que quadruplica entre 1970 (209.111 mil) e 1973 (845.895 mil). Como 1973 foi o ano em que o *boom* do ciclo de conjuntura iniciado em 1968 atingiu seu auge, é possível que as condições econômicas favoráveis tivessem permitido a um grande número de agricultores por conta própria empregar assalariados. Isto explicaria parte da queda do número de autônomos de 6.970.111 em 1970 para 4.659.826 em 1973. Outro indicador de que em 1973 cresceu o número de *pequenos* empregadores é que o número de empregados aumentou em proporção muito menor. O número médio de empregados por empregador caiu de 15,9% em 1970 para 4,9% em 1973. Em 1976, tendo passado o auge do ciclo, o número de empregadores volta a cair a menos da metade, embora o número de empregados continue a crescer. É de se notar que a Pnad registra uma queda no tamanho absoluto da PEA agrícola entre 1973 e 1976.

De forma geral, os dados da Tabela 1 indicam que de dois terços a três quartos da PEA se mantêm, ao longo de todo o período, na produção simples de mercadorias. Há razões, no entanto, para se supor que os censos demográficos subestimam – e de forma crescente, a PEA agrícola, particularmente a parcela que se acha integrada à produção simples de mercadorias. Como se demonstrou em outro estudo,[6]

---

6 Madeira; Singer, "Estrutura de emprego e trabalho feminino no Brasil: 1920-1970", *Cadernos Cebrap*, São Paulo, n.13, 1975.

o censo demográfico classifica as mulheres que se ocupam com afazeres domésticos, além de participar da produção de mercadorias, como "donas de casa", excluindo-as da PEA. Essa distorção é particularmente grave no que se refere à PEA agrícola, pois a grande maioria das mulheres nas explorações familiares participa de forma significativa da produção sem deixar de se encarregar de todo o serviço doméstico. Os censos agrícolas, que se baseiam em informações fornecidas pelos estabelecimentos, não sofrem essa distorção, o que permite avaliar os efeitos da mesma, comparando-se os resultados dos dois tipos de levantamento.

Na Tabela 2 constam os dados dos censos agrícolas brasileiros, de 1950 a 1970, referentes à PEA. Comparando-se os totais dessa tabela com os da Tabela 1, provenientes dos censos demográficos, fica claro que há uma omissão crescente nestes últimos: de 919.900 (8,4%) em 1950, de 3.792.232 (24,3%) em 1960 e de 4.491.731 (25,5%) em 1970. Comparando-se, no entanto, os totais de empregados das duas tabelas, não se verifica a mesma tendência. Em 1950, o censo demográfico registra 33% menos empregados do que o agrícola. Mas, em 1960, enquanto o censo agrícola mostra um crescimento de quase um quinto do número de empregados, o demográfico registra um decréscimo de mais de um décimo do mesmo. A explicação desse grande aumento da diferença entre os resultados dos dois censos talvez seja o fato de que, de acordo com o censo agrícola, praticamente todo o aumento do número de empregados, entre 1950 e 1960, se deveu ao crescimento do total de empregados *temporários*, que passou de 2.308.397 em 1950 para 2.983.324 em 1960. Como provavelmente boa parte dos empregados temporários exerce outras atividades na agricultura (como autônomos ou não remunerados) ou fora dela, é possível que o censo demográfico os tenha classificado em função dessas outras atividades. Se assim for, explica-se que o total de empregados registrado pelos dois censos em 1970 quase coincida, pois em 1970 o número de empregados temporários – a provável origem da diferença – caiu a menos da metade (para 1.488.416) do seu total em 1960.

Mais importante do que isso, porém, é que a distorção dos dados dos censos demográficos se verifica sobretudo em relação à força de

DOMINAÇÃO E DESIGUALDADE

Tabela 2 – Força de trabalho total e empregados na agricultura brasileira em 1950, 1960 e 1970

Anos	Força de trabalho (1)	Empregados (2)	% (2)/(1)
1950	10.996.834	4.974.801	45,2
1960	15.633.985	5.785.258	37
1970	17.582.089	3.475.899	19,8

Fonte: IBGE, Censos agrícolas de 1950, 1960 e 1970.

trabalho familiar, ou seja, ao número dos que estão ocupados principalmente em explorações familiares. No Capítulo III se mostra que a subestimação pelos censos demográficos de não remunerados na agricultura é particularmente grande em 1960 – 3.180.646 contra 6.510.958 registrados pelo censo agrícola – e ainda maior em 1970 – 2.581.004 contra 9.182.171 do censo agrícola. Em 1960, o censo demográfico contou menos da metade dos não remunerados na agricultura e em 1970 menos de um terço!

Para estimar corretamente a evolução das relações de produção na agricultura brasileira, tudo indica que se devem utilizar os dados dos censos agrícolas e não dos demográficos. Acontece, no entanto, que o censo agrícola não permite distinguir, entre os que são responsáveis pelos estabelecimentos, os que são empresários capitalistas e os que são produtores diretos. Embora nem todos os empregadores recenseados pelo censo demográfico sejam de fato capitalistas, no sentido de sua atividade consistir essencialmente no desempenho de funções de direção e supervisão dos assalariados – muitos não passam de camponeses que "também" empregam assalariados –, é preferível utilizar os dados dessa fonte tendo em vista compará-los com os que se referem às atividades não agrícolas e ao conjunto da economia.

Assim, combinando dados dos censos agrícolas e demográficos, pode-se reconstituir a evolução das relações de produção na agricultura brasileira entre 1950 e 1970. Os resultados se encontram na Tabela 3, que foi construída da seguinte maneira:

– os totais de empregadores foram tomados dos censos demográficos;

58   DOMINAÇÃO E DESIGUALDADE

- os totais da PEA agrícola e de empregados foram tomados dos censos agrícolas; e
- os totais da força de trabalho familiar (autônomos e não remunerados) resultam da diferença entre os totais de responsáveis pelos estabelecimentos e membros não remunerados das famílias (dos censos agrícolas) e os totais de empregadores (dos censos demográficos).

Tabela 3 – Posição na ocupação na agricultura: 1950, 1960 e 1970

	1950	%	1960	%	1970	%
Empregadores	323.961	3	226.635	1,5	209.111	1,2
Empregados	4.974.801	45,2	5.785.258	37	3.475.899	19,8
Autônomos e sem remuneração	5.698.072	51,8	9.622.092	61,5	13.897.079	79
Soma	10.996.834	100	15.633.985	100	17.582.089	100

Fonte: IBGE, Censos agrícolas e demográficos de 1950, 1960 e 1970.

Verifica-se, pela Tabela 3, que a proporção tanto de empregadores quanto de empregados cai ao longo dos intervalos intercensitários, crescendo em consequência a proporção da força de trabalho familiar, que passa de 51,8% da PEA em 1950 para 61,5% em 1960 e para 79% em 1970. Essa evolução, à primeira vista, parece contradizer a tendência que seria de se esperar da crescente penetração do capitalismo na agricultura brasileira. A análise mais detida, no entanto, do impacto do desenvolvimento sobre a agricultura brasileira, feita no Capítulo III, mostra que a expansão das relações de produção capitalistas em nossa agricultura está se dando por meio de crescente mecanização dessa atividade, com a consequente substituição de mão de obra por equipamento mecânico e, mais recentemente, também por produtos químicos, por exemplo os herbicidas. Dessa maneira, a penetração da empresa capitalista deve se fazer sentir sob a forma de uma participação cada vez maior desse tipo de empresa no produto agrícola, mas *não* no emprego. Na verdade, à medida que o capital agrícola eleva sua composição orgânica em ritmo *maior* que a substituição de força de trabalho assalariado por equipamento na produção simples de

DOMINAÇÃO E DESIGUALDADE

mercadorias, pode resultar até um *decréscimo* da participação das empresas capitalistas na exploração da PEA agrícola.

As informações censitárias disponíveis não permitem verificar diretamente se isso de fato se deu ou está se dando, pois empresas capitalistas e explorações familiares não são categorias utilizadas nesses levantamentos. Mas o tamanho de área é uma categoria que pode ser usada como critério para se distinguir, em termos apenas aproximados, é óbvio, um tipo de unidade produtiva de outra. Pelos dados da Tabela 4, fica claro que as relações de produção capitalistas, isto é, o salariado, tendem a prevalecer à medida que o tamanho de área dos estabelecimentos aumenta. Mas, devido à generalizada diminuição da proporção de assalariados na PEA agrícola, o limite de tamanho de área a partir do qual prevalece a empresa capitalista se altera. Se se admite que essa prevalência se dá nos estratos de área em que *mais da metade* da PEA é constituída por assalariados, pode-se concluir que, em 1950 e em 1960, a empresa capitalista predomina entre os estabelecimentos de mais de 100 ha, mas de 1970 em diante apenas entre os de mais de 200 ha. Isto se deu porque a mecanização reduziu, entre 1960 e 1970, de tal modo o emprego de assalariados, nas explorações de 100 ha a 200 ha, que estes se tornaram em menor número que a força de trabalho familiar nela ocupada. Com efeito, nesse período, o número de assalariados nos estabelecimentos de 100 ha a 200 ha caiu de 713.419 para 445.725, ao passo que a força de trabalho familiar aumentou de 503.494 para 621.395. A PEA total nessas explorações diminuiu entre 1960 e 1970, tudo leva a crer por efeito da mecanização, tendo havido, além disso, substituição de assalariados por força de trabalho familiar. O mesmo ocorreu nos demais estratos de área, exceto nos menores – de menos de 50 ha –, em que a PEA total aumentou, ao mesmo tempo que o número de empregados caiu.

Os dados da Tabela 4 mostram que, entre 1950 e 1960, a proporção de assalariados em todos os estratos de área até 500 ha diminuiu, de forma moderada, tendo aumentado nos estabelecimentos de 500 ha a 1.000 ha e se mantido quase constante nos de mais de 1.000 ha. A queda bastante pronunciada da proporção de assalariados no conjunto de todos os estabelecimentos – de 45,2% em 1950 para 37% em 1960 – se deve sobretudo ao crescimento da participação na PEA total

60 DOMINAÇÃO E DESIGUALDADE

dos estabelecimentos menores e que empregam menos assalariados. Com efeito, as explorações com até 50 ha ocupavam 53,8% da PEA total em 1950 e 65,3% em 1960.

Tabela 4 – Proporção de assalariados na PEA agrícola, por tamanho de área. Brasil em 1950, 1960, 1970 e 1975 (em %)

Área (ha)	1950	1960	1970	1975
Total	45,2	37	19,8	19,5
0-10	19,5	16,6	5,8	5,3
10-50	30,9	28,8	14,7	14,3
50-100	48,2	46,3	30,1	29,2
100-200	61,6	58,6	41,8	40,3
200-500	73,1	71,2	57,3	58,9
500-1.000	81,3	85	72,4	72,4
1.000-10.000	86,5	85,2	71,7	72,9
10.000 e mais	93,6	92,3	91,8	88,8

Fonte: IBGE, Censos agrícolas 1950, 1960, 1970 e 1975.
Observação: São considerados assalariados os empregados permanentes, temporários e "outra condição", além dos parceiros não responsáveis pelo estabelecimento.

Entre 1960 e 1970, a queda da proporção de assalariados é ainda maior, tanto no conjunto dos estabelecimentos (de 37% para 19,8%) como nos diversos estratos de área, provavelmente devido à maior amplitude alcançada pela mecanização nessa década. Nas explorações de até 10 há, a proporção de assalariados cai em 1970 quase um terço e nas de 10 ha a 50 ha a quase a metade da que ela foi em 1960. Nos estratos maiores, de 200 ha a 10.000 ha, a queda da proporção de assalariados é menos drástica, mas mesmo assim ponderável, só não se fazendo sentir nos estabelecimentos muito grandes, de mais de 10.000 ha. Entre 1970 e 1975, a proporção de assalariados nos diversos estratos de áreas praticamente se mantém a mesma, em contraste com as fortes mudanças ocorridas nos anos precedentes.

Esses resultados indicam que a produção simples de mercadorias – ou seja, a participação dos responsáveis pela exploração e seus familiares na produção direta – se faz presente mesmo em estabelecimentos relativamente grandes, como os de 200 ha a 500 ha, tendo a mecanização contribuído para *explicitar* esse caráter da produção, ao

DOMINAÇÃO E DESIGUALDADE

ensejar a substituição de assalariados por tratores e outros implementos mecânicos ou produtos químicos. Não é possível que empresas capitalistas se tenham tornado explorações familiares. É muito mais provável que explorações que já eram familiares, mas que empregavam assalariados, por ocasião das colheitas e talvez no preparo das terras, passaram a usar tratores, colheitadeiras, herbicidas etc. em vez de empregados temporários. É o que explica que, entre 1960 e 1970, é sobretudo o número destes últimos que cai e não o dos empregados permanentes. O que deve ter acontecido, portanto, é que as explorações familiares se tornaram mais "puramente" familiares, limitando-se a usar apenas a mão de obra do responsável e seus familiares, ao passo que as empresas agrícolas capitalistas passaram a operar predominantemente com empregados permanentes, ambos os tipos de estabelecimento dispensando os assalariados temporários.

Para os anos posteriores a 1970, dispõe-se de dados da Pnad, transcritos, para 1973 e 1976, na Tabela 1 e dos resultados do Censo agrícola de 1975. Sendo a Pnad realizada nos mesmos moldes dos censos demográficos, seria de se esperar que os seus resultados também tendessem a subestimar a força de trabalho familiar. Acontece, porém que a Pnad adota um critério diferente para distinguir os que pertencem ou não à PEA. Considera-se, nessa pesquisa, como pertencente à PEA, além dos que exercem ocupação remunerada, as pessoas "que trabalhassem habitualmente quinze horas ou mais por semana ajudando, sem remuneração, a pessoa com que residissem ou a instituição religiosa ou beneficente".[7] Esse critério faz que a subestimação do número de não remunerados seja consideravelmente menor nos dados da Pnad que nos dos censos demográficos, mas torna as séries da Tabela 1, sobretudo as referentes às atividades agrícolas, não estritamente comparáveis.

Para avaliar o viés dos dados da Pnad referentes à PEA agrícola, elaborou-se a Tabela 5, na qual esses dados, referentes a 1970, são comparados aos dos censos demográfico e agropecuário daquele mesmo ano.

---

7 IBGE, *Pesquisa Nacional por Amostra de Domicílios (Pnad) – 1976*, v.1, t.8, p.XX.

62 DOMINAÇÃO E DESIGUALDADE

Tabela 5 – PEA agrícola do Brasil (1) em 1970: comparação dos dados da Pnad, do censo demográfico e do censo agrícola

Todos	Pnad (1.000)	%	Censo demográfico (1.000)	%	Censo agrícola (1.000)	%
PEA	12.549	100	10.649	100	13.169	100
Empregados	3.076	24,5	2.908	27,3	2.997	22,8
FT Familiar (2)	9.473	75,5	7.741	72,7	10.172	77,2
Mulheres						
PEA	3.109	100	1.020	100	4.076	100
Empregados	413	13,3	187	18,3	341	8,4
FT Familiar (2)	2.696	86,7	833	81,7	3.735	91,6
Homens						
PEA	9.440	100	9.629	100	9.093	100
Empregados	2.663	28,2	2.721	28,3	2.656	29,2
FT Familiar	6.777	71,8	6.908	71,7	6.437	70,8

(1) Brasil exceto Norte e Centro-Oeste: só de 14 anos e mais.
(2) Inclui as seguintes categorias: Pnad: Empregadores, Trabalhadores por conta própria e Membros não remunerados da família.
Censo demográfico: Empregadores, Conta Própria e Não remunerados.

O que se verifica, em primeiro lugar, é que a PEA agrícola registrada pela Pnad (12.549 mil) é substancialmente maior que a contada pelo censo demográfico (10.649 mil) e apenas um pouco inferior à computada pelo censo agropecuário (13.169 mil). A diferença se verifica sobretudo em relação à força de trabalho familiar (inclusive empregadores): admitindo-se que a cifra do censo agropecuário (10.172 mil) seja a correta, o censo demográfico a subestima em 23,9%, ao passo que a Pnad apresenta uma margem de subestimação de apenas 6,9%. Em segundo lugar, os dados por sexo permitem verificar que a subestimação é basicamente das *mulheres* pertencentes à força de trabalho familiar. O número de homens a ela pertencentes é quase idêntico nos três levantamentos, mas o de mulheres varia entre 833 mil no censo demográfico e 3.735 mil no censo agropecuário, encontrando-se o da Pnad (2.696 mil) entre os dois extremos. Em suma, o censo demográfico deixa de incluir na PEA quase 80% das mulheres pertencentes à força de trabalho familiar agrícola, ao passo que a subcontagem da Pnad é de apenas 28%. A Tabela 5 mostra ainda que a Pnad

DOMINAÇÃO E DESIGUALDADE

indica um número maior de mulheres assalariadas do que os outros dois levantamentos e que, no que se refere aos homens assalariados, os três levantamentos apresentam números próximos (ao redor de 2,7 milhões). Pode-se concluir, portanto, que a Pnad tende a mostrar uma proporção maior da PEA agrícola na força de trabalho familiar que o censo demográfico, mas menor que o censo agropecuário.

Com o mesmo fim de avaliar os levantamentos disponíveis para a década de 1970, construiu-se a Tabela 6, na qual são comparados os resultados dos censos agropecuários de 1970 e 1975 e das Pnad de 1970 e 1976 (já que essa pesquisa não foi feita em 1975). Como a Pnad não cobre a população rural do Norte e Centro-Oeste e a de 1970 só levanta a PEA de 14 anos e mais, os dados dessa tabela se referem apenas à população acima dessa idade que mora nas regiões Nordeste, Leste e Sul. Os resultados mostram que, de acordo com os censos agropecuários, a estrutura das relações de produção na agricultura brasileira não teria se alterado entre 1970 e 1975, mantendo-se a proporção de empregados ao redor de 23% da PEA total. Essa invariabilidade é consequência de duas mudanças em sentido oposto: aumento da participação das mulheres na PEA (de 31% para 34,9%) e elevação da proporção das mulheres que são empregadas, compensando a queda relativa da porcentagem dos homens que são assalariados. Porém, de acordo com as Pnads, as tendências nesse mesmo período seriam bem diferentes: forte crescimento da proporção de empregados na PEA, de 24,5% em 1970 para 32,9% em 1976, devido principalmente a uma diminuição da participação das mulheres na PEA agrícola (de 24,8% para 20,6%) e a uma elevação da parcela de empregados, tanto entre os homens como entre as mulheres.

É bastante provável que a Pnad de 1976 tenha subenumerado fortemente as mulheres que fazem parte da força de trabalho familiar agrícola. A julgar pelos dados da Tabela 6, essa subenumeração passou de cerca de 1 milhão de mulheres em 1970 para mais de 2,3 milhões em 1975-1976. Por outro lado, é provável também que o censo agrícola tenha subenumerado o número de empregados, sobretudo do sexo masculino, em 1975, já que a Pnad registrou, no ano seguinte, 854 mil a mais que o censo agrícola.

Tabela 6 – Evolução da PEA agrícola: 1970-1975/1970-1976

	Censo agrícola				Pnad			
	1970	%	1975	%	1970	%	1976	%
Mulheres	(1.000)		(1.000)		(1.000)		(1.000)	
Total	4.076	31	4.887	34,9	3.109	24,8	2.586	20,6
Empregadas	341	2,6	505	3,6	413	3,3	531	4,2
FT Familiar	3.735	28,4	4.382	31,3	2.696	21,5	2.055	16,4
Homens								
Total	9.093	69	9.113	65,1	9.440	75,2	9.930	79,4
Empregados	2.656	20,2	2.734	19,5	2.663	21,2	3.588	28,7
FT Familiar	6.437	48,8	6.379	45,6	6.777	54	6.342	50,7
PEA								
Total	13.169	100	14.000	100	12.549	100	12.516	100
Empregados	2.997	22,8	3.239	23,1	3.076	24,5	4.119	32,9
FT Familiar	10.172	77,2	10.761	76,9	9.473	75,5	8.397	67,1

(1) Brasil, exceto Norte e Centro Oeste, só de 14 anos e mais.
(2) A definição das categorias é a mesma da Tabela 5.

Pela metodologia do censo agropecuário, os trabalhadores por empreitada não são registrados entre os empregados dos estabelecimentos agrícolas, ao passo que a Pnad, que levanta seus dados a partir dos domicílios, tende a incluí-los (como é correto) na PEA agrícola. É bem possível que grande parte da discrepância entre os resultados do censo e da Pnad, no que se refere ao número de empregados, seja originada dessa falha dos censos agropecuários. No entanto, os censos registram os gastos com empreitadas dos estabelecimentos agrícolas, separadamente dos demais dispêndios com mão de obra, ou seja, salários e parceria. Estimando o ganho médio dos trabalhadores por empreitada (conhecidos como "boias-frias"), pode-se ter uma ideia do número desses trabalhadores, empregados nos anos dos censos (segundo sugestão de Juarez Brandão Lopes, pela qual agradecemos).

O cálculo em questão se encontra na Tabela 7. O gasto médio por assalariado, tanto em 1970 como em 1975, foi algo maior que o dispêndio médio por parceiro. Supondo-se que os assalariados agrícolas recebam o salário mínimo médio do país (calculado como média aritmética entre o mais alto e o mais baixo), o período médio de emprego

DOMINAÇÃO E DESIGUALDADE

na agricultura teria sido de sete meses em 1970 e de onze meses em 1975. Esse aumento do período médio de emprego é confirmado pelo crescimento da proporção de empregados permanentes entre os assalariados agrícolas registrados pelos censos (portanto excluídos os "boias-frias"), de 43,7% em 1970 para 47,8% em 1975. Admitindo-se que o gasto médio por trabalhador de empreitada fosse o mesmo que o dos outros assalariados e que metade dos gastos com empreitadas em que são utilizados mão de obra e equipamento corresponda à remuneração da força de trabalho, o número de boias-frias pode ser estimado em 974 mil em 1970 e em 1.311 mil em 1975, correspondendo a 5,2% da PEA agrícola em 1970 e a 6% em 1975. A elevação do número e da proporção de "boias-frias" empregados na agricultura brasileira, durante a primeira metade da década dos 1970, reforça a hipótese de que a participação de assalariados na PEA deixou de diminuir de 1970 em diante e possivelmente aumentou ligeiramente.

Tabela 7 – Estimativa do número de trabalhadores por empreitada na agricultura em 1970 e 1975

	1970	1975
Despesas (Cr$ 1.000)		
1. Salários	2.766.521	13.715.229
2. Parceria	476.357	2.061.868
3. Empreitada	1.143.589	–
4. – só mão de obra	–	4.115.461
5. – equipamento e mão de obra	–	2.313.510
Trabalhadores (1.000)		
6. Assalariados	2.874	3.411
7. Parceiros	602	561
Remuneração média (Cr$)		
8. Assalariados (1:6)	962,60	4.020,90
9. Parceiros (2:7)	791,30	3.675,30
10. Trabalhadores (1.000)	974 (1)	1.311
– só mão de obra (4:8)	–	1.023
– equipamento e mão de obra (5 × 0, 5:8)	–	288

Fonte: Censos agropecuários de 1970 e 1975.
(1) Em 1970, supôs-se que a proporção de despesas com empreitadas, incluindo equipamento, no total de despesas com empreitadas fosse a mesma, ou seja, 36%, de 1975.

66 DOMINAÇÃO E DESIGUALDADE

Para estimar a evolução das relações de produção em *toda* a PEA agrícola, foram elaborados os dados que constam da Tabela 8. De acordo com os censos agropecuários, houve forte aumento da participação das mulheres na PEA agrícola, que passou de 32,2% em 1970 para 36,6% em 1975. Do aumento de 2,8 milhões de pessoas nessa PEA durante o quinquênio, 1,8 milhão foram mulheres e apenas 1 milhão homens. Como a grande maioria das mulheres ativas na agricultura pertence à força de trabalho familiar, dever-se-ia esperar que o aumento da participação feminina na PEA elevasse a proporção desta composta por responsáveis pelos estabelecimentos e seus familiares. Mas isso não se deu, porque, durante esse período, aumentou a proporção de assalariados entre as mulheres que fazem parte da PEA agrícola. Em 1970, apenas uma entre cada 13 mulheres era assalariada, ao passo que, em 1975, essa proporção passou a uma em cada 11. Em consequência dessas tendências – aumento da participação feminina na PEA, compensado pelo crescimento da proporção de mulheres que eram assalariadas –, a proporção de empregados na PEA agrícola praticamente se manteve a mesma, ao redor de um quinto, entre 1970 e 1975.

Tabela 8 – Evolução da PEA agrícola: 1970, 1975 e 1976

	Censo agrícola				Pnad	
	1970	%	1975	%	1976	%
Mulheres						
Total	5.653	32,2	7.448	36,6	3.201	21,9
Empregadas	429	2,5	687	3,4	666	4,6
FT Familiar	5.224	29,7	6.761	33,2	2.535	17,3
Homens						
Total	11.929	67,8	12.898	63,4	11.394	78,1
Empregados	3.047	17,3	3.285	16,2	4.062	27,9
FT Familiar	8.882	50,5	9.613	47,2	7.332	50,2
PEA						
Total	17.582	100	20.346	100	(1) 14.595	100
Empregados	3.476	19,8	3.972	19,6	(2) 4.728	32,5
FT Familiar	14.106	80,2	16.374	80,4	9.867	67,5

Obs.: Todo o Brasil e toda PEA (censos); exceto Norte e Centro-Oeste (Pnad).
(1) No *ano* de referência. (2) Semana de referência

DOMINAÇÃO E DESIGUALDADE

Isso, de acordo com os censos agropecuários daqueles anos. Já a Pnad de 1976, registra uma proporção bem maior – quase um terço – de empregados e uma proporção bem inferior (apenas 21,9%) de mulheres na PEA agrícola. É óbvio que as duas discrepâncias estão interligadas. A análise precedente indica que a Pnad de 1976 subenumerou as mulheres participantes da PEA agrícola e, portanto, a parcela desta que constitui força de trabalho familiar, ao passo que os censos agropecuários devem ter subenumerado o total de empregados, por não registrarem os trabalhadores de empreitada. Se a estimativa de 1.311 mil "boias-frias" em 1975 for correta, o total de empregados agrícolas naquele ano teria sido 4,3 milhões, representando 24,4% da PEA agrícola. A inclusão do número estimado de "boias-frias" no total de empregados registrado pelo Censo em 1970, elevaria a proporção de assalariados na PEA agrícola para 24% naquele ano. Esses resultados indicam que a participação de assalariados na PEA agrícola tendeu a crescer ligeiramente entre 1970 e 1975, embora bem menos que o mostrado pelos dados da Pnad (Tabela 6).

Apesar da precariedade das estimativas, tudo indica que a tendência de acentuada queda da proporção de assalariados – de quase a metade em 1950 para menos de um quarto em 1970 – foi revertida nos anos 1970. Para entender como e por que se deu essa reversão, convém analisar os resultados do Censo Agropecuário de 1975, que oferece dados referentes à PEA em estabelecimentos por tamanho de área. Na Tabela 9 constam as parcelas da PEA em cada classe de tamanho de área em 1950, 1960, 1970 e 1975.[8] O estrato de até 10 ha

---

8 A comparabilidade do Censo Agropecuário de 1975 com os anteriores é algo prejudicada pelo fato de considerar "as parcelas não confinantes exploradas em conjunto por um mesmo produtor [...] como um único estabelecimento, desde que estivessem situadas no mesmo setor e utilizassem os mesmos recursos técnicos (máquinas, implementos e instrumentos agrários, animais de trabalho etc.) e os mesmos recursos humanos (o mesmo pessoal), estando subordinadas a uma única administração (do produtor ou de um administrador)". Os censos anteriores teriam considerado tais parcelas estabelecimentos separados. O efeito dessa mudança de critério, que consolida vários estabelecimentos num só, seria, evidentemente, o de reduzir o número de estabelecimentos pequenos, aumentando o de médios e grandes. Dado o caráter restritivo de aplicação do novo critério – mesma administração, uso comum de recursos técnicos e humanos, proximidade –, não é

68 DOMINAÇÃO E DESIGUALDADE

aumenta a parcela nele ocupada da PEA total, de 20,4% em 1950 até 40,6% em 1970, mantendo-a constante entre 1970 e 1975. O estrato de 10 ha a 50 ha mantém ocupada uma parcela quase invariável da PEA – de cerca de um terço – ao longo de todo o período. Todos os demais estratos de mais de 50 ha, mostram acentuada perda de participação na PEA entre 1950 e 1970 (de 46,2% para 25,8%), mas que se recupera um pouco em 1975 (26,3%).

Uma maneira de visualizar melhor a mudança de tendência ocorrida é examinar como se deu a distribuição do *acréscimo* da PEA agrícola entre os diversos estratos de área, nos intervalos intercensitários. Em 1950-1960, os estabelecimentos de menos de 50 ha absorveram 89% do acréscimo da PEA; os estabelecimentos de 50 ha a 10.000 ha absorveram os 11% restantes, tendo havido decréscimo da PEA ocupada nas explorações de mais de 10.000 ha. Em 1960-1970, a PEA só aumentou nos estabelecimentos de menos de 50 ha (crescendo mais do que o aumento da PEA total nos de menos de 10 ha), tendo a PEA sofrido decréscimos em todos os estratos de área maior. Em 1970-1975, a distribuição do acréscimo da PEA foi completamente diferente: os estabelecimentos de modo geral participaram do acréscimo na mesma proporção que sua participação na PEA total. Assim, os estabelecimentos de 200 ha e mais ocupavam, em 1970, 12,2% da PEA e absorveram, em 1970-1975, 11,7% do acréscimo da PEA agrícola. A título de contraste, convém registrar que os estabelecimentos de 200 ha e mais, em 1960-1970, *reduziram* o seu pessoal ocupado em 605.861 indivíduos e, em 1970-1975, o *elevaram* de 326.856 mil indivíduos.

Como foi visto atrás (Tabela 4), a proporção de assalariados na PEA aumenta com o tamanho de área dos estabelecimentos. Em 1970 e em 1975, o salariado predominava nas explorações de 200 há e mais, o que indica a prevalência de relações de produção capitalistas

---

provável que a quantidade de explorações afetadas seja muito grande. Um indicador nesse sentido é que o Censo de 1975 registra um número maior de explorações muito pequenas – de menos de 1 ha, de 1 ha a 2 ha e de 2 ha a 5 ha – do que o de 1970, havendo apenas ligeira redução do número de estabelecimentos algo maiores: de 5 ha a 10 ha, de 10 ha a 20 ha e de 20 ha a 50 ha.

DOMINAÇÃO E DESIGUALDADE

Tabela 9 – PEA agrícola em estabelecimentos por tamanho de área. Brasil em 1950, 1960, 1970 e 1975

Área (ha)	% da PEA				Acréscimo					
	1950	1960	1970	1975	1950-1960	%	1960-1970	%	1970-1975	%
0-10	20,38	30,84	40,55	41	2.626.191	44,66	2.309.082	118,53	1.213.645	43,46
10-50	33,39	34,51	33,61	32,7	2.018.439	34,31	514.483	26,41	740.418	26,52
50-100	12,72	10,66	8,66	8,7	481.572	8,19	–143.375	–7,36	251.774	9,02
100-200	10,06	7,78	6,07	6,5	323.384	5,49	–149.793	–7,69	259.653	9,30
200-500	10,68	7,94	5,52	5,5	298.494	5,07	–270.532	–13,89	153.158	5,48
500-1.000	5,57	3,78	2,51	2,5	89.986	1,53	–148.973	–7,65	73.517	2,63
1.000-10.000	6,40	4,01	2,61	2,7	47.356	0,81	–167.102	–8,58	84.702	3,03
10.000 e mais	0,79	0,38	0,23	0,3	–17.938	–0,30	–19.254	–9,88	15.479	0,55
					5.867.484	100	1.924.536	100	2.792.346	100

Fonte: IBGE, Censos agrícolas de 1950, 1960, 1970 e 1975.

nessas explorações. Tudo indica, portanto, que as empresas agrícolas capitalistas reduziram fortemente seu volume de emprego em 1960-1970, mas o ampliaram em 1970-1975, o que confirma a reversão da tendência de evolução da proporção de assalariados na PEA agrícola. Não cabe aqui tentar encontrar todas as causas dessa reversão. Basta apontar que, se a queda na proporção de assalariados, entre 1950 e 1970, pode ser atribuída principalmente à mecanização das atividades agrícolas, nada indica que o crescimento dessa proporção, entre 1970 e 1976, tenha por origem uma queda no ritmo de mecanização. Antes pelo contrário, tudo indica que esse ritmo ainda se intensificou mais, a partir de 1970. Isto pode ser verificado pela evolução do número de tratores na agricultura brasileira, entre 1970 e 1975.

A Tabela 10 mostra que, nesse quinquênio, a quantidade de tratores quase duplicou, passando de 165.870 para 323.113. Convém observar que o aumento se concentrou nas categorias de maior potência: os de 50-100 CV triplicaram e os de mais de 100 CV mais que quintuplicaram. Do ponto de vista de força mecânica substituindo força de trabalho humana e de animais, a mecanização de nossa agricultura foi, portanto, ainda mais intensa do que a indicada pela mera multiplicação do número de máquinas.

Tabela 10 – Tratores na agricultura brasileira

	1970	1975	%
Total	165.870	323.113	94,8
10 CV	19.620	26.773	36,5
10-50 CV	80.952	86.670	7,1
50-100 CV	61.554	188.892	206,9
100 CV	3.744	20.778	455
Estabelecimentos	4.924.019	4.993.252	
0-50 ha	4.112.166	4.146.759	
Informantes	117.410	216.320	
0-50 ha	50.864	95.381	
% de estabelecimentos com tratores			
Total	2,38	4,33	
0-50 ha	1,24	2,3	

Fonte: Censos agropecuários de 1970, tabela 23; e de 1975, tabela 18.

DOMINAÇÃO E DESIGUALDADE

É verdade que a proporção de estabelecimentos com tratores no Brasil ainda é pequena, mas, mesmo assim, ela se expandiu notavelmente nesse curto período de cinco anos, passando de 2,4%, em 1970 para 4,3% em 1975. E essa expansão não se deu apenas nas explorações maiores, tendo se verificado também entre as de menos de 50 ha, das quais a proporção com tratores subiu de 1,2% em 1970 para 2,3% em 1975. Dos 98.910 estabelecimentos que aparentemente adquiriram tratores entre 1970 e 1975, quase a metade (44.517) tinha menos de 50 ha.

A tendência à redução da proporção de assalariados devida ao aumento da composição orgânica do capital investido na agricultura foi revertida, após 1970, por um aumento, nos estabelecimentos de maior área, da produção (sobretudo de lavouras) que foi superior ao aumento da produtividade do trabalho. Nesse sentido, também houve uma reversão de tendência, pois o crescimento da área de lavouras se dava em ritmo declinante até 1970, para voltar a subir depois. Com efeito, a área total de lavouras se expandiu 50,4% (4,1% por ano) em 1950-1960, apenas 18,4% (1,7% por ano) em 1960-1970, mas 23,9% (4,4% por ano) em 1970-1975. Entre 1950 e 1970, o aumento da área de lavouras se deu sobretudo nos estabelecimentos menores, mas, entre 1970 e 1975, ele ocorreu unicamente nos médios e grandes. A Tabela 11 mostra que, em 1950-1970, dos 14,9 milhões de hectares incorporados à área de lavouras, nada menos que 47,7% foram cultivados em estabelecimentos pequenos, de menos de 20 ha, e outros 28,6% em estabelecimentos médios, de 20 ha a 100 ha. Todos os restantes participaram com apenas 23,7% do aumento da área de lavouras, tendo havido decréscimo da mesma nas explorações de 10.000 ha e mais. Em 1970-1975 se deu literalmente o contrário: nos estabelecimentos pequenos (de menos de 20 ha), a área de lavouras permaneceu a mesma, tendo o aumento de 8,1 milhões de hectares ocorrido sobretudo nas grandes (24,4% nas de 1.000 ha a 10.000 ha; 17,5% nas de 200 ha a 500 ha; e 15% nas de 500 ha a 1.000 ha). Em suma: os estabelecimentos de mais de 200 ha, nos quais em 1970 predominavam relações de produção capitalistas, incorporaram 15,7% do acréscimo da área de lavoura em 1950-1970, mas nada menos que 62,1% em 1970-1975.

Tabela 11 – Área de lavoura nos estabelecimentos por tamanho de área

Estratos de área (ha)	Área de lavoura (em 1.000 ha)						Acréscimo da área de lavoura (em 1.000 ha)			
	1950	%	1970	%	1975	%	1950-1970	%	1970-1975	%
0-10	1.704	8,9	5.992	17,6	5.980	14,2	4.288	28,8	-12	-0,1
10-20	1.898	9,9	4.712	13,9	4.742	11,3	2.814	18,9	30	0,3
20-100	6.769	35,5	11.033	32,5	12.890	30,6	4.264	28,6	1.857	22,9
100-200	2.216	11,6	3.402	10	4.602	10,9	1.186	8	1.200	14,8
200-500	2.610	13,7	3.945	11,6	5.367	12,8	1.335	9	1.422	17,5
500-1.000	1.523	7,9	2.170	6,4	3.386	8	647	4,3	1.216	15
1.000-10.000	2.063	10,8	2.534	7,4	4.517	10,7	471	3,2	1.983	24,4
10.000 e mais	312	1,6	197	0,6	618	1,5	-115	-0,8	421	5,2
Total	19.095	100	33.985	100	42.102	100	14.890	100	8.117	100

Fonte: IBGE, Censos agrícolas de 1950, 1970 e 1975.

DOMINAÇÃO E DESIGUALDADE

O aumento da ocupação, que se verificou entre 1970 e 1975, nos estabelecimentos de 200 ha e mais (Tabela 9), se deve, portanto, a uma expansão intensa da área cultivada nessas explorações, o que demandou uma forte expansão do pessoal ocupado, apesar da contínua mecanização das atividades agrícolas.

Essa mudança na evolução das relações de produção na agricultura brasileira deve estar, de alguma maneira, ligada a outras transformações de nossa produção agropecuária, qual seja, seu redirecionamento ao mercado externo, a partir de 1970-1971, conforme verificaram Barros e Graham.[9] Esses autores dividiram a produção vegetal em produtos *exportáveis* (café, soja, cana, algodão, cacau, mamona etc.) e *domésticos* (arroz, milho, trigo, feijão, mandioca, laranja etc.) e concluíram que "os produtos domésticos (alimentos) crescem persistentemente menos que os exportáveis... especialmente entre 1968 e 1976".[10] Eles mostram que a parcela exportada da produção agrícola brasileira oscila entre 10% e 13% de 1962 até 1970, passando a crescer daí em diante até superar os 20% em 1975 e 1976. Observam que essa "abertura ao exterior parece ter induzido um maior grau de tecnificação nas culturas de exportação, pela redução do risco de adoção de novas técnicas (a contrapartida deste fato se observa na ampliação da distância entre o padrão tecnológico praticado nos setores externo – moderno – e doméstico – tradicional...)".[11] Barros e Graham supõem que a produção para o mercado externo tenha sido favorecida por melhores preços, decorrentes de conjunturas favoráveis no mercado mundial, ao passo que a produção doméstica foi sujeita a frequentes controles de preços, cotas etc. Em consequência, "entre 1963 e 1970, quando a disponibilidade total se elevou 10%, a disponibilidade oriunda de produtos domésticos sobe 12,8% e a de exportáveis apenas 2%. Entre 1970 e 1975, enquanto a disponibilidade total crescia 1,7% os produtos exportáveis se elevavam 20% e os domésticos *caíam* quase 4%, tudo em termos *per capita*".[12]

---

9 Barros; Graham, "A agricultura brasileira e a produção de alimentos", *Pesquisa e Planejamento Econômico*, v.8, n.3, p.695-725, dez. 1978.

10 Ibid., p.698-701.

11 Ibid., p.708.

12 Ibid., p.717, itálicos do original.

74 DOMINAÇÃO E DESIGUALDADE

Embora Barros e Graham concentrem sua atenção na política agrícola para explicar a mudança ocorrida, há boas razões para se supor que a crescente concentração da renda tenha sido também (ou talvez "sobretudo") um fator que limitou a demanda interna pelos produtos domésticos, que, de acordo mesmo com os autores mencionados, figuram em maior proporção no consumo das famílias pobres do que no das demais. Seja como for, o que importa aqui é o registro de que houve uma forte mudança na composição do produto vegetal, com nítida redução da parcela representada pelos produtos domésticos, vários dos quais (como feijão, mandioca, batata-doce) são oriundos predominantemente de pequenas explorações familiares, o que vem corroborar as mudanças na repartição da área de lavoura, entre 1970 e 1975, constatadas na Tabela 11. E certamente isto contribuiu para a expansão mais acelerada das relações capitalistas de produção na agricultura brasileira, neste último período.

1.3. *A PEA não agrícola*

A Tabela 1 mostra que, ao contrário da agricultura, nas atividades urbanas as relações capitalistas já prevaleciam no início do período e se expandem, em termos absolutos e relativos, ao longo dele. Em 1950, empregados e empregadores já constituíam 76,3% da PEA não agrícola, representando os autônomos e não remunerados menos de um quarto do total. É interessante observar que, também em contraste com a agricultura, a proporção dos não remunerados é bem reduzida, já em 1950, e tende a cair nas décadas seguintes, o que mostra que o empreendimento familiar é cada vez mais excepcional na economia urbana.

A proporção de empregados nas atividades não agrícolas cresce continuamente, passando de 71,8% em 1950, para 72,5% em 1960 e para 78,1% em 1970, sofre uma queda em 1973 para 75% e atinge 78,4% em 1976.

Mas, não se pode considerar todos os empregados como inseridos em relações capitalistas de produção, pois parte deles trabalha para o Estado e outra parte fornece serviços domésticos para famílias. Para se saber que parcela da PEA urbana se compõe de assalariados de

DOMINAÇÃO E DESIGUALDADE 75

empresas (em sua maioria presumivelmente capitalistas, embora certo número delas sejam unidades de produção simples de mercadorias) é necessário distinguir essas duas outras parcelas de empregados em entidades não empresariais. Quanto aos empregados domésticos, o seu número é dado pelos censos, mas não pela Pnad, que oferece apenas o total de empregados em prestação de serviços. Cotejando, no entanto, os totais, por sexo, de empregados em prestação de serviços e de empregados domésticos em 1950, 1960 e 1970 (Tabela 12), se verifica o seguinte: entre os homens, a proporção de empregados domésticos no total de empregados em prestações de serviços caiu, entre 1950 e 1960, 0,74% e, entre 1960 e 1970, 1,59 ponto percentual. Admitiu-se que, após 1970, a tendência da década precedente se mantenha de modo que aquela proporção é estimada em 8,58% em 1973 e 8,05% em 1976. Entre as mulheres, as empregadas domésticas constituem a grande maioria das que estão empregadas em prestação de serviços, oscilando sua proporção entre 88% e 89% em 1950, 1960 e 1970. Dada a constância dessa proporção ao longo de 30 anos, admitiu-se que ela se manteria após 1970, de modo que se estimou que, em 1973 e 1976, ela seria a média das percentagens de 1950, 1960 e 1970. Desse modo, foi possível estimar o provável número de empregados domésticos em 1973 e 1976 e que constam da Tabela 12. Vale a pena assinalar que o número de empregados domésticos de ambos os sexos cresce em todo o período, sendo, no entanto, bem menor o ritmo de aumento do número de homens do que de mulheres. O número destas últimas se expande 48% em 1950-1960 (4% ao ano), 82% em 1960-1970 (6,1% ao ano) e 23% em 1970-1976 (3,5% ao ano).

Com essas estimativas, torna-se possível verificar como evoluiu a repartição dos empregados em atividades não agrícolas entre empresas, administração pública e serviço doméstico. Na Tabela 13 se vê que cerca de quatro quintos dos assalariados urbanos trabalham em empresas, mantendo-se essa proporção com pequenas oscilações de 1950 a 1976. A administração pública empregava cerca de um vigésimo dos assalariados urbanos, entre 1950 e 1970, mas em 1973 e 1976 essa proporção cresceu para 7% a 8%. Como nestes últimos anos muitas autarquias e repartições foram transformadas em empresas (por exemplo, os correios e telégrafos, serviços de águas e esgotos,

Tabela 12 – Empregados em prestação de serviços e em serviços domésticos. Brasil em 1950, 1960, 1970, 1973 e 1976

Anos	Prestações de serviços		Empregados domésticos		%		
	H (1)	M (2)	H (3)	M (4)	(3)/(1)	(4)/(2)	(3)/(4)
1950	407.858	706.687	46.676	626.882	11,44	88,71	7,45
1960	583.199	1.049.388	62.388	924.535	10,70	88,09	6,75
1970	746.088	1.885.691	67.992	1.680.147	9,11	89,10	4,05
1973	969.650	2.261.589	(83.196)	(2.004.446)	(8,58)	(88,63)	(4,15)
1976	1.118.296	2.346.993	(90.023)	(2.080.140)	(8,05)	(88,63)	(4,33)

Fonte: IBGE, Censos demográficos de 1950, 1960 e 1970; IBGE, Pnad de 1973 e 1976.
Observação: Dados entre parênteses, estimados conforme metodologia exposta no texto.

de melhoramentos urbanos, rodoviários etc.), o crescimento da proporção de empregados públicos é algo surpreendente. Ele talvez seja devido à grande expansão dos serviços de consumo coletivo (educação, saúde, previdência social), que continuam sendo prestados por órgãos da administração pública. O serviço doméstico empregava de 12% a 14% dos assalariados urbanos, entre 1950 e 1973, mas em 1976 essa proporção cai a 10,7%. Essa queda pode ser devido à expansão de oportunidades de emprego para mulheres em outras atividades. Com efeito, do acréscimo de 1.116 mil assalariadas urbanas, verificado em 1973-1976, a maior parte se empregou em serviços sociais (28,8%), indústria de transformação (25,2%) e comércio (18,3%) e apenas 7,7% em prestação de serviços, embora esse setor, em 1973, absorvesse 40,9% das assalariadas urbanas.

Em relação à PEA não agrícola, a Tabela 13 mostra que os empregados em empresas constituem uma proporção crescente de 57,8% em 1950 para 64,5% em 1976. Essa tendência, mais que qualquer outra, revela a contínua expansão das relações capitalistas de produção na economia urbana do país. A proporção de empregados públicos não se altera muito, entre 1950 e 1970, mas em seguida aumenta, atingindo 5,6% em 1976. Finalmente, a proporção de empregados domésticos oscila entre 9% e 10% de 1950 a 1973, decrescendo em 1976 para 8,4%. Considerando o fato de que empregados de empresas e empregados

Tabela 13 – Empregados em empresas, administração pública e serviço doméstico. Brasil em 1950, 1960, 1970, 1973 e 1976

Ano	Empregados em						Total de empregados	
	Empresas	%	Administração pública	%	Empregados domésticos	%	Não agrícolas	%
1950	3.885.747	80,6	260.767	5,4	673.558	14	4.820.072	100
1960	6.558.310	82,9	363.669	4,6	986.923	12,5	7.908.902	100
1970	10.482.103	81,5	633.490	4,9	1.748.139	13,6	12.863.732	100
1973	13.023.649	79,9	1.269.560	7,8	2.004.446	12,3	16.297.655	100
1976	15.915.391	82,1	1.379.302	7,1	2.080.140	10,7	19.374.833	100

Ano	Como proporção da PEA não agrícola			
1950	57,8	3,9	10	71,8
1960	60	3,3	9	72,4
1970	63,7	3,8	10,6	78,1
1973	59,8	5,8	9,2	74,8
1976	64,5	5,6	8,4	78,4

Fonte: IBGE, Censos demográficos de 1950, 1960 e 1970; IBGE, Pnad de 1973 e 1976.

78 DOMINAÇÃO E DESIGUALDADE

públicos tendem a intervir no processo social e político de modo análogo, vale a pena assinalar que essas categorias representam uma parcela crescente da PEA não agrícola: 61,7% em 1950 e 70,1% em 1976. A proporção de autônomos e não remunerados, que constituem em conjunto os produtores simples de mercadorias, tende a declinar, ao longo do período, após um ligeiro aumento de 23,3% em 1950 para 25,3% em 1960, atingindo apenas 18,8% em 1976. Não obstante, o seu número absoluto se expandiu acentuadamente e o fato de continuar constituindo quase um quinto da PEA não agrícola mostra que o crescimento da economia urbana, no país, se dá em certa medida em moldes não capitalistas. Isto significa não só que a empresa capitalista ainda dispõe de certo campo de expansão constituído por atividades *urbanas* organizadas em pequena escala, mas que uma parcela considerável da mão de obra urbana ainda é suscetível de ser proletarizada, constituindo, nesse sentido, uma reserva para o capital.

No que se refere aos empregadores urbanos, a Tabela 1 mostra que a sua proporção decresce, de 4,5% em 1950 para 1,4% em 1970, o que se pode atribuir à concentração do capital. Mas, em 1973, o número de empregadores urbanos se expande acentuadamente, mais que quadruplicando em três anos e voltando a atingir 4,5% da PEA não agrícola, para, em 1976, seu número se reduzir de um terço e a sua proporção na PEA urbana a 2,6%. Essas fortes oscilações do número de empregadores se explicam pelas flutuações conjunturais: em 1970-1973, o Produto Real cresceu 44,2%, representando o auge da fase ascendente do ciclo, ao passo que em 1973-1976 o Produto Real se expandiu apenas 26,4%, o que indica a passagem para a fase descendente do ciclo. Na fase ascendente, a forte expansão da demanda enseja a multiplicação de pequenos empreendimentos, enquanto o descenso acirra a competição, compelindo muitos pequenos negócios a cerrar as portas.

1.4. *A PEA total*

De acordo com a Tabela 1, a estrutura da PEA brasileira sofreu modificações sensíveis entre 1950 e 1976, que podem ser descritas nos seguintes termos:

DOMINAÇÃO E DESIGUALDADE

- a proporção de empregados, quase a metade da PEA no início do período, sofre ligeiro declínio em 1960 para aumentar sistematicamente em seguida, atingindo 62%, em 1976;
- a proporção de autônomos e não remunerados – que devem ser pensados em conjunto, pois compõem a produção simples de mercadorias – aumenta nitidamente no primeiro decênio do período, atingindo 49,9% em 1960, para diminuir depois continuamente até representar apenas pouco mais de um terço da PEA em 1976;
- a proporção de empregadores cai à metade – de 3,8% para 1,9%, – em 1950-1960, continuando a diminuir em 1970 para sofrer súbito aumento para 5% em 1973 e novo declínio, para 2,6% em 1976.

Acontece que essas tendências escondem uma subestimação da força de trabalho familiar na agricultura que, como foi visto, além de ser considerável, variou de um censo a outro, o que torna preferível a utilização dos resultados dos censos agrícolas em vez dos censos demográficos na análise da evolução da estrutura da PEA total. Além disso, é importante distinguir, entre os empregados em atividades não agrícolas, os que trabalham em empresas, na administração pública e no serviço doméstico. Em virtude dessas considerações, os dados referentes à PEA total foram reelaborados na Tabela 14 com a utilização dos dados dos censos agrícolas (Tabela 3) para a PEA agrícola e dos dados dos censos demográficos para a PEA não agrícola em 1950, 1960 e 1970; os dados da Pnad continuaram sendo utilizados para 1973 e 1976. Além disso, incluiu-se a desagregação dos assalariados urbanos, constante da Tabela 13.

A Tabela 14 mostra que, em 1950, a maior parte da PEA já era constituída por assalariados – 55,3% –, mas que essa proporção se reduz em 1960 e em 1970 e volta a subir em 1973 e em 1976. Essa evolução se deve exclusivamente à redução do número de assalariados agrícolas, sobretudo em 1960-1970, como provável consequência da mecanização das atividades agrícolas, que se intensificou nesta década. O crescimento da proporção de assalariados, após 1970, se deve tanto ao seu aumento na PEA agrícola como, sobretudo, à grande elevação do número de assalariados urbanos. É interessante notar que, em 1950, o número de assalariados agrícolas ainda era maior que o de não agrícolas. A partir desse ano, porém, o número de assalariados urbanos cresce aceleradamente, ao passo que o de empregados agrícolas oscila, atingindo, em 1976, um nível inferior ao de 1950 em termos absolutos. No fim do período, os assalariados urbanos eram mais de quatro vezes mais numerosos que os rurais.

Particularmente intenso é o crescimento da proporção de empregados não agrícolas trabalhando em empresas, que passa de 21,9% em 1950 para 40,8% da PEA total em 1976. Esses assalariados constituem, juntamente com os que trabalham na administração pública, o chamado "proletariado urbano" (exclusive o grupo de assalariados com elevada remuneração e que, em sua maioria, desempenham funções diretivas). Numa primeira aproximação, a Tabela 14 mostra que o "proletariado urbano" passou de menos de um quarto (23,4% em 1950) a quase metade (44,3%) da PEA e seu número absoluto mais que quadruplicou, passando de 4,1 milhões em 1950 para 17,3 milhões em 1976.

Também a proporção de empregados domésticos se expandiu após 1960, atingindo mais de 5% da PEA em 1970, 1973 e 1976.

A proporção de autônomos e de não remunerados se eleva na maior parte do período, passando de 41% em 1950 para 50,7% em 1970. Essa elevação se deve principalmente ao crescimento dessas categorias na agricultura. A participação dos produtores por conta própria e auxiliares não remunerados em atividades agrícolas na PEA total passa de 32,2% em 1950 para 36,3% em 1960 e para 40,8% em 1970, mais que dobrando seu número absoluto (de 5,7 milhões em 1950 para 13,9 milhões em 1970). Após 1970, tanto a proporção como o número absoluto do que se poderia chamar "campesinato" em *lato sensu* parecem cair, mas essa queda se deve apenas ao fato de que a Pnad não chega a computar integralmente essa categoria social. Admitindo-se que o tamanho do "campesinato", em 1976, seja igual ao registrado pelo Censo Agropecuário de 1975, ou seja, 16 milhões (tabela 8: 16,4-0,4 milhão de empregadores agrícolas), ele teria crescido cerca de 15%, ou seja, bem menos que a PEA total, que passa de 32,2 milhões em 1970 (exceto agricultura do Norte e Centro-Oeste) para

Tabela 14 – Evolução das posições da ocupação. Brasil em 1950, 1960, 1970, 1973 e 1976

Posição na ocupação	1950	%	1960	%	1970	%	1973	%	1976	%
Empregadores										
Agrícolas	323.961	1,8	226.635	0,9	209.111	0,6	845.895	2,3	393.429	1,0
Não agrícolas	304.985	1,7	198.849	0,7	236.078	0,7	971.747	2,6	649.603	1,7
Soma	628.946	3,5	425.484	1,6	445.189	1,3	1.817.642	4,9	1.043.032	2,7
Empregados										
Agrícolas	4.974.801	28,1	5.785.258	21,8	3.475.899	10,2	4.169.724	11,3	4.640.155	11,9
Não agrícolas	4.820.072	27,2	7.908.902	29,8	12.863.732	37,8	16.297.655	44,3	19.374.833	49,7
– em empresas	3.885.747	21,9	6.558.310	24,7	10.482.103	30,8	13.023.649	35,4	15.915.391	40,8
– em adm. pública	260.767	1,5	363.669	1,4	633.490	1,9	1.269.560	3,5	1.379.302	3,5
– em serviço doméstico	673.558	3,8	986.923	3,7	1.748.139	5,1	2.004.446	5,4	2.080.140	5,3
Soma	9.794.873	55,3	13.694.160	51,6	16.339.631	48	20.467.379	55,6	24.014.988	61,6
Autônomos e não remunerados										
Agrícolas	5.698.072	32,2	9.622.092	36,3	13.897.079	40,8	9.982.305	27,1	9.294.635	23,8
Não agrícolas	1.566.560	8,8	2.756.595	10,4	3.358.201	9,9	4.514.926	12,3	4.640.409	11,9
Soma	7.264.632	41	12.378.687	46,7	17.255.280	50,7	14.497.231	39,4	13.935.044	35,7
Não declarados	26.167	0,2	43.929	0,2	8.855	–	–	–	3.170	-
Total										
Agrícolas	10.996.834	62,1	15.633.935	58,9	17.582.089	51,6	14.997.924	40,8	14.328.219	36,7
Não agrícolas	6.717.784	37,9	10.908.275	41,1	16.466.866	48,4	21.784.328	59,2	24.668.015	63,3
Soma	17.714.618	100	26.542.209	100	34.048.955	100	36.782.252	100	38.966134	100

Fonte: IBGE, Censos demográficos de 1950, 1960, e 1970; IBGE, Pnad de 1973 e 1976.

39 milhões em 1976, aumentando 21,1% nesses seis anos. Corrigindo a PEA total de 1976, com a expansão do "campesinato" e a inclusão dos empregados agrícolas do Norte e Centro-Oeste, para 45,7 milhões, a parcela do "campesinato" nessa PEA total seria de 35%, ou seja, menor que os 40,8% registrados em 1970. Essa queda pode ser atribuída, em parte, ao êxodo rural, e, em parte, à transformação de trabalhadores familiares em assalariados agrícolas, cujo número deve ter crescido de 3,5 milhões em 1970 para cerca de 5 milhões em 1976 (incluindo 0,4 milhão no Norte e Centro-Oeste, não coberto pela Pnad).

Importa notar, por outro lado, que tanto o número como a proporção de trabalhadores por conta própria e auxiliares não remunerados em atividades não agrícolas também se expandiu ao longo do período. O número de produtores simples de mercadorias urbanos quase triplica, passando 1,6 milhão em 1950 para 4,6 milhões em 1976, elevando-se no mesmo período sua participação na PEA total de 8,8% para 11,9%. Como nesse grupo estão, em sua maioria, os chamados "marginalizados urbanos" – biscateiros, lavadeiras, carregadores, vendedores ambulantes –, os dados indicam que essa forma de exército industrial de reserva não deixou de se expandir no Brasil, apesar de todo crescimento econômico verificado no período.

A proporção de empregadores na PEA total cai fortemente, de 3,6% para 1,3% entre 1950 e 1970, para mostrar excepcional recuperação em 1973, quando atinge 4,9% e nova queda em 1976, recuando para 2,7%. De todas as categorias discriminadas na Tabela 14, esta é a que sofre oscilações mais fortes. De forma geral, as proporções de empregadores rurais e urbanos variam paralelamente, sendo os seus números absolutos quase equivalentes até 1973. Mas, em 1976, a redução do número de empregadores agrícolas é mais acentuada que a de empregadores urbanos, de modo que, no fim do período, há 66% mais empregadores nas cidades do que no campo. Como já foi visto, essas tendências mostram a interação entre a concentração do capital, a longo prazo, e a suscetibilidade do número de pequenos empreendimentos às flutuações conjunturais. Tanto os censos como a Pnad definem como "empregador" qualquer pessoa economicamente ativa que empregue *um ou mais* assalariados, não distinguindo o empregador *capitalista*, que não participa diretamente da produção,

DOMINAÇÃO E DESIGUALDADE

limitando-se a supervisionar a atividade dos seus empregados, do *produtor direto*, que também emprega trabalhadores, geralmente auxiliares e em número reduzido. Tudo leva a crer que boa parte dos empregadores, sobretudo em 1973, são de fato *produtores diretos* que utilizam assalariados. (Um indicador nesse sentido é que, naquele ano, 53,2% dos empregadores em atividades não agrícolas tinham renda de até cinco salários mínimos, 19,3%, deles de até dois salários mínimos). Quando a conjuntura entra em baixa, muitos desses empregadores não capitalistas passam à condição de autônomo e mesmo de empregado.

Uma das principais conclusões, que se pode tirar da análise precedente, é que a evolução das relações de produção na economia brasileira tem sido fortemente influenciada pela contínua transferência de força de trabalho da agricultura para as atividades não agrícolas. Em 1950, a PEA agrícola constituía 62,1% da PEA total, proporção esta que vai baixando o tempo todo até chegar a 36,7% em 1976. Mas, corrigindo-se a enumeração da força de trabalho agrícola pela Pnad em 1976, pelo Censo Agropecuário de 1975, o seu total passa a 21,4 milhões e a 46,8% da PEA total.

A expansão das relações capitalistas de produção na economia como um todo se deu muito mais pelo aumento relativo da PEA não agrícola, e a correspondente diminuição relativa da PEA agrícola, do que pela expansão daquelas relações de produção *dentro* das atividades agrícolas e não agrícolas. Na agricultura, as relações capitalistas de produção teriam até sofrido um encolhimento, sobretudo em 1960-1970, se elas fossem medidas unicamente pela proporção de empregadores e empregados. Mas a análise mostrou que uma grande parte dos assalariados agrícolas, na verdade, trabalhava para pequenos produtores não capitalistas. Em 1960, por exemplo, quando o número de empregados agrícolas era maior que em qualquer outro momento do período analisado, nada menos que 40,7% deles trabalhavam em explorações de até 50 ha. A forte redução do número de assalariados agrícolas, ocorrida entre 1960 e 1970, se deu sobretudo nos estabelecimentos pequenos: 46,5% da queda foi registrada nas explorações de menos de 50 ha. Isto significa que a extensão do salariado na PEA agrícola na verdade superestima o espaço ocupado pelo

84   DOMINAÇÃO E DESIGUALDADE

capital nas atividades agrícolas e o aumento da proporção da força de trabalho familiar na PEA agrícola, que se verifica entre 1950 e 1970, não pode ser interpretado como um real avanço da produção simples de mercadorias. Mas os dados também não indicam que, até 1970, pelo menos, tenha havido expansão das relações capitalistas de produção na agricultura, principalmente do ângulo das relações de *trabalho*. O que parece ter acontecido foi antes a subordinação crescente de uma agricultura predominantemente camponesa ao capital comercial, financeiro e industrial, que passou a controlá-la e explorá-la de fora para dentro, mediante relações de *troca* comercial e financeira. Somente após 1970 é que parece ter havido uma real penetração das relações capitalistas de produção na agricultura. Um sinal nesse sentido é que, em 1970, 50% de todos os empregados agrícolas estava em estabelecimentos de até 200 ha de área, proporção que cai para 48,1% em 1975.

Nas atividades não agrícolas, deu-se efetivamente a expansão das relações de produção capitalistas, mas essa expansão foi limitada pelo fato de a PEA nessas atividades já estar desde o começo do período, em sua maior parte, inserida naquelas relações. Em 1950, trabalhavam em empresas como assalariados 57,8% da PEA urbana, proporção esta que se eleva a 64,5% em 1976 (Tabela 14). Não há meios de saber que proporção desses assalariados trabalhava para produtores simples de mercadorias, mas, mesmo que se admita que essa proporção tenha decrescido ao longo do período, o avanço das relações capitalistas de produção *dentro* das atividades não agrícolas não pode ter efeito comparável ao acentuado aumento da PEA não agrícola, em sua maioria diretamente submetida ao capital, no conjunto da PEA total.

Em suma, a economia brasileira apresenta marcada diferença quanto ao modo de produção predominante em termos quantitativos (não "dominante" em termos socioeconômicos): uma agricultura ainda organizada, em sua maior parte, como produção simples de mercadorias e atividades não agrícolas organizadas sobretudo em formas capitalistas. Entre 1950 e 1976, se faz notar uma tendência no sentido de homogeneizar toda a economia mediante a sua subordinação ao modo capitalista de produção, mas essa tendência

DOMINAÇÃO E DESIGUALDADE

se exprimiu mais fortemente pelo crescimento muito mais rápido das atividades não agrícolas (medidas pelo pessoal nelas ocupado, ou seja, pela parcela do tempo de trabalho social total que elas absorvem), do que pela expansão das relações capitalistas de produção em cada tipo de atividade. É a mudança da divisão social do trabalho, privilegiando as atividades mais capitalistas, que está sendo o principal veículo do desenvolvimento capitalista da economia brasileira. A produção simples de mercadorias continua resistindo, sobretudo na agricultura, o que tem por resultado a manutenção da heterogeneidade estrutural da economia, que tende efetivamente a decrescer, mas só a longo prazo.

2. Evolução da repartição da renda

2.1. Comparabilidade dos dados

Dados sobre a repartição da renda pessoal das pessoas economicamente ativas têm sido levantados, no Brasil, pelo IBGE, desde 1960, por meio dos censos demográficos daquele ano e de 1970 e da Pnad. A Pnad de 1973, no entanto, só apresenta dados sobre a repartição da renda separadamente dos assalariados (como um todo) e dos empregadores e trabalhadores por conta própria, que se achavam ocupados em atividades não agrícolas. Por esse motivo, na análise que se segue, limitar-nos-emos ao exame dos dados da Pnad de 1976 em comparação com os dos censos demográficos, pois desses levantamentos se dispõe de informações igualmente desagregadas sobre toda a PEA.

As classes de renda desses levantamentos, no entanto, estão longe de ser coincidentes. Na Tabela 15 constam essas classes, exceto as que correspondem a frações de um salário mínimo, que, para o tipo de exame almejado, não são relevantes. Para efeito de comparação, os limites das classes foram padronizados usando-se como unidade o salário mínimo mais alto do país. Para 1960 e 1970 foi usada a média ponderada dos salários mínimos mais altos vigentes naqueles anos, sendo os pesos o número de meses em que cada nível vigorou:

86   DOMINAÇÃO E DESIGUALDADE

- em 1960: 6.000 de janeiro a outubro; 9.600 em novembro e dezembro; média: 6.600
- em 1970: 156,00 de janeiro a abril; 187,20 de maio a dezembro; média: 176,80.

Como se pode ver, na Tabela 15 (colunas 3, 4 e 5), em comparação com 1976, as classes de renda têm limites mais estreitos em 1960 e mais amplos em 1970. Mas essas discrepâncias são, em parte, devidas ao fato de o salário mínimo ter mudado de valor real mais amplamente entre 1960 e 1970 do que entre 1970 e 1976. Tomando como padrão o maior salário mínimo do país, vigente no último trimestre de 1976, que foi o utilizado pela Pnad daquele ano para delimitar as classes de renda, o equivalente (ajustado pelo deflator implícito do produto) em 1960 seria de 5.391 cruzeiros e 90 centavos e em 1970 de 187 cruzeiros e 60 centavos.. Tomando-se esses valores como base de padronização, obtêm-se os resultados constantes nas últimas três colunas da Tabela 15. Embora as classes de renda, nos três levantamentos, não coincidam inteiramente, os desvios mantêm-se, em geral, em nível inferior a 10%, exceto no que se refere à terceira classe, que corresponde a rendas de 2 SM a 5 SM (salários mínimos) em 1976, 2,13 SM a 5,33 SM em 1970, mas apenas a 1,85 SM a 3,71 SM em 1960. Nesse único caso, a discrepância é realmente grave e nas comparações da distribuição de 1960 com as de 1970 e de 1976 ela deve ser devidamente considerada. Nas tabelas a seguir, no entanto, as classes de renda constam uniformemente como equivalentes às de 1976: de 0 SM a 1 SM; 1 SM a 2 SM; 2 SM a 5 SM; 5 SM a 10 SM e 10 SM e mais.

Resta considerar o fato de que a renda nos censos demográficos consiste apenas nos ganhos monetários, ao passo que na Pnad em 1976 são incluídos na renda também os rendimentos não monetários. Para ter uma ideia da mudança introduzida na repartição da renda pela inclusão dos rendimentos não monetários, comparamos o número de pessoas em cada classe de renda, em 1976, com renda *apenas em dinheiro*, com o dos que tinham rendimentos apenas *in natura* (produtos e/ou serviços) e com os que dispunham de rendimentos de mais de uma espécie. Os dados se encontram na Tabela 16. Como se vê, dos 34 milhões que naquele ano tinham alguma renda, 84,3% tinham apenas

Tabela 15 – Classes de repartição da renda

Cruzeiros correntes		Em salário mínimo (do ano)			Em salário mínimo (de 1976)		
1960	1970	1960	1970	1976	1960	1970	1976
0-6.000	0-200	0-0,9	0-1,13	0-1	0-1,11	0-1,07	0-1
6.000-10.000	200-400	0,9-1,5	1,13-2,26	1-2	1,11-1,85	1,07-2,13	1-2
10.000-20.000	400-1.000	1,5-3	2,26-5,66	2-5	1,85-3,71	2,13-5,33	2-5
20.000-50.000	1.000-2.000	3-7,6	5,66-11,32	5-10	3,71-9,27	5,33-10,66	5-10
50.000 e mais	2.000 e mais	7,6 e mais	11,32 e mais	10 e mais	9,27 e mais	10,66 e mais	10 e mais
SM	6.600	176,80	768,00		5.391,90	187,60	768,00

Fonte: IBGE, Censos demográficos de 1960 e 1970; IBGE, Pnad de 1976.

renda em dinheiro, 11,87% tinham renda de mais de uma espécie e somente 3,85% tinham unicamente renda *in natura*. A grande predominância dos que declararam ter renda só monetária atesta a amplitude atingida pelo uso da moeda como meio único de transação econômica no país. Além disso, leva a supor que a inclusão da renda não monetária no cômputo deve alterar pouco a repartição da renda.

Essa suposição se reforça quando se verifica que a proporção dos que têm renda não monetária é significativa apenas nas classes de renda baixa: 26,9% na de 0-1 SM e 12,6% na de 1-2 SM. Mesmo na zona rural, essas porcentagens não são muito maiores: 27,5% na de 0-1 SM e 24,5% na de 1-2 SM. Pode-se supor, assim, que o viés introduzido afeta quase só a repartição das pessoas entre essas duas classes de renda, já que, nas mais elevadas, a proporção dos que declaram ter renda não monetária é sumamente pequena, mesmo na zona rural (15,2% na de 2-5 SM, 10,1% na de 5-10 SM etc.).

Na realidade, a distorção pode ser decomposta em duas partes e de sentido oposto:

1. a inclusão de pessoas que têm só renda *in natura*, o que, por serem em sua grande maioria indivíduos com renda de baixo valor, tem por efeito inflar as classes de menor renda. É o que se pode verificar, comparando as duas primeiras colunas da Tabela 17. Incluindo na distribuição as pessoas só com renda *in natura* (coluna 1), a parcela com 0-1 SM *sobe* de 37,7% para 38,6%, ao passo que a de 2-5 SM desce de 21% para 20,4%. O efeito da inclusão dessas pessoas é pequeno e *piora* a repartição, ao elevar a proporção dos que ganham menos e diminuir a dos que ganham mais;

2. a inclusão da renda não monetária das pessoas que têm renda monetária *e* não monetária é obviamente a de *elevar* a classe de renda de algumas dessas pessoas, ou seja, daquelas cuja renda *in natura* somada à monetária faz que a renda total ultrapasse o limite superior da classe em que estariam se só fosse contabilizada a renda em moeda. Não se dispõem de elementos para estimar quantas pessoas em cada classe de renda estavam, em 1976, nesse caso, mas é óbvio que o efeito é *melhorar* a

Tabela 16 – Repartição da renda em dinheiro, em produtos e/ou serviços e em mais de uma espécie. Brasil em 1976

Espécies	0-1 SM	1-2 SM	2-5 SM	5-10 SM	10-20 SM	+ de 20 SM	Total
TOTAL (U + R)							
Total	13.151.880	10.019.343	6.951.388	2.386.992	1.100.034	394.754	34.004.391
%	(100)	(100)	(100)	(100)	(100)	(100)	(100)
Em dinheiro	9.616.315	8.761.333	6.547.243	2.289.143	1.065.058	384.631	28.063.783
%	(73,12)	(87,44)	(94,19)	(95,9)	(96,82)	(97,44)	(84,3)
Produtos e/ou serviços	828.978	343.672	99.340	23.135	9.681	1.427	1.306.243
%	(6,3)	(3,43)	(1,43)	(0,97)	(0,88)	(0,36)	(3,85)
Mais de uma espécie	2.706.527	914.338	304.795	74.714	25.295	8.696	4.034.365
%	(20,58)	(9,13)	(4,38)	(3,13)	(2,3)	(2,2)	(11,87)
URBANO							
Total	7.095.383	7.191.578	5.773.083	2.142.602	1.015.885	368.643	23.587.174
%	(100)	(100)	(100)	(100)	(100)	(100)	(100)
Em dinheiro	5.223.502	6.627.834	5.548.399	2.069.424	989.624	360.254	20.819.037
%	(73,62)	(92,16)	(96,11)	(96,58)	(97,41)	(97,72)	(88,27)
Produtos e/ou serviços	138.921	58.693	19.557	7.906	3.618	354	229.049
%	(1,96)	(0,82)	(0,34)	(0,36)	(0,36)	(0,11)	(0,97)
Mais de uma espécie	1.732.960	505.051	205.127	65.272	22.643	8.035	2.539.088
%	(24,42)	(7,02)	(3,55)	(3,05)	(2,23)	(2,17)	(10,76)

Continua

Tabela 16 – Repartição da renda em dinheiro, em produtos e/ou serviços e em mais de uma espécie. Brasil em 1976

Espécies	0-1 SM	1-2 SM	2-5 SM	5-10 SM	10-20 SM	+ de 20 SM	Total
RURAL							
Total	6.056.497	2.827.765	1.178.305	244.390	84.149	26.111	10.417.217
%	(100)	(100)	(100)	(100)	(100)	(100)	(100)
Em dinheiro	4.392.873	2.133.499	998.844	219.719	75.434	24.377	7.844.746
%	(72,53)	(75,45)	(84,77)	(89,91)	(89,64)	(93,36)	(75,31)
Produtos e/ou serviços	690.057	284.979	79.783	15.229	6.063	1.073	1.077.184
%	(11,39)	(10,08)	(6,77)	(6,23)	(7,21)	(4,11)	(10,34)
Mais de uma espécie	973.567	409.287	99.678	9.442	2.652	661	1.495.287
%	(16,08)	(14,47)	(8,46)	(3,86)	(3,15)	(2,53)	(14,35)

Fonte: IBGE, Pnad de 1976, tab.26: Remuneração de ocupação principal.

DOMINAÇÃO E DESIGUALDADE

repartição, na medida em que transfere certo número de pessoas das classes de menor renda para classes de renda superior.

Dessa maneira, a consideração da renda não monetária dos que têm renda mista é compensada, em alguma medida, pela inclusão dos que têm unicamente renda não monetária. Para ter uma ideia do efeito líquido dessas mudanças de critério, calculou-se uma repartição da renda "corrigida" da seguinte maneira: a) de cada classe de renda foram eliminados os que tinham apenas renda *in natura*; b) admitiu-se que metade dos que tinham renda de mais de uma espécie deveriam estar uma classe abaixo da que integravam. Trata-se de uma estimativa da repartição da renda apenas monetária unicamente para efeito de comparação com a repartição da renda total.

Tabela 17 – Repartição da renda segundo diferentes fontes de renda. Brasil em 1976

Classes	Total			Urbano		Rural	
	Total *in natura* (1)	Total	Corrigido (2)	Total	Corrigido (1)	Total	Corrigido (1)
0-1	37,7	38,6	39,1	29,9	30,9	58,1	59,6
1-2	29,6	29,5	28,7	30,5	29,9	27,1	25,6
2-5	21	20,4	20,6	24,5	24,3	11,3	11,3
5-10	7,2	7	7,2	9,1	9,1	2,3	2,4
10 e mais	4,5	4,4	4,5	5,9	5,8	1,1	1,1
Soma	100	99,9	100,1	99,9	100	99,9	100

Fonte: IBGE, Pnad de 1976, tab.26: Remuneração da ocupação principal.
(1) Total menos os que *só* têm renda *in natura*.
(2) Proporções estimadas de cada classe de renda unicamente monetária (metodologia exposta no texto).

Os dados da Tabela 17 mais uma vez confirmaram a suposição de que o efeito líquido da inclusão da renda não monetária é pouco significativo. Na repartição da renda urbana, 1% da PEA parece ter sido deslocado da classe de 0-1 SM, indo a maior parte para a classe de 1-2 SM. Na repartição da renda rural, onde a proporção dos que têm renda não monetária é bem maior, 1,5% da PEA parece ter sido deslocado da classe de 0-1 SM, tendo passado integralmente à classe de 1-2 SM.

Esse exercício mostra, sem deixar lugar a dúvida, que o fato de a Pnad ter incluído a renda não monetária não pode afetar de modo muito significativo a sua comparabilidade com a repartição da renda unicamente monetária levantada pelos censos demográficos. Podemos concluir, portanto, que os dados sobre a repartição da renda dos censos demográficos e da Pnad, embora longe de serem "perfeitamente" comparáveis, permitem averiguar *as grandes linhas* de transformação daquela repartição entre 1960 e 1976.

2.2. *A repartição da renda total*

Examinemos inicialmente como evoluiu a repartição da renda total no Brasil, entre 1960 e 1976, para depois analisar a repartição de empregados, empregadores e autônomos. Os dados constam da Tabela 18. Verifica-se que, entre 1960 e 1970, diminuiu fortemente a proporção de sem-rendimentos (de 15% para 9,7%), aumentando todas as classes de renda restantes. Não se pode supor que os sem-rendimentos não tenham qualquer renda; como já foi visto, trata-se de não remunerados que trabalham com o chefe da família e, com toda a probabilidade, participam de seus ganhos. A Tabela 18 mostra que a queda do número de sem-rendimentos se deu sobretudo na agricultura, onde ele passou de 3,2 milhões em 1960 para 2,6 milhões em 1970. Verificou-se na Seção 1.2 que o Censo Demográfico de 1970 subestimou de forma mais ampla que o precedente a força de trabalho familiar na agricultura, de modo que a queda do número e da proporção dos sem-rendimentos entre 1960 e 1970 pode ser atribuída com bastante segurança ao viés crescente dos censos demográficos, já que os censos agrícolas dos mesmos anos mostram que, provavelmente, a quantidade de pessoas sem-rendimentos na PEA agrícola deve ter crescido de 6,5 milhões para 9,2 milhões. Substituindo-se as cifras dos censos demográficos pelas dos censos agrícolas na Tabela 18, o número total dos sem-rendimentos seria de 6.735.347 em 1960 e de 9.494.203 em 1970 e sua proporção na PEA total seria de 25,8% em 1960 e de 26,2% em 1970.

Tabela 18 – Repartição da renda no Brasil: 1960, 1970 e 1976

Renda (em SM)	Atividades não agrícolas (1)						Atividades agrícolas (2)					
	1960	%	1970	%	1976	%	1960	%	1970	%	1976	%
0-1	5.718.318	52,4	8.351.195	50,7	7.023.979	28,5	7.576.854	64,1	9.332.885	71,3	5.683.780	39,7
1-2	2.549.841	23,3	3.821.934	23,2	7.270.985	29,5	657.893	5,6	656.282	5	2.767.440	19,3
2-5	1.521.079	13,9	2.601.294	15,8	6.158.964	25	230.487	1,9	259.218	2	1.017.080	7,1
5-10	531.766	4,9	623.560	3,8	2.266.116	9,2	61.603	0,5	37.690	0,3	251.476	1,8
10 e mais	103.056	0,9	277.369	1,7	1.555.683	6,3	18.623	0,2	18.677	0,1	147.835	1
Sem rendimentos	224.389	2,1	312.032	1,9	323.195	1,2	3.175.987	26,8	2.561.010	19,6	4.433.648	30,9
Não declaradas	275.639	2,5	479.482	2,9	69.093	0,3	104.493	0,9	224.596	1,7	26.960	0,2
Total	10.924.088	100	16.466.866	100	24.668.015	100	11.825.940	100	13.090.358	100	14.328.219	100

Renda (em SM)	Total (1) + (2)					
	1960	%	1970	%	1976	%
0-1	13.295.172	58,4	17.684.080	59,8	12.707.759	32,6
1-2	3.207.734	14,1	4.478.216	15,2	10.038.425	25,7
2-5	1.751.566	7,7	2.860.512	9,7	7.176.044	18,4
5-10	593.369	2,6	661.250	2,2	2.517.592	6,5
10 e mais	121.679	0,5	296.046	1	1.703.518	4,4
Sem rendimentos	3.400.376	15	2.873.042	9,7	4.756.843	12,2
Não declaradas	380.132	1,7	704.078	2,4	96.053	0,2
Total	22.750.028	100	29.557.224	100	38.996.234	100

Na revisão final de *Dominação e desigualdade*, deparamos com a ausência de fonte em algumas tabelas. Sem o tempo requerido para uma pesquisa que permitisse encontrar com segurança as informações faltantes, optamos por reproduzir as lacunas do original, com a esperança de que uma futura reedição possa contar com essas informações. (Nota dos Organizadores)

Para poder analisar a evolução da repartição da renda torna-se, portanto, necessário recalculá-la com a exclusão dos sem-rendimentos e também dos não declarados. É o que foi feito na Tabela 19. Esta mostra que, entre 1960 e 1970, a repartição da renda sofreu alterações relativamente pequenas: a proporção com menos de 1 SM decresceu de 70,1% para 68,1%, aumentando a proporção com 10 e mais SM, de 0,6% para 1,1%. Como vimos anteriormente, o limite de 5 SM em 1970 corresponde de fato a 3,7 SM em 1960, de modo que as classes de 2-5 SM e 5-10 SM devem ser comparadas em conjunto nesse intervalo de tempo. A proporção com 2-10 SM se eleva de 12,4%, em 1960 para 13,6%, em 1970.

Tabela 19 – Repartição da renda, com exclusão dos sem-rendimentos e dos não declarados. Brasil em 1960, 1970 e 1976.

	Atividades não agrícolas			Atividades agrícolas			Totais		
	1960	1970	1976	1960	1970	1976	1960	1970	1976
0-1	54,86	53,28	28,93	88,66	90,57	57,6	70,09	68,07	37,22
1-2	24,46	24,38	29,95	7,7	6,37	28,05	16,91	17,24	29,4
2-5	14,59	16,59	25,37	2,7	2,52	10,31	9,23	11,01	21,01
5-10	5,1	3,98	9,33	0,72	0,37	2,55	3,13	2,55	7,37
10 e mais	0,99	1,77	6,41	0,22	0,18	1,5	0,64	1,14	4,99
Soma	100	100	99,99	100	100	100	100	100	99,99

Fonte: IBGE, Censos demográficos de 1960 e 1970; IBGE, Pnad de 1976.

A queda da parcela com menos de 1 SM em 1960-1970 se deu exclusivamente nas atividades não agrícolas (de 54,9% para 53,3%), tendo, na verdade, aumentado nas atividades agrícolas (de 88,7% para 90,6%), de modo que a mudança na repartição da renda total reflete unicamente a evolução da repartição da renda urbana, já que a da renda rural foi em sentido oposto: aumento da proporção dos que ganham até 1 SM e diminuição das parcelas de todos os que se encontrassem em classes mais elevadas de renda. Na verdade, mais que o efeito da mudança da repartição da renda urbana, foi o maior peso da PEA urbana na PEA total que ocasionou a mudança na repartição da renda total, verificada entre 1960 e 1970. Excluídos os sem-rendimentos (que constituem 41,6% da PEA agrícola em 1960 e

DOMINAÇÃO E DESIGUALDADE   95

52,2% em 1970), a proporção da PEA não agrícola na PEA total cresce de 55% em 1960 para 60,3% em 1970. Isso não só dá maior peso à mudança verificada na repartição da renda urbana como eleva a participação das classes de renda cuja proporção é mais elevada na repartição da renda urbana. Assim, por exemplo, os 70,1% que tinham renda até 1 SM em 1960 constituem uma média ponderada dos 54,9% em atividades não agrícolas e dos 88,7% em atividades agrícolas que estavam nessa classe de renda, sendo os pesos, respectivamente, de 0,55 e 0,45. Com a mudança dos pesos, em 1970, para 0,603 e 0,397, a repartição da renda total teria se alterado, aproximando-se do perfil da repartição da renda urbana (isto é, com menor proporção na classe de 0-1 SM), *mesmo* que as repartições urbana e rural tivessem permanecido as mesmas.[13]

Na realidade, a repartição da renda não agrícola pouco mudou, entre 1960 e 1970, exceto no que se refere à classe de 10 SM e mais, cuja participação quase dobrou, passando de 1% para 1,8%. De modo que a mudança ocorrida na repartição da renda total na década de 1960 – da mesma forma que a alteração na estrutura das posições na ocupação, como foi visto no subcapítulo I.1, "Mudanças nas relações de produção" – se deve sobretudo à crescente urbanização da PEA brasileira.

As repartições tanto de 1960 como de 1970 mostram que a grande maioria da população brasileira continuava muito pobre, com mais de dois terços ganhando menos de 1 SM. Aparentemente houve uma ligeira melhora, entre 1960 e 1970, em virtude da queda de dois pontos percentuais da imensa proporção dos que se encontram na base da pirâmide. Esse resultado parece conflitar com a constatação, feita por todos os que calcularam a participação na renda de parcelas fixas da PEA (geralmente decis), de que a renda se concentrou acentuadamente entre 1960 e 1970. Langoni,[14] por exemplo, verificou que

---

13 Tomando-se por exemplo as proporções que, em 1960, tinham renda de 2 a 10 SM nas atividades não agrícolas (19,69%) e agrícolas (3,42%) e aplicando a elas os pesos de 1970 (0,603 e 0,397), obtém-se a média ponderada de 13,24%, muito próxima dos 13,56% efetivamente registrados em 1970.

14 Langoni, *Distribuição da renda e desenvolvimento econômico do Brasil.*

a participação, na renda pessoal total, dos 70% com menores rendas (correspondentes, aproximadamente, aos que tinham ganhos de menos de 1 SM), caiu de 34,79%, em 1960 para 28,18% em 1970, ao passo que a participação dos 10% de maiores rendas (correspondentes aos que tinham renda de mais de 2 SM) aumentou de 39,96% em 1960 para 47,79% em 1970. Na verdade, esses resultados não são incompatíveis com os dados da Tabela 19. Segundo Langoni, a renda mensal média dos 70% de menores ganhos era (em cruzeiros de 1970) de 102,86 em 1960, ou seja, cerca de 0,55 SM, tendo em 1970 subido para 114,42, ou seja, 0,61 SM. E, de fato, os censos demográficos mostram uma ligeira melhora *dentro* do grupo dos 70% mais pobres – a parcela dos que estavam com menos de cerca de 0,55 SM cai de 59,9% em 1960 para 52,9% em 1970 –, o que é compatível com um aumento de sua renda média real de 11,25%. Como a renda média de toda a PEA subiu 36,89% entre 1960 e 1970, explica-se que a participação dos 70% mais pobres na renda tenha diminuído, apesar de sua renda média ter subido em pequena medida.

Tomando os 20% acima dos 7 decis de menor renda, que (de acordo com os dados da Tabela 19) em sua maioria devem ter renda de 1 a 2 SM, sua participação na renda caiu ligeiramente, de 25,54% em 1960 para 24,02% em 1970, tendo sua renda média subido 28,9% (de 1,41 SM em 1960 para 1,82 SM em 1970).

Obviamente, são os 10% restantes os que tiveram maior aumento de renda real em 1960-1970. Convém dividi-los em 9% de renda menor, que (de acordo com a Tabela 19) em sua maioria devem ter renda de 2 a 10 SM e o 1% de renda máxima, que deve ter, em sua maior parte, renda de 10 ou mais SM. A participação dos 9% na renda sobe de 27,8% em 1960 para 33,22% em 1970, com um aumento de 64,11% de sua renda média (que passou de 3,41 SM em 1960 para 5,6 SM em 1970). A participação do 1% mais rico na renda aumenta de 12,11% em 1960 para 14,57% em 1970, com uma elevação de 73,6% da renda média (que passou de 12,73 SM em 1960 para 22,11 SM em 1970).

O que os dados da Tabela 19 mostram é que, numa década em que houve longa série de recessões (entre 1962 e 1967), a grande maioria da população continuou mergulhada em inacreditável pobreza. Convém recordar que o salário mínimo de 1976, adotado como unidade nas tabelas 18 e 19, era 18,3% inferior ao vigente em 1960, em termos reais, como o mostra a Tabela 15. Como a renda pessoal média, segundo Langoni, aumentou 36,9% entre 1960 e 1970, para que a participação da maioria que ganhava até 1 SM meramente permanecesse a mesma, seria preciso que o salário mínimo em 1970 fosse 36,9% maior que o de 1960 e não 18,3% menor. Somando-se as duas defasagens, fica claro que o mínimo legal sofreu, nesse período, uma redução de cerca de 40% em relação à renda média. De maneira que a permanência de mais de dois terços da PEA na classe de até 1 SM de renda significa que essa parcela majoritária da população não só não se beneficiou, a não ser em termos mínimos, do crescimento econômico verificado, mas empobreceu em relação ao restante da população, sobretudo dos 10% de maiores rendas, cuja renda média aumentou de mais de dois terços nessa década. O acréscimo de riqueza que houve em 1960-1970 acarretou o forte aumento da proporção com 10 e mais SM e a elevação da renda média do decil mais rico em ritmo quase duas vezes maior que a de toda a população.

Já entre 1970 e 1976, a mudança da repartição de renda foi muito mais profunda. A proporção com até 1 SM cai nitidamente, de 68,1% em 1970 para 37,2% em 1976, com a consequente elevação da proporção de todas as demais classes de renda. Essa queda é grande demais para poder ser atribuída quer ao fato de o limite da classe de menor renda estar, em 1970, 7% acima do salário mínimo (vide Tabela 15), quer à inclusão de rendas não monetárias na repartição de 1976. Como foi visto, esta última distorção poderia ocasionar um desvio provável de apenas 1 ponto percentual (vide Tabela 17). De modo que não há como negar que realmente cerca de 30% da PEA se elevou, entre 1970 e 1976, acima da classe de até 1 SM de renda, da qual cerca de 12% passou à classe de 1 a 2 SM, cerca de 10% à classe de 2 a 5 SM, quase 5% à classe de 5 a 10 SM e mais de 3% à classe de mais de 10 SM (Tabela 19). Em termos relativos, o aumento foi maior na classe de mais de 10 SM, cuja proporção mais que quadruplicou, seguindo-se a de 5 a 10 SM, cuja proporção quase triplicou, vindo depois a de 2 a 5 SM, cuja proporção quase duplicou e por fim a de 1 a 2 SM, cuja proporção cresceu de mais de dois terços.

A diminuição da proporção com renda de até 1 SM, entre 1970 e 1976, se verificou tanto na PEA agrícola como na PEA não agrícola, havendo a transferência de 33% da população para fora dessa classe de renda na primeira e de 24% na segunda. Na PEA urbana, cerca de 9% da população foi transferida à classe de 2 a 5 SM, quase 6% à classe de 1 a 2 SM, mais de 5% à classe de 5 a 10 SM e quase 5% à classe de mais de 10 SM. Em 1976, a classe de 1 a 2 SM abrigava uma parcela da população maior que a parcela com até 1 SM de renda, ao passo que, em 1970, a proporção da PEA urbana na menor classe de renda era mais de duas vezes maior que a com 1 a 2 SM. Na PEA agrícola, quase 22% da população passou à classe de 1 a 2 SM, quase 8% foi transferida à classe de 2 a 5 SM, 2% passou à classe de 5 a 10 SM e 1% à classe de mais de 10 SM.

Entre 1970 e 1976, a urbanização prosseguiu intensamente, com a PEA não agrícola atingindo, no fim do período, a proporção de 71,1% da PEA total. Mas, nesses anos, o efeito da urbanização sobre a repartição da renda total foi menor que o efeito das alterações *dentro* das repartições agrícola e não agrícola. Aplicando às proporções com 2 a 10 SM na PEA agrícola e na PEA não agrícola de 1970 os pesos de 1976 (0,289 e 0,711, respectivamente), a média ponderada é 15,46%, quando a proporção nessas classes passou de 13,56% em 1970 para 28,39% em 1976. Do aumento de 15 pontos percentuais, apenas 2 podem ser atribuídos à urbanização da PEA; os 13 restantes resultaram da alteração na repartição da renda da PEA agrícola e na da não agrícola.

Para melhor compreender como evoluiu a repartição da renda em 1970-1976, convém analisar a mudança da participação na renda e da renda média real de parcelas fixas da população, geralmente decis. Esse cálculo, para 1976, foi feito, pelo que sabemos, duas vezes: um por José Serra,[15] outro pelo IBGE e divulgado por Eduardo M. Suplicy.[16] Os dois cálculos não coincidem. O segundo, do IBGE, inclui dados comparativos de 1960, 1970 e 1972. O estudo de Serra compara seus resultados com os de Langoni, referentes a 1960 e 1970. Há discrepâncias

---

15 "Renda concentra-se mais nos anos 70", *Ensaios de Opinião*, Rio de Janeiro, n.2+6, p.27-9, ago. 1978.

16 "Divulgado perfil da renda", *Folha de S.Paulo*, 18 mar. 1979.

DOMINAÇÃO E DESIGUALDADE

também entre os dados de Langoni e os do IBGE, referentes a esses anos. A diferença é maior no cálculo da renda real média de 1960, que (em cruzeiros de 1970) seria de 206 para Langoni e 223,83 para o IBGE. Em 1970, a renda média é a mesma nos dois cálculos (embora haja diferenças para os decis de menor renda). Consequentemente, o crescimento da renda média real, em 1960-1970, teria sido de 36,9% para Langoni, mas apenas 26,5% de acordo com o IBGE.

Mas, o que importa mais é a distribuição da renda de 1976. De acordo com Serra, a participação dos 50% de menor renda era de 11,8%, ao passo que o IBGE calcula que ela era de 13,4%. Esta é a discrepância mais grave, já que a participação dos demais grupos difere menos nas duas distribuições. Mesmo assim, vale a pena registrar que os 5% de maior renda teriam, segundo Serra, 39% da renda pessoal total, ao passo que, de acordo com o IBGE, essa participação seria de 37,9%.

A metodologia utilizada nos dois estudos não foi divulgada, o que impede que a origem das diferenças possa ser elucidada. Resta, portanto, avaliar a plausibilidade dos dois cálculos pelos seus resultados. Serra calcula que a renda real média em 1976 teria sido de 594 (cruzeiros de 1970), o que dá um crescimento de 110,8% em 1970-1976, o que parece ser deveras elevado, correspondendo a 13,2% anuais cumulativos. Os dados do IBGE, apresentados por Suplicy, permitem calcular que a renda média em 1976 teria sido de 491,75 (cruzeiros de 1970), dando um crescimento de 74% em 1970-1976 (ou 9,6% ao ano). Embora alto, esse crescimento parece ser mais plausível. À guisa de comparação, convém notar que, segundo a FGV, a renda *per capita* mensal, também em cruzeiros de 1970, teria sido de 185,90 em 1970 e de 287,40 em 1976, apresentando um crescimento de 54,6%.[17] Esse dado, embora também não seja absolutamente confiável, tende a confirmar o cálculo do IBGE, mais que o de Serra. Talvez o IBGE, tendo acesso aos dados da distribuição da renda interna a cada classe e sobretudo a das duas classes abertas – de menos de 1 SM e de mais de

---

17 É preciso notar que a renda *per capita* corresponde ao quociente do Produto Interno Bruto por *toda* a população, ao passo que a renda média pessoal corresponde ao ganho *per capita* apenas da população economicamente ativa. As duas rendas não coincidem, mas é de esperar que sua evolução não discrepe demasiado.

20 SM – tenha podido fazer um cálculo mais preciso das rendas médias dos decis. Seja como for, analisaremos a evolução da repartição da renda entre 1970 e 1976, comparando os dados da Tabela 19 com os resultados dos cálculos do IBGE.

Dois fatos saltam imediatamente aos olhos. Primeiro: o crescimento da renda pessoal média foi muito maior em 1970-1976, um período de apenas seis anos, do que na década anterior. Segundo: a renda continuou se concentrando, em termos relativos: a participação dos 50% mais pobres caiu de 14,9% em 1970 para 13,4% em 1976, ao passo que a dos 5% mais ricos subiu de 34,1% em 1970 para 37,9% em 1976. Como já vimos, a concentração da renda não é incompatível com o crescimento da renda real dos grupos mais pobres, desde que – e quanto mais – a renda média de toda PEA esteja aumentando. De acordo com o cálculo do IBGE, em 1970-1976, a renda real média dos 50% de menores rendas aumentou 57%, a dos 30% seguintes 62,1%, a dos 15% seguintes 70,1% e a dos 5% mais ricos 93,4%. Esses aumentos substanciais é que explicam que, nesse período, cerca de 30% da população tenha superado a barreira do salário mínimo e que o conjunto dos 5% mais ricos tenha alcançado rendas superiores a 10 SM.

É curioso notar que, ao contrário do ocorrido na década dos 1960, em 1970-1976 a proporção dos que estavam nas classes de renda mais alta aumentou muito, mas a renda média dessas classes, em termos de SM, tendeu antes a diminuir. Em 1976, a renda média dos 40% mais pobres, que correspondem aproximadamente à classe de até 1 SM (Tabela 19), era de 0,65 SM, um pouco maior que os 0,61 SM de 1970. Os 30% seguintes, que correspondem à classe de 1 a 2 SM tinham renda média de 1,55 SM em 1976, contra 1,82 SM em 1970. Os 25% seguintes, que correspondem às classes de 2 a 10 SM, tinham renda média de 4,24 SM em 1976, em comparação com 5,60 SM em 1970. Finalmente, os 5% de maior renda, correspondentes à classe de 10 e mais SM tinham renda média de 21,75 SM, quase a mesma de 1970 (22,11 SM).

O que esses dados revelam é que, entre 1970 e 1976, houve, ao mesmo tempo, um aumento ponderável da renda de uma parcela apreciável (30%) da população que era pobre e uma extraordinária multiplicação das pessoas com renda elevada. A proporção dos muitos pobres foi quase reduzida à metade e o aumento correspondente

DOMINAÇÃO E DESIGUALDADE

não se deu apenas na classe imediatamente superior (de 1 a 2 SM), na qual a pobreza é apenas menos extrema, mas também nas classes seguintes – de 2 a 10 SM – cuja renda média, no entanto, se reduziu um pouco. É importante sublinhar que estavam nessas classes, em 1976, 28,4% da PEA total (mais de um terço na PEA urbana), com renda média de 4,24 SM. E é notável que a classe com renda de mais de 10 SM e com renda média superior a 20 SM tenha passado de pouco mais de 1% da PEA em 1970 para 5% da mesma *apenas seis anos depois*. Em termos absolutos, esse grupo passou de 296.046 pessoas em 1970 para 1.703.518 em 1976, crescendo 475% em meia dúzia de anos, ou seja, 29,6% por ano (Tabela 18). A imagem que se forma é de um país que, ainda em 1970, se constituía por uma minoria extremamente pequena de ricos diante de uma grande maioria de pobres e que rapidamente se transforma num país em que a minoria de ricos já não é tão pequena e tem abaixo de si um número considerável com rendas médias.

2.3. *A repartição da renda dos empregadores*

Os dados referentes à evolução da repartição da renda dos empregadores, entre 1960 e 1976, constam da Tabela 20. É interessante verificar que, em 1960, a classe de renda com maior proporção de empregadores (27,5%) é a 5 a 10 SM, na realidade (conforme a Tabela 15), de 3,7 a 9,3 SM, vindo a seguir, com 22,9%, a classe de 2 a 5 SM, na realidade de 1,85 a 3,7 SM. Considerando que, abaixo de 2 SM, se encontravam ainda 37,1% dos empregadores, não se pode deixar de concluir que a grande maioria deles usufruía então de rendas sumamente modestas, o que é um indicador de que provavelmente muitos não eram propriamente capitalistas, mas produtores diretos que contavam com o auxílio de alguns (necessariamente poucos) assalariados.

Essas proporções diferiam bastante entre campo e cidade. Em 1960, mais da metade dos empregadores agrícolas tinha renda inferior a 2 SM, proporção que entre os empregadores urbanos não passava de 19,2%. Nas atividades não agrícolas, mais da metade dos empregadores tinha renda acima de 5 SM (de fato, acima 3,7 SM); ao passo que, nas atividades agrícolas, apenas 25,2% estavam nessa condição.

Tabela 20 – Repartição da renda dos empregadores. Brasil em 1960, 1970 e 1976

Renda (em SM) (1)	Atividades não agrícolas						Atividades agrícolas					
	1960	%	1970	%	1976	%	1960	%	1970	%	1976	%
0-1	13.013	6,5	11.770	5	6.939	1,1	70.526	31,1	55.022	26,3	30.300	7,7
1-2	25.235	12,7	27.395	11,6	27.541	4,2	49.251	21,7	38.876	18,6	74.811	19
2-5	51.951	26,1	95.190	40,3	137.062	21,1	45.631	20,1	70.621	33,8	135.979	34,6
5-10	75.375	37,9	53.643	22,7	195.864	30,2	41.402	18,3	26.501	12,7	76.525	19,5
10 e mais	28.951	14,6	45.332	19,2	278.769	42,9	15.582	6,9	15.557	7,4	74.150	18,8
Sem declaração	4.324	2,2	2.748	1,2	3.428	0,5	4.243	1,9	2.534	1,2	1.664	0,4
Soma	198.849	100	236.078	100	649.603	100	226.635	100	209.111	100	393.429	100

Renda (em SM) (1)	Total					
	1960	%	1970	%	1976	%
0-1	83.539	19,6	66.792	14,9	37.239	3,6
1-2	74.486	17,5	66.271	14,9	102.352	9,8
2-5	97.582	22,9	165.811	37,2	273.041	26,2
5-10	116.777	27,5	80.144	18,1	272.389	26,1
10 e mais	44.533	10,5	60.889	13,7	352.919	33,8
Sem declaração	8.567	2	5.282	1,2	5.092	0,5
Soma	425.484	100	445.189	100	1.043.032	100

Fonte: IBGE, Censos demográficos de 1960 e 1970; IBGE, Pnad de 1976.
(1) Para verificar os limites reais das classes de renda, em 1960 e 1970, vide Tabela 15.

DOMINAÇÃO E DESIGUALDADE

Na verdade, na comparação entre repartições urbana e rural, há que considerar que o mesmo nível de renda tem significados diferentes no campo e na cidade. No campo, uma grande parte das despesas com alimentação, habitação e transporte não se exprimem sob forma monetária. Essas necessidades são, em boa medida, satisfeitas mediante produção para autossubsistência. Nessas condições, pode-se admitir que qualquer empregador urbano que tiver renda abaixo de certo nível com toda a probabilidade é um produtor direto e não um capitalista, mas esse limite teria que ser consideravelmente menor para os empregadores agrícolas.

Os censos econômicos permitem estimar a receita média dos estabelecimentos por tamanho. Dessa maneira, admitindo que unidades com reduzido número de pessoas ocupadas, em atividades não agrícolas, ou com pequena extensão, na agricultura, devam ser predominantemente de produtores simples de mercadorias, pode-se estimar a renda-limite acima da qual um empregador tem maior probabilidade de ser capitalista. Na Tabela 21 estão os dados relevantes. No que se refere às atividades não agrícolas, não foi possível utilizar o censo comercial, pois este só oferece o valor da receita dos estabelecimentos, mas não o das despesas com compras de mercadorias.

No que se refere à indústria e aos serviços, parece óbvio que, em estabelecimentos com 1 a 4 pessoas ocupadas, o dono deve participar diretamente da produção, sendo provável que o mesmo se dê em boa parte dos estabelecimentos com 5 a 9 pessoas. Supondo que o limite se encontre nesta última classe de estabelecimentos, verifica-se que a receita média, em 1970, era de 16,4 SM na indústria e de 9,88 SM nos serviços (Tabela 21). Nessas condições, é razoável supor que a maioria dos empregadores urbanos com renda inferior a 10 SM seja de produtores simples de mercadorias, ainda que contem com o auxílio de assalariados.

Na agricultura, verificou-se na Seção 1.2 (veja a análise da Tabela 4) que os estabelecimentos pequenos e médios, de menos de 100 ha, deveriam estar quase totalmente integrados na produção simples de mercadorias. Relações capitalistas de produção começam se tornar significativas somente a partir das classes de 100 ha a 200 ha e de 200 ha a 500 ha. Os dados da Tabela 21 mostram que a receita líquida

Tabela 21 – Receitas líquidas de pequenos estabelecimentos. Brasil em 1970

Discriminação	Indústria		Serviços		Agricultura	
	1-4 pessoas	5-9 pessoas	1-4 pessoas	5-9 pessoas	100-200 ha	200-500 ha
Estabelecimentos	100.110	28.279	318.573	21.861	215.329	151.514
Receita (1)	1.674.979	1.913.010	5.088.462	1.996.004	2.274.038	3.037.322
Despesas (2)	582.736	931.455	3.471.229	1.537.805	1.226.361	1.704.831
Receita líquida (3)	1.092.243	981.555	1.617.233	458.199	1.047.677	1.332.491
Receita/estabel. (4)	10.910,43	34.709,68	5.076,49	20.959,65	4.865,47	8.794,51
– por mês	909,20	2.892,47	423,04	1.746,64	405,46	732,88
– em SM	5,14	16,36	2,39	9,88	2,29	4,15

Fonte: IBGE, Censo Industrial de 1970; Censo dos Serviços de 1970; Censo Agropecuário de 1970.

(1) Indústria: Valor de transformação industrial; Serviços: Receita; Agricultura: Valor da produção (em Cr$ 1.000).

(2) Despesas totais, inclusive salários (em Cr$ 1.000).

(3) Receita líquida: Receitas menos Despesas (em Cr$ 1.000).

(4) Receita/Estabelecimento: Receita líquida dividida pelo número de estabelecimentos (em Cr$).

DOMINAÇÃO E DESIGUALDADE

média, em 1970, era de 2,3 SM na primeira e 4,2 SM na última dessas classes. Admitindo que o limite se encontre próximo a esta última média, pode-se supor que a maior parte dos empregadores agrícolas com renda de até 5 SM deve ser de produtores diretos.

Em suma, os dados da Tabela 21 mostram que há uma clara e nada surpreendente correlação entre tamanho e receita líquida dos estabelecimentos. Sendo o tamanho do estabelecimento um indicador do caráter de classe dos empregadores, pode-se adotar um limite de renda como aproximação desse indicador. Em função dos dados dos censos econômicos de 1970, serão considerados como formando a *burguesia empresarial* os empregadores urbanos com renda de 10 SM e mais e os empregadores agrícolas com renda de 5 SM e mais.

Dessa maneira, os capitalistas constituiriam em 1960 apenas 14,6% dos empregadores urbanos, mas 25,2% dos empregadores agrícolas, segundo os dados da Tabela 20. Em termos absolutos, a burguesia empresarial, em 1960, seria constituída por 85.935 empregadores, dos quais 56.984 no campo e 28.951 na cidade. Trata-se de um número bastante restrito numa população economicamente ativa de mais de 22 milhões e que, mesmo entre os empregadores, constituía uma minoria de 20,2%.

É interessante observar que praticamente dois terços dos empregadores capitalistas, em 1960, se encontravam na agricultura. Isto não significa que o capitalismo estivesse mais expandido na agricultura que nas atividades urbanas. O que ocorre é que, nas atividades não agrícolas, o capitalismo assumia já feição monopólica, que se caracteriza – entre outros traços – pelo fato de as empresas serem geridas por administradores assalariados, ao passo que na agricultura predominava ainda o capitalismo competitivo, com numerosas empresas sendo administradas pelo dono. Em 1960, o censo agrícola verificou que, num total de 3.337.769 estabelecimentos, apenas 166.236 tinham como responsável um administrador.

Como se viu na seção anterior, a repartição da renda na PEA como um todo não se modificou de maneira acentuada entre 1960 e 1970. O mesmo se dá entre os empregadores. A proporção que ganhava até 2 SM cai de 37,1% em 1960 para 29,8% em 1970, com o aumento correspondente das classes de 2 a 10 SM (de 51,4% para 55,2%) e de mais de

10 SM (de 10,5% para 13,7%). Houve, assim, a melhora de uma parcela reduzida (cerca de 7%) dos empregadores, sem que o predomínio dos que tinham renda baixa se tivesse alterado. Em 1970, ainda mais de dois terços dos empregadores continuavam com renda de até 5 SM.

Entre os empregadores urbanos, a mudança ainda foi menor. A proporção com menos de 2 SM caiu de 19,2% para 16,6%, a que tinha renda de 2 a 10 SM permaneceu quase constante (64% em 1960 e 63% em 1970), havendo apenas crescimento da classe de mais de 10 SM, que passou de 14,6%, para 19,2%. A renda dos empregadores não agrícolas se concentrou mais, em 1960-1970, indicando ter havido uma expansão tanto relativa como absoluta da burguesia empresarial nas cidades.

A mudança foi um pouco maior na agricultura, onde a proporção de empregadores com menos de 2 SM caiu de 52,8% para 44,9%, com um incremento quase idêntico em pontos porcentuais do grupo com 2 a 10 SM, que passou de 38,4% em 1960 para 46,5% em 1970, permanecendo a proporção com mais de 10 SM quase inalterada. Houve, dessa maneira, a passagem de cerca de 8% dos empregadores agrícolas das classes de renda baixa para as de renda média.

A proporção dos empregadores considerados capitalistas, ter-se-ia elevado de 14,6% para 19,2% nas atividades não agrícolas e teria caído de 25,2% para 20,1% na agricultura. Esta última queda, no entanto, não pode ser aceita como real, pois o limite de classe correspondente a 5 SM na Tabela 20 era de 3,7 SM em 1960 e de 5,3 SM em 1970. Por isso, a proporção de 25,2% com mais de 5 SM em 1960 constitui, na verdade, uma superestimação. Seja como for, em 1970, a burguesia empresarial constituía aproximadamente um quinto tanto dos empregadores do campo como da cidade. Os quatro quintos restantes devem ser considerados produtores simples de mercadorias, embora empregassem assalariados.

A repartição da renda, tanto geral como entre os empregadores, mudou acentuadamente entre 1970 e 1976. As proporções de empregadores com rendas inferiores a 5 SM caíram fortemente – em particular os com renda até 1 SM (de 14,9% para 3,6%) e com renda de 2 a 5 SM (de 37,2% para 26,2%) –, com a correspondente elevação do tamanho relativo dos grupos com renda de 5 a 10 SM (de 18% para

26,1%) e sobretudo os com mais de 10 SM: de 13,7% em 1970 para 33,8% em 1976. Os empregadores com renda mais elevada passaram de menos de um sétimo do total para mais de um terço em apenas meia dúzia de anos.

Entre os empregadores urbanos, a proporção com menos de 1 SM, que já era pequena em 1970 (5%), quase desaparece em 1976 (1,1%); a proporção com renda entre 1 e 2 SM diminui a menos da metade (de 11,6% para 4,2%), havendo ainda grande decréscimo da participação do grupo com 2 a 5 SM (de 40,3% em 1970 para 21,1%). Em compensação, cresceram as proporções de empregadores com 5 a 10 SM (de 22,7% para 30,2%) e sobretudo daqueles com mais de 10 SM (de 19,2% para 42,9%).

Já entre os empregadores agrícolas, o que se verifica é apenas a queda da proporção do grupo com menos de 1 SM (de 26,3% para 7,7%), mantendo-se praticamente constantes as proporções daqueles com 1 a 2 SM e com 2 a 5 SM. Cresceram as proporções do grupo com 5 a 10 SM (de 12,7% para 19,5%) e sobretudo daquele com 10 e mais SM (de 7,4% para 18,8%).

Como a renda se expandiu muito entre 1970 e 1976, é possível que a renda-limite de 10 SM, adotada a partir dos censos econômicos de 1970 para os empregadores urbanos, devesse ser mais elevada em 1973 e sobretudo em 1976. Um indicador nesse sentido é que a receita líquida média dos estabelecimentos industriais com 5 a 9 pessoas passou de 16,4 SM em 1970 (Tabela 21) para 28,3 SM em 1973 e para 33,1 SM em 1974. Esses dados foram calculados a partir das pesquisas industriais do IBGE, cuja abrangência, no entanto, parece ser insatisfatória, sobretudo no que se refere aos estabelecimentos pequenos. Enquanto o Censo Industrial de 1970 registrou 28.279 estabelecimentos com 5 a 9 pessoas, a Pesquisa Industrial de 1973 contou apenas 18.747 mil e a de 1974 contou 20.558 mil. É improvável que, num período de intensíssima expansão industrial, como foi o de 1970 a 1973, o número absoluto de pequenas indústrias tivesse diminuído de um terço. Se houve subcontagem, como parece provável, os estabelecimentos que escaparam do registro devem ter sido os menos rentáveis, as chamadas "fabriquetas de fundo de quintal". Nesse caso, a receita líquida média dessa classe de indústrias deve ter sido superestimada em 1973 e 1974,

108   DOMINAÇÃO E DESIGUALDADE

o que nos leva a manter a renda-limite de 10 SM, adotada a partir dos resultados dos censos econômicos de 1970.

Os dados do Censo Agropecuário de 1975 também permitem calcular a receita média dos estabelecimentos agrícolas por tamanho de área. Verifica-se (em confronto com os dados da Tabela 21), que a receita líquida mensal das explorações de 100 ha a 200 ha subiu de 2,29 SM em 1970 para 4,59 SM em 1975 e a das explorações de 200 ha a 500 ha subiu de 4,15 SM em 1970 para 8,01 SM em 1975. De forma geral, a receita líquida desses estabelecimentos dobrou, em termos reais, nesse quinquênio. Como, entre 1970 e 1975, a proporção de assalariados não mudou significativamente nesses estratos de área (conforme a Tabela 4), não há razão para supor que a elevação de sua renda esteja associada a uma expansão das relações capitalistas de produção em seu interior. O que os dados indicam é que, provavelmente, tanto capitalistas quanto produtores simples de mercadorias se beneficiaram do aumento de receita, de modo que o mais razoável é adotar como renda-limite entre uma e outra classe, em 1976, o dobro da adotada para 1970, ou seja, 10 SM.

Em 1976, a burguesia empresarial (considerando os limites de renda adotados) constituía 42,9% dos empregadores urbanos e 18,8% dos empregadores em atividades agrícolas. No total de empregadores, a proporção dos que se pode supor que fossem capitalistas alcançou naquele ano 33,8%.

Entre 1970 e 1976, não somente aumentou a proporção de capitalistas (de um quinto para um terço) entre os empregadores, como também mais que dobrou o número absoluto destes últimos, que passou de 445.189 em 1970 para 1.043.032 em 1976. Dessa maneira, o tamanho absoluto da burguesia empresarial quadruplicou no curto período de seis anos, passando de 87.390 em 1970 para 352.919 em 1976. Do ponto de vista social e político, uma expansão numérica dessa ordem não pode deixar de ter aumentado fortemente o peso dessa fração das classes dominantes.

As causas dessa transformação parecem estar ligadas, em grande medida, ao desenrolar do ciclo de conjuntura. Para melhor verificar a evolução havida, reunimos, na Tabela 22, aos dados da repartição da renda dos empregadores de 1970 e 1976, os da Pnad de 1973, que

DOMINAÇÃO E DESIGUALDADE

109

só estão disponíveis para as atividades não agrícolas. Os dados dessa tabela mostram que o número de empregadores urbanos mais que quadruplicou entre 1970 e 1973, passando de 236.078 para 971.747 (o de empregadores agrícolas também cresceu nesse ritmo entre 1970 e 1973, como mostra a Tabela 1). Como esse triênio representou o auge conjuntural do ciclo iniciado em 1968, com expansão econômica extraordinariamente rápida, essas circunstâncias excepcionais devem ter ocasionado uma multiplicação enorme do número de empregadores. Entre 1970 e 1973, aumentaram tanto a proporção de empregadores com 1 a 2 SM como a com 5 a 10 SM, ou seja, aumentaram ao mesmo tempo a quantidade de empregadores com baixa renda e a quantidade de empregadores com renda média. A grande expansão da demanda, nesse período, deve ter levado muitos pequenos produtores de mercadorias, que trabalhavam sozinhos ou eventualmente com a ajuda de algum membro não remunerado da família, a empregar assalariados, tornando-se empregadores. É de se supor que a maioria deles nem por isso deixou de continuar participando diretamente da produção, ou seja, continuou como integrante da pequena burguesia. Mas outros, que possivelmente em 1970 já tinham alguns empregados, diante do grande crescimento da demanda, ampliaram de tal maneira o número de assalariados a seu serviço que tiveram que passar a dedicar-se integralmente às tarefas de supervisão destes e às funções de direção comercial e financeira da empresa – passando a integrar a burguesia empresarial. É de se supor que todos tenham tido aumento de sua renda; os últimos, no entanto, em medida muito maior que os primeiros. E não se pode deixar de considerar, também, a possibilidade de que considerável número de estabelecimentos capitalistas tenha sido *criado* durante esse período, sem ter por origem unidades de produção simples de mercadorias.

O mais notável na Tabela 22 é que essa expansão do número de empregadores foi revertida entre 1973 e 1976: ele diminui um terço, de quase um milhão para 650 mil. Essa queda é acompanhada de severo processo de concentração da renda: a proporção dos com menos de 5 SM se reduz, aumentando moderadamente a daqueles com 5-10 SM (de 26,5% para 30,2%) e com muito maior intensidade a dos com mais de 10 SM (de 19,5% para 42,9%).

Tabela 22 – Repartição da renda dos empregadores não agrícolas.
Brasil em 1970, 1973 e 1976.

Renda (em SM)	1970	(%)	1973	(%)	1976	(%)
0-1	11.770	5	45.605	4,7	6.939	1,1
1-2	27.395	11,6	141.495	14,6	27.541	4,2
2-5	95.190	40,3	330.233	34	137.062	21,1
5-10	53.643	22,7	257.772	26,5	195.864	30,2
10 e mais	45.332	19,2	190.279	19,5	278.769	42,9
Sem declaração	2.748	1,2	6.363	0,7	3.428	0,5
Soma	236.078	100	971.747	100	649.603	100

Fonte: IBGE, Censo Demográfico de 1970; IBGE, Pnad de 1973 e 1976.

O que se observa, tomando-se o período 1960-1976 como um todo, são duas tendências: a) o crescimento contínuo e cada vez mais acelerado do número de empregadores com renda elevada, ou seja, acima dos limites de 5-10 SM adotados, e que devem ser, em sua maior parte, empreendedores capitalistas. Seu número total passou de 85.395 mil em 1960 para 352.919 mil em 1976, crescendo muito mais depressa que a PEA, da qual não passava de 0,3% no início do período mas alcançando 0,9% no fim do mesmo; b) os empregadores com renda abaixo desses limites também expandem o seu número, que passa de 339.549 mil em 1960 para 690.113 mil em 1976, mas ele tende a oscilar com os altos e baixos da conjuntura, acompanhando o crescimento da PEA. Os empregadores que, pelo seu nível de renda devem integrar a produção simples de mercadorias, constituíram 1,5% da PEA em 1960 e 1,8% em 1976.

2.4. *A repartição da renda dos empregados*

A categoria de "empregados" utilizada nos levantamentos tende a ser definida em termos jurídicos, sem levar em consideração que, entre os que são assalariados de empresas, órgãos públicos e famílias, devem ser distinguidos pelo menos três grupos sociais:

1. O que denominamos "burguesia gerencial" e que consiste naqueles empregados que desempenham funções diretivas, geralmente em grandes empresas, além dos que exercem

DOMINAÇÃO E DESIGUALDADE

funções de comando na burocracia estatal. Nos capitais monopólicos, é esse grupo que constitui os "funcionários do capital". Por funções diretivas se entendem não apenas as tarefas de planejamento e coordenação gerais, ligadas à cúpula da empresa, mas um grande número de atividades realizadas por "técnicos, engenheiros, executivos de vendas, cientistas, projetistas e outros especialistas que compõem a tecnostrutura".[18]

2. O que denominamos de "proletariado", composto por assalariados sem poder de decisão, isto é, que realizam trabalho manual em empresas capitalistas e órgãos públicos e que possuem condições econômicas e sociais mínimas para poder se engajar em lutas reivindicatórias, atividade sindical e partidária etc. A suposição aqui é que as camadas menos qualificadas e mais mal pagas entre os assalariados não possuem tais condições, tanto pelas suas péssimas condições de vida, que não lhes proporcionam tempo material nem recursos para se empenhar em atividades não remuneradas, como pela grande facilidade com que podem ser – e de fato são – substituídos no emprego.

3. O que denominamos de "subproletariado", constituído por empregados domésticos, assalariados de pequenos produtores diretos e trabalhadores destituídos das condições mínimas de participação na luta de classes.

A questão está em tentar distinguir esses grupos a partir dos levantamentos censitários e amostrais, utilizados neste estudo. Para tanto, a informação mais relevante parece ser a "ocupação", já que ela permite distinguir funções administrativas e técnico-científicas (trabalho intelectual) das ligadas à indústria, agricultura, comércio etc. (trabalho manual). Na Tabela 23, consta a distribuição por ocupação dos que tinham rendas de 5 a 10 SM e de mais de 10 SM em 1960, 1970 e 1976. Verifica-se que, em 1960, tinham ocupações que implicavam funções diretivas 74,4% das pessoas ativas com 5 a 10 SM e 80,5% com mais de 10 SM. Cumpre notar que nas ocupações "administrativas e

---

18 Galbraith, *The New Industrial State*, p.152-3.

112 DOMINAÇÃO E DESIGUALDADE

funções burocráticas" estão incluídos funcionários de escritórios, que tanto podem ser membros da tecnostrutura como do chamado proletariado de colarinho branco. É de se supor, porém, que entre os funcionários de escritório mais bem pagos devem predominar os pertencentes ao corpo diretivo das empresas: contadores, auditores, compradores, encarregados etc. Dessa maneira, a Tabela 23 mostra que, em 1960, a maior parte dos empregados com mais de 5 SM constituía a burguesia gerencial. Embora pequena parte dos assalariados com mais de 5 SM seja, de fato, constituída por proletários, pode-se supor que ela seja compensada por uma parte da burguesia gerencial que tem renda inferior a 5 SM.

Em 1970, os que tinham ocupações diretivas eram 69,9% das pessoas ativas com 5 a 10 SM e 84,8% com mais de 10 SM, o que leva a concluir que também nesse ano o limite mínimo de renda da burguesia gerencial deve ser de 5 SM. A situação, no entanto, se altera em 1976, como mostra a Tabela 23. No grupo com 5 a 10 SM, apenas pouco mais da metade (55,8%) ocupa posições diretivas, proporção que sobe para 76,3%, no grupo com mais de 10 SM. Nessas condições, parece ser mais razoável supor que, em 1976, apenas os empregados com renda superior a 10 SM constituem a burguesia gerencial. Essa suposição é reforçada pelo fato de que, entre 1970 e 1976, houve grande aumento de renda, que beneficiou sobretudo as camadas mais bem pagas (Tabela 19). Tudo leva a crer que, nesse período, o nível de remuneração da burguesia gerencial deve ter sido substancialmente aumentado, o que justifica a adoção de uma renda-limite mais elevada em 1976.

Para distinguir, em termos de renda, o proletariado do subproletariado, também foram utilizadas informações sobre ocupação. Nesse caso, porém, foram eliminados de cada classe de renda tanto os proprietários-administradores, já que se trata de identificar os assalariados pertencentes a cada uma dessas categorias, como as ocupações de agropecuária, pois, como foi visto, a maioria dos que as exercem não são assalariados (Tabelas 1 e 3).

Das ocupações restantes, foram consideradas características do proletariado as do *transporte e comunicações*, da *indústria de transformação* e as *administrativas*, sendo que as duas últimas constituem respectivamente o proletariado industrial e o proletariado de colarinho

Tabela 23 – Ocupações diretivas entre pessoas ativas com rendas médias e elevadas: Brasil em 1960, 1970 e 1976

Ocupações	5 a 10 SM						Mais de 10 SM					
	1960	%	1970	%	1976	%	1960	%	1970	%	1976	%
Proprietários-administradores	147.713	24,9	134.180	20,3	936.411	39,2	47.991	39,6	78.559	26,5	728.299	48,7
Administrativas e funções burocráticas	114.913	19,4	181.907	27,5			14.863	12,3	69.756	23,6		
Ocupações técnicas, científicas e afins	180.080	30,3	146.405	22,1	397.074	16,6	34.650	28,6	102.671	34,7	412.071	27,6
Resto	150.663	25,4	198.758	30,1	1.053.477	44,2	23.675	19,5	45.060	15,2	354.418	23,7
Total	593.369	100	661.250	100	2.386.962	100	121.179	100	296.046	100	1.494.788	100

Fonte: IBGE, Censos demográficos de 1960 e 1970; IBGE, Pnad de 1976.

114   DOMINAÇÃO E DESIGUALDADE

branco. Em 1970, dois terços das pessoas com ocupações de transporte e comunicações eram motoristas, vindo a seguir os trocadores, que constituem 4,9%; dos que tinham ocupações da indústria de transformação, 10,6% eram mecânicos, 9,2% alfaiates e costureiras, 5,2% cardadores e penteadores, 6% carpinteiros, 3,6% eletricistas, 3,3% marceneiros, 3,1% sapateiros, 2,7% tecelões etc.; dos que tinham ocupações administrativas sem ser proprietários, 55,5% eram auxiliares de escritório e 20% administradores. Como características do subproletariado foram consideradas as da *construção civil*, na qual predominam trabalhadores pouco qualificados e de emprego precário, as da *prestação de serviços*, na qual a maioria é constituída por empregados domésticos e dos serviços de alimentação (bares) e *outras ocupações* e *ocupações mal definidas e não declaradas*, muitas das quais são ocupações "inconfessáveis" porque legal ou socialmente não sancionadas (prostitutas, mendigos, ladrões etc.). Nessa categoria ainda estão as ocupações de ascensoristas, aprendizes, porteiros, vigias e serventes, trabalhadores braçais sem especificação, todas características do subproletariado, além de algumas – capatazes, guardas sanitários, inspetores e fiscais – que podem caracterizar o proletariado ou mesmo a burguesia gerencial. Parece razoável supor que, em grupos de renda baixa, devam predominar em "outras ocupações" os que estão ocupados em atividades características do subproletariado. (Do total de 2.113.108 pessoas que, de acordo com o Censo de 1970, exerciam "outras ocupações, mal definidas e não declaradas", 30,7% eram porteiros, vigias e serventes, 17,6% trabalhadores braçais, 23,4%, tinham ocupações mal definidas e 5% ocupações não declaradas).

Não foram consideradas as ocupações do comércio, em que é elevada a proporção de autônomos e não remunerados (42,7% em 1970), da defesa e segurança pública e técnico-científicas, estas últimas devido à ambiguidade do seu caráter de classe.

A Tabela 24 mostra que, tanto em 1960 como em 1970, predominavam na classe de renda com menos de 1 SM os que exerciam atividades características do subproletariado – 47,9% em 1960 e 52,1% em 1970 –, sendo o seu número bem maior que os que tinham ocupações características do proletariado. Na classe de renda com 1 a 2 SM a relação se inverte: os que têm ocupações proletárias constituem mais

Tabela 24 – Ocupações de nível baixo e médio entre pessoas ativas com rendas baixas e médias. Brasil em 1960 e 1970

Ocupações	1960						1970					
	0-1 SM	%	1-2 SM	%	2-5 SM	%	0-1 SM	%	1-2 SM	%	2-5 SM	%
Total	13.295.209		3.207.134		1.750.092		17.684.088		4.478.348		2.860.512	
Agricultura	7.830.273		666.087		198.911		9.275.062		616.534		186.193	
Propriet. administrativo	237.385		194.497		215.663		318.358		251.421		393.373	
Subtotal	5.227.551	100	2.346.550	100	1.335.518	100	8.090.668	100	3.610.393	100	2.280.946	100
Construção (1)	472.002	9	243.881	10,4	66.950	5	891.865	11	368.740	10,2	92.665	4
Ind. transformação (2)	1.412.458	27	616.795	26,3	281.423	21,1	1.674.211	20,7	822.832	22,8	431.172	18,9
Transportes e comunicações (3)	372.210	7,1	312.482	13,3	177.342	13,3	398.949	4,9	452.441	12,5	259.807	11,4
Prestação de serviços (4)	1.282.548	24,5	107.066	4,6	34.534	2,6	2.052.175	25,4	132.684	3,7	38.536	1,7
Outras, mal definidas, não declaradas (5)	751.340	14,4	353.085	15	135.592	10,2	1.268.926	15,7	523.684	14,5	197.579	8,7
Administrativas (6)	208.542	4	307.905	13,1	299.073	22,4	394.466	4,9	555.109	15,4	580.327	25,4
Demais	728.451	14	405.336	17,3	340.604	25,4	1.410.076	17,4	754.903	20,9	680.860	29,9
(2) + (3) + (6)	1.993.210	38,1	1.237.182	52,7	757.838	56,8	2.467.626	30,5	1.830.382	50,7	1.271.306	55,7
(1) + (4) + (5)	2.505.890	47,9	704.632	30	237.076	17,8	4.212.966	52,1	1.025.108	28,4	328.780	14,4

Fonte: IBGE, Censos demográficos de 1960 e 1970.

da metade do total e são bem mais numerosos que os que têm ocupações subproletárias. Na classe de renda com 2 a 5 SM, a diferença entre os dois subconjuntos se acentua ainda mais. Esses dados levam a concluir que, em 1960 e em 1970, constituíam o subproletariado os que tinham renda abaixo de 1 SM.

A Tabela 25 oferece os mesmos dados em relação a 1976. Só que a Pnad apresenta de modo agregado os dados referentes às ocupações administrativas (incluindo os proprietários) e às atividades industriais (inclusive as ocupações da construção civil). Esses dados foram desagregados, supondo-se que, em 1976, as proporções dos que são proprietários no total dos que têm ocupações administrativas e dos que têm ocupações da construção civil no total dos que têm ocupações industriais sejam, em cada classe de renda, as de 1970 (Tabela 24). Obviamente há aí uma margem de erro. Por exemplo, a proporção dos que trabalhavam na construção civil no total dos que trabalhavam na indústria – em termos de *ramos*, não de ocupações, caiu de 34,7% em 1970 para 30,8% em 1976. Como se vê, o erro provável não parece ser grande nesse caso e dificilmente será de tal ordem que invalide os resultados.

O que os dados da Tabela 25 mostram é que, em 1976, os que têm ocupações subproletárias predominam na classe de renda com menos de 1 SM (57,7%) e os que têm ocupações proletárias são ampla maioria na classe de renda com 2 a 5 SM (60,9%). Na classe de 1 a 2 SM há apenas uma maioria relativa dos que têm ocupações proletárias (46,8%) em relação aos que têm ocupações subproletárias (35,3%), nenhum dos dois grupos atingindo maioria absoluta. Provavelmente a renda-limite se encontra *dentro* dessa classe. Dessa maneira, o mais razoável é supor que, em 1976, constituem "o subproletariado as pessoas com renda inferior a 1 SM e metade das que tinham renda de 1 a 2 SM.

Essas considerações se baseiam na análise de ocupações não agrícolas, sendo pertinente, portanto, para os assalariados urbanos. Os assalariados do campo têm que ser divididos em três categorias: a) trabalhadores permanentes e temporários, que moram na própria exploração e que, por isso, recebem parte de sua remuneração *in natura*, sob a forma de moradia, água, lenha e algumas vezes terra para cultivo

DOMINAÇÃO E DESIGUALDADE

Tabela 25 – Ocupação de nível baixo e médio entre pessoas ativas com rendas baixas e médias. Brasil em 1976

Ocupações	0-1 SM	%	1-2 SM	%	2-5 SM	%
Total (I)	13.151.880		10.019.343		6.951.388	
Agricultura (II)	5.772.079		2.474.099		769.185	
Propriet. administrativos (III)	(237.888)		(402.541)		(682.801)	
Subtotal	7.141.913	100	7.142.703	100	5.499.402	100
Construção (1)	(709.623)	9,9	(849.056)	11,9	(353.250)	6,5
Indústria de transformação (2)	(1.332.105)	18,7	(1.894.643)	26,6	(1.643.679)	29,9
Transportes e comunicações (3)	161.483	2,3	558.364	7,8	698.724	12,7
Prestações de serviços (4)	2.218.066	31,1	468.194	6,5	111.944	2
Outras, mal definidas, não decl. (5)	1.195.612	16,7	1.201.823	16,8	449.333	8,1
Administrativas (6)	(294.758)	4,1	(888.766)	12,4	(1.007.308)	18,3
Demais	1.230.266	17,2	1.281.857	17,9	1.235.164	22,5
(2) + (3) + (6)	1.788.346	25,1	3.341.773	46,8	3.349.711	60,9
(I)+ (4) + (5)	4.123.301	57,7	2.519.073	35,3	914.527	16,6

Fonte: IBGE, Pnad de 1976.
Observações: Na fonte original, Proprietários e Administrativas assim como Construção civil e Indústria de transformação vêm reunidos; a desagregação foi feita de acordo com as proporções de 1970.

118 DOMINAÇÃO E DESIGUALDADE

de alimentos etc.; b) trabalhadores diaristas (boias-frias, volantes), organizados por intermediários de mão de obra (gatos, turmeiros) e que moram em áreas urbanas, recebendo apenas remuneração monetária; e c) um pequeno número de trabalhadores qualificados (de acordo com o Censo de 1970: técnicos agrícolas e práticos rurais, aradores e tratoristas). Pela baixíssima remuneração e precárias condições de emprego, é de se supor que tanto empregados permanentes e temporários quanto diaristas fazem parle do subprolelariado. Os únicos que pertencem ao proletariado seriam os trabalhadores qualificados, que eram, em 1970, apenas 81.832 num total de 12.871.863 pessoas que tinham ocupações agropecuárias. Mas, mesmo entre os trabalhadores agrícolas qualificados, de acordo com o Censo Demográfico de 1970, 64,5% tinham renda de até 1 SM e 21% de l a 2 SM. Assim, não se pode deixar de concluir que os assalariados agrícolas com renda de até l SM devem fazer parte do subproletariado.

Podemos passar agora à análise da repartição da renda dos empregados, em função dos dados constantes da Tabela 26. Em 1960, quase dois terços dos assalariados brasileiros tinham renda inferior a 1 SM, cerca de um quinto tinha renda de 1 a 2 SM e apenas uma minoria insignificante (0,4%) tinha renda de mais de 10 SM. Mesmo entre os assalariados urbanos, mais da metade estava com renda abaixo de 1 SM, cerca de um quarto com renda de 1 a 2 SM e os que tinham renda de mais de 10 SM não passavam de 0,6%. A situação dos empregados agrícolas ainda era muito pior: a grande maioria – 94,7% – tinha renda até l SM. Em 1960, o subproletariado representava 64,6% dos assalariados de todo o país, o proletariado representava 29,9% e a burguesia gerencial 3,5%.

Entre 1960 e 1970, a repartição da renda dos empregados praticamente não se alterou. No campo, 94,5% continuavam, em 1970, com renda abaixo de 1 SM. Nas cidades, a proporção dos com menos de 2 SM decresceu ligeiramente – de 78,8% em 1960 para 76,9% em 1970 –, com acréscimo significativo apenas do grupo com mais de 10 SM.

A mudança ocorrida na repartição da renda do total dos empregados – queda da proporção dos com menos de 1 SM (de 64,6% para 61,1%) e elevação das proporções daqueles com 2 a 10 SM (de 13,4% para 14,9%) e dos com mais de 10 SM (de 0,4% para 1,1%) – foi devida

DOMINAÇÃO E DESIGUALDADE

Tabela 26 – Repartição da renda dos empregados. Brasil em 1960, 1970 e 1976

Renda (em SM) (1)	Atividades não agrícolas					
	1960	%	1970	%	1976	%
0-1	4.210.207	53,3	6.751.878	52,5	5.831.696	30,1
1-2	2.026.915	25,6	3.142.215	24,4	6.149.733	31,7
2-5	1.108.754	14	1.932.072	15	4.878.167	25,2
5-10	331.923	4,2	443.267	3,4	1.511.677	7,8
10 e mais	47.115	0,6	176.200	1,4	950.525	4,9
Sem declaração	183.928	2,3	418.150	3,3	53.035	0,3
Soma	7.908.842	100	12.163.782	100	19.374.833	100

Renda (em SM) (1)	Atividades agrícolas					
	1960	%	1970	%	1976	%
0-1	2.829.689	94,7	3.147.513	94,5	3.112.073	67,1
1-2	108.706	3,6	102.756	3,1	1.304.114	28,1
2-5	17.646	0,7	21.585	0,6	188.188	4,1
5-10	2.301	0,1	2.050	0,1	19.472	0,4
10 e mais	341	–	778	–	9.701	0,2
Sem declaração	28.184	0,9	55.138	1,7	6.607	0,1
Soma	2.986.867	100	3.329.820	100	4.640.155	100

Renda (em SM) (1)	Total					
	1960	%	1970	%	1976	%
0-1	7.039.896	64,6	9.899.391	61,1	8.943.769	37,2
1-2	2.135.621	19,6	3.244.921	20	7.453.847	31
2-5	1.126.400	10,3	1.953.657	12,1	5.066.355	21,1
5-10	334.224	3,1	445.317	2,8	1.531.149	6,4
10 e mais	47.456	0,4	176.978	1,1	960.226	4,1
Sem declaração	212.112	2	473.288	2,9	59.642	0,2
Soma	10.895.709	100	16.193.552	100	24.014.988	100

Fonte: IBGE, Censos demográficos de 1960 e 1970; IBGE, Pnad de 1976.
(1) Para verificar os limites reais das classes de renda, em 1960 e 1970, vide Tabela 15.

essencialmente ao crescimento do peso dos assalariados urbanos no total de assalariados. A participação dos empregados em atividades não agrícolas no total de empregados passou de 72,6% em 1960 para 79,4% em 1970. Isto significa que a pequena melhoria verificada na repartição de renda dos empregados em 1960-1970 foi consequência quase exclusiva da urbanização, já que as repartições da renda no campo e nas cidades praticamente não se alteraram.

Em 1970, mais de 60% dos assalariados continuavam no subproletariado, quase um terço no proletariado e 3,9% na burguesia gerencial. Mas, como o número de assalariados se expandiu 48,6% entre 1960 e 1970, o tamanho absoluto dessas classes cresceu consideravelmente. O proletariado passou de 3,1 milhões para 5,2 milhões e a burguesia gerencial de 380 mil para 622 mil pessoas.

Entre 1970 e 1976, no entanto, a repartição da renda dos empregados, tanto das cidades como do campo, mudou acentuadamente. Entre os empregados urbanos, a proporção dos com menos de 1 SM diminuiu de 52,5% em 1970 para 30,1% em 1976, tendo aumentado todas as demais classes de renda, com expansão relativa maior das proporções com 5 a 10 SM (de 3,4% para 7,8%) e de mais de 10 SM (1,4% para 4,9%). Entre os empregados agrícolas, também se reduziu a proporção daqueles com menos de 1 SM, de 94,5% em 1970 para 67,1% em 1976, com o correspondente aumento das proporções restantes. A maior parte dos 27,4% que subiram de classe de renda ficou na de 1 a 2 SM, cuja proporção passou de 3,1% em 1970 para 28,1% em 1976. A proporção dos empregados com renda acima de 2 SM continuou minúscula em 1976, embora tenha se expandido bastante em termos absolutos.

Essas mudanças das repartições de renda de empregados urbanos e agrícolas tinha que se refletir na alteração da do conjunto dos empregados, na qual a proporção dos com menos de 1 SM caiu de 61,1% em 1970 para 37,2% em 1976 e as proporções das classes de renda maior se elevaram, sendo de se notar a expansão relativa da proporção dos com 5 a 10 SM (de 2,8% para 6,4%) e daqueles com mais de 10 SM (de 1,1% para 4%).

Não é de se supor que toda essa transformação possa ser atribuída a um aumento generalizado dos salários, já que a política salarial posta em prática no período de 1970-1976 foi de contenção, permitindo, na melhor das hipóteses, a manutenção dos salários reais. Nessas condições, é mais do que provável que a composição de classes dos assalariados é que tenha se alterado. Assim, é a proporção do subproletariado que deve ter caído, de 61,1% em 1970 para 50% em 1976, com o aumento correspondente da proporção do proletariado (de 32,1% para 45,8%), mantendo-se a proporção da burguesia gerencial mais

DOMINAÇÃO E DESIGUALDADE

ou menos constante (3,9% em 1970 e 4% em 1976). Em termos absolutos, o número de subproletários passou de 9,9 milhões para 12 milhões, o de proletários de 5,2 milhões para 11 milhões e o de gerentes de 622 mil para 960 mil. Houve, portanto, uma imensa expansão do proletariado, cujo número mais que duplicou entre 1970 e 1976.

Para se poder analisar a evolução da estrutura de classe dos assalariados brasileiros, entre 1960 e 1976, os dados relevantes foram reunidos na Tabela 27. O tamanho das classes sociais foi determinado em função dos níveis de renda, de acordo com os critérios antes adotados, a saber:

– subproletariado, composto pelos assalariados com renda inferior a 1 SM, acrescidos, em 1976, de metade dos assalariados não agrícolas com 1 a 2 SM;
– proletariado, composto, em 1960 e 1970, pelos assalariados com renda de 1 a 5 SM e, em 1976, pelos assalariados urbanos com 2 a 10 SM mais a metade dos que tinham 1 a 2 SM e pelos assalariados agrícolas com 1 a 10 SM;
– burguesia gerencial, composta, em 1960 e 1970, pelos assalariados com mais de 5 SM e, em 1976, pelos com mais de 10 SM.

Tabela 27 – Estruturas de classes dos assalariados. Brasil em 1960, 1970 e 1976

Classes	1960	%	1970	%	1976	%
Subproletariado	7.039.896	64,6	9.899.391	61,1	12.018.635	50
Proletariado	3.262.021	29,9	5.198.578	32,1	10.976.484	45,7
Burguesia gerencial	381.680	3,5	622.295	3,9	960.226	4
Sem declaração	212.112	2	473.288	2,9	59.642	0,3
Total	10.895.709	100	16.193.552	100	24.014.987	100

Fonte: Tabela 23.

Fica claro que, no início do período, a maior parte dos assalariados pertencia ao subproletariado, mas essa proporção vai se reduzindo, sobretudo entre 1970 e 1976, alcançando exatamente a metade do total de assalariados em 1976. Em termos absolutos, o subproletariado cresceu, no entanto, de 7 milhões em 1960 para 12 milhões, registrando um aumento de 70,7% em dezesseis anos. É interessante observar

122 DOMINAÇÃO E DESIGUALDADE

(à luz dos dados da Tabela 26) que, em 1960, cerca de 60% do subproletariado estava nas cidades, proporção que sobe para 68,2% em 1970 e para 74,1% em 1976. Essas proporções, na verdade, devem ser mais altas, na medida em que uma parcela dos assalariados agrícolas é constituída por diaristas (boias-frias), moradores em áreas urbanas. (Em 1970, 12,3% da PEA urbana trabalhavam na agropecuária.)[19]

O proletariado representava cerca de 30% dos assalariados em 1960, proporção que se eleva a 32,1% em 1970 e a 45,7% em 1976. É nítida, portanto, a transferência de uma parcela cada vez maior dos assalariados do subproletariado ao proletariado, sobretudo entre 1970 e 1976, quando a acumulação de capital atingiu intensidade extraordinariamente elevada, ocasionando forte expansão do emprego em empresas grandes e médias, assim como no setor público. Isto se deu principalmente nas cidades. Pelos dados da Tabela 13, pode-se calcular que o emprego de assalariados em empresas não agrícolas e no setor público passou de 6.921.979 pessoas em 1960 para 11.115.593 em 1970 e para 17.294.693 em 1976, registrando o seu crescimento uma aceleração de 4,8% ao ano em 1960-1970 para 7,6% ao ano em 1970-1976. É claro que um aumento dessa ordem tinha que provocar um crescimento análogo do proletariado urbano, que passou de 3.135.669 pessoas em 1960 para 5.074.287 em 1970 e para 9.464.711 em 1976. Cumpre notar que, tanto em 1960 como em 1970, o proletariado representava cerca de 45% do total de empregados em empresas e setor público, ao passo que em 1976 passa a representar cerca de 55%, o que mostra que a grande expansão do emprego, em 1970-1976, se deu sobretudo em termos capitalistas. Entre 1970 e 1976, o proletariado urbano apresenta um crescimento de 86,5%, ou seja, de 11% ao ano em média. Isto significa que, nesse período, aumentou em menor ritmo o número de assalariados urbanos pertencentes ao subproletariado, como os empregados domésticos, cujo número cresceu apenas 19%, ou 2,9% ao ano (conforme os dados da Tabela 13), e provavelmente os assalariados que trabalham para produtores simples de mercadorias, a maioria dos quais deve ganhar menos de 1 SM.

---

19 Ver: Singer, "Emprego e urbanização no Brasil", *Estudos Cebrap*, n.19, p.93-137, jan.--mar. 1977.

DOMINAÇÃO E DESIGUALDADE

Em termos absolutos, o proletariado brasileiro mais que triplicou, entre 1960 e 1976, passando de 3,3 milhões no início do período para 11 milhões no fim do mesmo período. A burguesia gerencial aumenta sua participação no total de assalariados entre 1960 e 1970, quando passa de 3,5% para 3,9%, mantendo-a praticamente nesse nível em 1976. Como foi visto, entre 1960 e 1970, a burguesia empresarial quase não cresceu, o que indica que nessa década o crescimento se deu sobretudo nas empresas maiores, de caráter monopolista, o que deve ter ensejado a expansão mais acentuada da burguesia gerencial. Entre 1970 e 1976 se deu o contrário: a burguesia empresarial aumentou em ritmo muito grande, o que indica que o crescimento ocorreu, em grande medida, nas empresas médias e pequenas. Em consequência, o crescimento da burguesia gerencial se limitou a acompanhar o da totalidade dos assalariados. Não obstante, em termos absolutos, a burguesia gerencial passou de 382 mil, em 1960, para 960 mil em 1976, crescendo 150% no período.

2.5. *A repartição da renda dos autônomos*

À primeira vista, todos os autônomos ou trabalhadores por conta própria pertencem à mesma classe social, ou seja, à pequena burguesia, que se caracteriza pela posição intermediária que ocupa, entre burguesia e proletariado. O pequeno burguês típico é o produtor simples de mercadorias, que reúne em si os papéis de empregador e de empregado, proprietário que é de seus meios de produção, que põe em movimento com o seu próprio trabalho.

Mas nem sempre o autônomo possui meios de produção. O camponês que, destituído de terras, as arrenda, tem uma situação muito diferente da do camponês proprietário. Enquanto o primeiro corre sempre o perigo, que não deixa de se materializar com frequência, de ser expulso da terra em que trabalha, o segundo tem na propriedade a segurança de poder permanecer na exploração e, portanto, a base material de sua "autonomia" de autônomo. E é claro que isso se reflete em seus níveis de renda, pois o arrendatário (ou parceiro) está sujeito a pagar uma renda, que soe absorver de um terço à metade do que consegue produzir, o que não acontece com o camponês proprietário.

A mesma distinção se aplica aos autônomos urbanos. Não se pode confundir a posição de classe dos autônomos proprietários dos seus meios de produção com os que, sendo também autônomos, possuem de fato apenas sua capacidade de trabalho e, eventualmente, a de algum outro membro da família. Estão no primeiro caso profissionais liberais que trabalham por conta própria, pequenos comerciantes, donos de oficinas de produção ou reparação, de unidades de prestação de serviços pessoais (bares, barbearias, cabeleireiros, tinturarias etc.) e assim por diante. Estão no segundo caso, lavadeiras, artesãs que trabalham no próprio domicílio (costureiras, bordadeiras etc.), carregadores, vendedores ambulantes, engraxates, biscateiros etc. etc. E, como é óbvio, essa diferença de posição de classe entre os autônomos urbanos também se exprime por diferença de renda, os autônomos proprietários ganhando, em geral, bem melhor que os outros.

Na verdade, apenas os autônomos proprietários pertencem à pequena burguesia. Os autônomos destituídos de qualquer propriedade são antes vendedores de força de trabalho que não encontram compradores para ela no mercado de trabalho. Constituem, nesse sentido, parte do exercício industrial de reserva e, como tal, participam do subproletariado.

Como os censos não distinguem entre autônomos proprietários e autônomos subproletários, não é possível tomar por base seus dados para encontrar, empiricamente, a renda-limite entre uma classe e outra. Mas, como os autônomos subproletários pertencem, de fato, à mesma classe social dos subproletários assalariados, é razoável adotar a mesma renda-limite para distingui-los tanto do proletariado como da pequena burguesia.

Dessa maneira, vamos supor que os autônomos com renda inferior a 1 SM pertençam ao subproletariado, acrescentando-se a eles, em 1976, metade dos autônomos em atividades não agrícolas com renda de 1 a 2 SM. Os dados da Tabela 28 permitem analisar a evolução da repartição da renda dos autônomos e as mudanças em sua composição de classe.

DOMINAÇÃO E DESIGUALDADE 125

Tabela 28 – Repartição da renda dos autônomos. Brasil em 1960, 1970 e 1976

Renda (em SM) (1)	Atividades não agrícolas					
	1960	%	1970	%	1976	%
0-1	1.491.369	58,6	1.580.472	52,2	1.173.707	27,4
1-2	495.612	19,5	647.246	21,4	1.085.999	25,3
2-5	358.965	14,1	569.659	18,8	1.136.416	26,5
5-10	124.033	4,9	125.835	4,2	554.705	12,9
10 e mais	26.853	1	55.644	1,8	325.829	7,6
Sem declaração	49.548	1,9	46.027	1,6	12.179	0,3
Soma	2.546.380	100	3.024.883	100	4.288.835	100
Renda (em SM) (1)	Atividades agrícolas					
	1960	%	1970	%	1976	%
0-1	4.672.038	86	6.113.118	87,7	2.423.949	51,1
1-2	499.697	9,2	514.207	7,4	1.385.187	29,2
2-5	166.927	3,1	166.921	2,4	692.232	14,6
5-10	17.889	0,3	9.136	0,1	155.479	3,3
10 e mais	2.694	–	2.177	–	63.984	1,4
Sem declaração	71.782	1,3	164.552	2,4	18.689	0,4
Soma	5.431.027	100	6.970.111	100	4.739.520	100
Renda (em SM) (1)	Total					
	1960	%	1970	%	1976	%
0-1	6.163.407	77,3	7.693.590	77	3.597.656	39,8
1-2	995.309	12,5	1.161.453	11,6	2.471.186	27,4
2-5	525.892	6,6	736.580	7,4	1.828.648	20,3
5-10	141.922	1,8	134.971	1,4	710.184	7,9
10 e mais	29.547	0,4	57.821	0,6	389.813	4,3
Sem declaração	121.330	1,5	210.579	2,1	30.868	0,3
Soma	7.977.407	100	9.994.994	100	9.028.355	100

Fonte: IBGE, Censos demográficos de 1960 e 1970; IBGE, Pnad de 1976.

Em 1960, quase quatro quintos dos autônomos ganhavam até 1 SM, apenas um oitavo ganhava de 1 a 2 SM e apenas 8,8% ganhavam mais de 2 SM. Nas cidades, quase seis décimos dos autônomos tinham renda de até 1 SM, cerca de dois décimos tinham renda de 1 a 2 SM e outros tantos recebiam mais de 2 SM. No campo, a extensão da pobreza entre os autônomos ainda era maior, pois quase nove décimos tinha ganhos de até 1 SM. Convém recordar que praticamente todos os autônomos na agricultura se fazem auxiliar por membros não remunerados da família, de modo que ganhos tão parcos são repartidos por mais de uma pessoa ativa.

Entre 1960 e 1970, a repartição da renda dos autônomos pouco se alterou. No campo, aumentou a proporção daqueles com renda de até 1 SM (de 86% para 88%), com redução correspondente da proporção dos com 1 a 2 SM (de 9,2% para 7,4%), o que significa o agravamento da situação de pobreza. Na cidade, no entanto, houve certa melhora, com redução da proporção dos com até 1 SM (de 58,6% para 52,2%) e consequente aumento das proporções daqueles com 1 a 2 SM (de 19,5% para 21,4%) e com mais de 2 SM (de 20% para 24,8%). Essa melhoria não se refletiu na repartição da renda do conjunto dos autônomos, compensada que foi, em parte, pela piora na agricultura e, em parte, pelo aumento da participação dos autônomos agrícolas no total da categoria, que passou de 68,1% em 1960 para 69,7% em 1970. Tanto em 1960 como em 1970, cerca de 77%, dos autônomos ganhavam menos de 1 SM; a proporção dos que tinham renda de 1 a 2 SM caiu de 12,5% para 11,6% nesse decênio, subindo, em compensação, a dos que ganhavam mais de 2 SM de 8,8% para 9,4%. Em suma, tanto no início como no fim desse período, a grande maioria dos autônomos era de fato constituída por subproletários. Apenas um quinto deles, a julgar pelo nível de renda, devia pertencer à pequena burguesia, ou seja, à classe de produtores simples de mercadorias que presumivelmente dispõem da propriedade dos seus meios de produção e por isso não constituem meros ofertantes potenciais de força de trabalho ao capital.

Já entre 1970 e 1976, a repartição da renda dos autônomos se alterou visivelmente. Nas cidades, a proporção dos com menos de 1 SM caiu de 52,2% para 27,4%, subindo a participação das demais classes de renda, como mostra a Tabela 28. Em termos relativos, tiveram aumentos maiores a proporção daqueles com 10 e mais SM (de 1,8% para 7,6%) e a dos com 5 a 10 SM (de 4,2% para 13%). No campo ocorreu o mesmo: a proporção dos com menos de 1 SM diminuiu de 88% em 1970 para 51% em 1976, elevando-se todas as demais. Cresceram particularmente as proporções dos com 1 a 2 SM (de 7,4%, para 29%) e com

DOMINAÇÃO E DESIGUALDADE

2 a 5 SM (de 2,4% para 15%), permanecendo ainda reduzidas as daqueles com rendas acima de 5 SM, que em 1976 constituíam em conjunto apenas 4,7% do total. A repartição da renda de todos os autônomos, da cidade e do campo, sofreu profunda alteração entre 1970 e 1976. A proporção dos com menos de 1 SM caiu quase à metade (de 77% para 40%), aumentando a das outras classes de renda, sobretudo as de renda mais elevada: a proporção dos autônomos com mais de 10 SM passou de 0,6% para 4,3% (crescendo o seu número absoluto 570% em meia dúzia de anos), a dos com 5 a 10 SM passou de 1,4% para 7,9% (mais que quintuplicando o seu número absoluto).

A mudança da repartição da renda dos autônomos, entre 1970 e 1976, foi, de certo modo, semelhante à que se verificou para empregadores e empregados; na verdade, muito próxima à destes últimos. Comparando-se as tabelas 26 e 28, é fácil ver que o sentido da transformação foi o mesmo: redução da proporção dos com menos de 1 SM e grande aumento das proporções daqueles com rendas mais altas. Tanto em 1970 como em 1976, as duas repartições – de empregados e de autônomos – são parecidas. É razoável supor que os fatores determinantes dessas mudanças sejam os mesmos, a saber, o intenso crescimento da economia nesse período. Como vimos, o ritmo mais acelerado de acumulação permitiu que uma parte substancial dos assalariados que estavam no subproletariado se transferisse ao proletariado ao obter empregos mais bem remunerados. Não seria de se estranhar que o mesmo ocorresse com os autônomos, dos quais quase quatro quintos eram subproletários em 1970. A Tabela 28 mostra que o número absoluto de autônomos, depois de aumentar de 8 milhões para 10 milhões entre 1960 e 1970, *caiu* para 9 milhões em 1976. Essa redução pode ser atribuída à passagem de uma parte dos autônomos à condição de assalariados, principalmente na agricultura, onde, em 1970-1976, o número de autônomos caiu de 2 milhões e o de empregados aumentou de 1,3 milhão. Possivelmente, parte dos autônomos de baixa renda se transferiu também ao proletariado urbano. Além disso, outra parte dos autônomos deve ter encontrado oportunidade de se tornar proprietária dos seus meios de produção, passando assim a fazer parte da pequena burguesia. Na agricultura isto se deu sobretudo mediante a multiplicação do número de posseiros. Os dados dos censos agrícolas de 1970 e 1975 mostram que, enquanto o número de explorações de arrendatários e parceiros diminuiu de 993 mil em 1970 para 864 mil em 1975, o de ocupantes aumentou de 793 mil para 917 mil e o de proprietários aumentou de 2.932 mil para 3.078 mil.

Como os posseiros não pagam renda, ao contrário dos arrendatários e parceiros, é provável que o grande aumento do número de autônomos com renda de mais de 1 SM, entre 1970 e 1976, seja devido, em parte, ao crescimento do número de posseiros e proprietários e o correspondente declínio do de arrendatários e parceiros.

Nas cidades, o mais notável foi o aumento da proporção e do número de autônomos com mais de 5 SM de renda, entre 1970 e 1976 (vide Tabela 28). Infelizmente, os censos e a Pnad não oferecem indicações que permitam verificar em que medida essa mudança foi consequência de uma ascensão de partes do subproletariado à pequena burguesia (mediante, por exemplo, a transformação de ambulantes em pequenos comerciantes ou artesãos "estabelecidos") e em que medida ela resultou de uma melhora de remuneração de atividades consideradas "marginais". O mais provável é que ambos os processos tenham se dado. A melhora do nível de ganho de parte considerável do proletariado urbano (Tabela 26) e do crescimento do seu tamanho (Tabela 27) certamente expandiu o mercado do pequeno comércio varejista, das oficinas de reparação etc. Além disso, cresceu também acentuadamente a burguesia, tanto empresarial como gerencial, cujo número absoluto passou de 710 mil em 1970 para 1.390 mil em 1976. Sendo esta a principal clientela de lavadeiras, costureiros, bordadeiras, engraxates etc., é razoável supor que os ganhos do subproletariado autônomo tenham aumentado nesse período.

A evolução da estrutura de classes dos autônomos pode ser visualizada mediante os dados da Tabela 29. Tanto em 1960 como em 1970, quase quatro quintos dos autônomos, no Brasil, eram subproletários e apenas o quinto restante era constituído por pequenos burgueses. Em 1976, no entanto, mais da metade dos autônomos pertencia à pequena burguesia, permanecendo os restantes, no subproletariado.

DOMINAÇÃO E DESIGUALDADE

Tabela 29 – Estrutura de classes dos autônomos. Brasil em 1960, 1970 e 1976

Classes	1960	%	1970	%	1976	%
Subproletariado	6.163.407	77,3	7.693.590	77	4.140.655	45,8
Pequena burguesia	1.692.670	21,2	2.090.825	20,9	4.856.832	53,9
Sem declaração	121.330	1,5	210.579	2,1	30.868	0,3
Total	7.977.407	100	9.994.994	100	9.028.335	100

Fonte: Tabela 25.

Convém recordar que boa parte dos autônomos, sobretudo na agricultura, se faziam auxiliar por membros não remunerados da família. Nesses casos, a renda do titular ou responsável pela unidade de produção (geralmente o chefe da família) deveria ser dividida pelo número total de pessoas em atividade para se calcular o ganho médio por pessoa. Os censos e a Pnad, no entanto, não oferecem essa informação. Se ela estivesse disponível, é certo que numerosos autônomos, sobretudo na agricultura, que se supõe pertencerem à pequena burguesia, acabariam sendo classificados no subproletariado.

3. *A evolução da estrutura social*

3.1. *Considerações metodológicas*

As análises feitas até aqui permitiram estimar a evolução do tamanho das classes sociais e de certas frações de classe, no Brasil, entre 1960 e 1976. Essas estimativas se baseiam em informações estatísticas sobre posição na ocupação, nível de renda, setor de atividade (agrícola e não agrícola) e, subsidiariamente, sobre sexo e ocupação e sobre a renda líquida de empresas. A combinação de todas essas informações permitiu estimar a evolução do tamanho das seguintes classes e frações de classe ao longo do período:

1. Burguesia (empresarial e gerencial)
2. Pequena burguesia (autônomos, empregadores e não remunerados)
3. Proletariado e subproletariado (este último composto por assalariados, autônomos e não remunerados)

A burguesia, numa formação social capitalista, monopoliza o poder de decisão sobre a vida produtiva do país. Ela o faz primordialmente mediante a propriedade privada – que detém – dos meios de produção e de distribuição. No estágio monopolista, que o capitalismo já atingiu no Brasil, uma boa parte do comando da economia é enfeixada nas mãos do Estado, que dispõe de amplos poderes de regulamentação da economia, além do controle direto sobre o setor público dessa economia. Além disso, os capitais monopolistas – sejam estatais ou privados, nacionais ou multinacionais – são dirigidos por administradores profissionais, cuja posição jurídica na ocupação é de empregados e não de empregadores. O mesmo se dá com a cúpula tecnoburocrática que domina os negócios do Estado. Dessa maneira, não se pode mais limitar a burguesia aos que formalmente são empregadores. Por isso, o critério que permite identificar a burguesia, no sentido amplo do termo, é o conjunto de empregadores e empregados que dispõem de elevado nível de renda, não porque renda alta *defina* a burguesia, mas porque existe forte correlação entre renda e posições de poder econômico e social. A posição na ocupação permite identificar, *dentro* da burguesia, as duas frações que compõem essa classe social: a burguesia empresarial, representada pelos empregadores, e a burguesia gerencial (na qual se inclui a tecnoburocracia estatal), representada pelos empregados em posições de mando, tanto nas empresas quanto no serviço público.

A pequena burguesia é formada pelos que, numa formação social capitalista, não se inserem diretamente nas relações capitalistas de produção, sendo proprietários dos meios necessários ao exercício de sua atividade. Em princípio, os pequenos burgueses parecem se identificar com os trabalhadores autônomos ou por conta própria. Mas há duas circunstâncias que falseiam essa identidade. De um lado, os pequenos empregadores, que participam diretamente da atividade de execução, não passam de pequenos burgueses que se fazem *auxiliar* por assalariados, situação completamente diferente do burguês propriamente dito, que explora trabalho assalariado em tal escala que sua atividade na empresa *tem* que se limitar às funções de direção e supervisão. É um desses casos em que a mudança de quantidade (de assalariados) acarreta a mudança de qualidade (da relação

DOMINAÇÃO E DESIGUALDADE131

de produção). Marx, ao discutir a quantidade mínima de riqueza capaz de constituir um capital individual, escreve: "Para que o empregador pudesse viver apenas duas vezes melhor que um trabalhador comum e retransformar a metade da mais-valia produzida em capital, ele precisaria multiplicar por oito tanto o número de trabalhadores quanto o *mínimo* do capital adiantado. Em todo caso, ele poderia participar, do mesmo modo que seus trabalhadores, diretamente do processo produtivo, mas então ele seria apenas uma coisa intermediária entre capitalista e trabalhador, um *'pequeno mestre'*. Um certo grau de desenvolvimento da produção capitalista condiciona o fato de que o capitalista possa dedicar o tempo todo em que ele funciona como capitalista, ou seja, como capital personificado, à apropriação de trabalho alheio e à venda dos produtos desse trabalho".[20] Obviamente, os pequenos empregadores, essas "coisas intermediárias entre capitalista e trabalhador", pertencem à pequena burguesia. Por outro lado, não pertencem a essa classe os que exercem atividades por conta própria unicamente por não terem possibilidade de conseguir um emprego assalariado, sem possuírem, de fato, meios outros que não sejam sua capacidade física e mental de trabalhar. Trata-se de desempregados virtuais, portanto de membros do proletariado, que exercem atividades que *não* requerem quase outros meios além da capacidade usual de trabalho.

Para distinguir, tanto entre empregadores burgueses e empregadores pequenos burgueses como entre autônomos pequenos burgueses e autônomos proletários, foi utilizado o nível de renda. Mais uma vez, convém repisar, o nível de renda foi adotado como critério diferenciador apenas porque não se dispõem de informações diretas sobre o caráter das relações de produção em que autônomos e empregadores estão inseridos e o rendimento é um bom *indicador* desse caráter. É razoável admitir que a renda dos empregadores seja proporcional ao número de assalariados que empregam e que a renda dos autônomos seja proporcional à posse de meios de produção ou de circulação que detêm.

---

20 Marx, *Das Kapital*, v.I, cap.9, p.323, itálicos do original.

Fazem parte ainda da pequena burguesia os membros não remunerados das famílias de pequenos empregadores e de autônomos pequenos burgueses. No Capítulo 1 admitiu-se a hipótese de que "provavelmente a maioria dos não remunerados trabalha para os autônomos e formam em conjunto com estes o que se denomina produção simples de mercadorias" (p.53). Cabe agora reformular essa hipótese. O mais provável é que não remunerados trabalhem tanto para pequenos empregadores como para autônomos. Nada impede que um pequeno empregador se faça auxiliar por membros da sua família, aos quais nada paga diretamente, e por assalariados. Na agricultura, onde se encontra a maior parte da pequena burguesia brasileira, este deve ser o caso mais comum.

A questão de que parte dos não remunerados trabalha para pequenos empregadores não viria ao caso se fosse possível supor que todos os não remunerados pertencem à pequena burguesia. Mas essa suposição é inadmissível, pois grande parte dos autônomos, como foi visto, é constituída por subproletários e é natural que muitos deles se façam auxiliar por membros não remunerados de suas famílias. É o que acontece, por exemplo, com o camponês sem terra ou com pouca terra, que cultiva solo arrendado ou em parceria, contando com a força de trabalho da mulher e dos filhos. Portanto, uma parte considerável dos não remunerados deve pertencer ao subproletariado. Não há, porém, informação de quanto é essa parte. A hipótese adotada é que os não remunerados se repartem entre pequena burguesia e subproletariado na mesma proporção que os remunerados, ou seja, os pequenos empregadores e os autônomos. Assim, por exemplo, em 1970, havia na agricultura brasileira 7.137.164 pequenos empregadores e autônomos, dos quais 12% eram pequenos burgueses e 88% subproletários. Admitimos que, dos 6.926.968 trabalhadores não remunerados que naquele ano estavam em atividades na agricultura, 12% deveriam fazer parte da pequena burguesia e os restantes 88% do proletariado. A metodologia das estimativas quanto ao caráter de classe dos não remunerados na PEA, em 1960, 1970 e 1976, encontra-se detalhada no Anexo 1.

Convém alertar para o fato de que, embora a pequena burguesia seja composta por pequenos empregadores, autônomos e não

DOMINAÇÃO E DESIGUALDADE

remunerados, isto não significa que essas três categorias de posição na ocupação constituam frações de classe distintas. O fato de um pequeno produtor utilizar assalariados e outro não, não constitui, por si mesmo, um diferenciador de situação social e econômica – muitas vezes o emprego de assalariados se faz necessário *porque* a força de trabalho familiar é insuficiente. Nesses casos, o pequeno produtor que emprega assalariados e, em consequência, é obrigado a alienar parte do seu produto sob a forma de salários, ganha menos do que aquele que dispõe de familiares não remunerados em maior quantidade.

Sob certos aspectos, a pequena burguesia, como aqui a conceituamos, pode ser considerada fração de uma classe mais ampla – a chamada "classe média" – que teria outra fração composta pelos assalariados que ocupam posição intermediária entre capitalista e trabalhador *dentro* da empresa capitalista: empregados com posição de chefia, técnicos, controladores etc. Não vale a pena entrar aqui na longa e importante discussão sobre a "nova" e a "tradicional" classe média. Basta indicar que consideramos a "nova" classe média sobretudo manifestação do processo de proletarização de partes da pequena burguesia – e, portanto, integrante do proletariado. Se classe social se define simultaneamente por posição no processo produtivo e por "prática de classe",[21] não parece haver lugar para dúvidas que tanto a posição como a prática da "nova" classe média a identifica com o proletariado.

O proletariado é formado por todos aqueles que vivem da venda de sua força de trabalho, sendo que essa venda, em condições *normais* no capitalismo, se dá mediante a alienação da capacidade de trabalho por determinado *tempo* (certo número de horas por dia, dias por semana e semanas por ano) em troca de um salário, prefixado num contrato formal e sujeito às condições legais que regem as relações de emprego. Mas nem todos os que dependem da venda da força de trabalho para viver encontram compradores para ela naquelas condições normais. Os que se encontram nessa situação ou têm condições de sobreviver sem trabalhar (gastando poupanças passadas ou usufruindo

---

21 Vide Poulantzas, *As classes sociais no capitalismo de hoje*, sobretudo a "Introdução: as classes sociais e sua reprodução ampliada". Esse autor, no entanto, sustenta a tese de que os empregados em posição de chefia, técnicos etc. formam uma "nova pequena-burguesia".

transferências de parentes, de entidades filantrópicas ou do Estado) ou tratam de alienar sua capacidade de trabalho em condições *anormais*, seja trabalhando sem usufruir os benefícios da legislação (sem registro, por salário menor que o mínimo etc.), seja prestando serviços pessoais ou domésticos a consumidores individuais (engraxates, lavadeiras etc.), ou seja, ainda produzindo mercadorias por conta própria.

Os que se encontram na primeira situação, isto é, sem trabalhar remuneradamente são considerados desempregados e tendem a ser excluídos da PEA. Os que estão na segunda, isto é, alienando sua capacidade de trabalho em condições anormais, são correntemente chamados de "marginalizados" ou "subempregados". Nenhuma das duas denominações é inteiramente adequada. A ideia de que são "marginalizados" implica a noção de que se trata de uma condição "definida estruturalmente pela ausência de um papel econômico articulado com o sistema de produção industrial".[22] Naturalmente esta não é a única definição de marginalidade, mas é uma das mais difundidas e aceitas na literatura (sobretudo latino-americana) sobre o tema e a mais congruente com o enfoque metodológico aqui adotado. No entanto, essa noção de "ausência de um papel econômico articulado", além de ser negativa, não se aplica ao conjunto do que denominamos *subproletariado*. já que boa parte dele – os peões da construção, os boias-frias, parceiros etc. na agricultura e outros – está efetivamente articulada à produção capitalista, embora não haja capitais dispostos a comprar, dessas pessoas, a força de trabalho nas condições normais, ou seja, nas condições que possibilitam a reprodução "normal" de sua força de trabalho.

Quanto à noção de "subempregados", cumpre notar que dela se costuma fazer um uso extremamente ideológico: tratar-se-ia de trabalhadores de "baixa renda" e de "baixa produtividade", com a implicação de que a segunda é, de alguma forma, causa da primeira. A discussão do "subemprego" tende sempre a se encaminhar para as características individuais dos que se encontram nessa situação – sua falta de qualificação profissional, sua baixa escolaridade, sua alta natalidade etc. – o que leva à conclusão de que, se tais características fossem diferentes, todos teriam empregos "normais", como se a oferta

---

22 Lomnitz, *Como sobreviven los marginados*, p.17.

DOMINAÇÃO E DESIGUALDADE

de força de trabalho criasse sua própria demanda, numa aplicação tardia e jamais explicitada da Lei de Say ao mercado de trabalho.

Na realidade, o enorme contingente de trabalhadores, em economias não desenvolvidas, que não consegue vender sua força de trabalho em condições normais, constitui, de fato, uma população excedente para o capital, que o utiliza como exército (industrial ou agrícola) de reserva cada vez que a conjuntura enseja rápida e intensa expansão do emprego. Quando a demanda por força de trabalho, por parte das empresas e do Estado, deixa de crescer depressa, essa reserva se acumula na mesma medida em que o capital deixa de se acumular no ritmo necessário. É o que os dados já analisados revelam.

Fomos obrigados a utilizar o nível de renda para distinguir entre proletariado e subproletariado porque é o único indicador disponível a esse respeito. Nunca é demais repetir, no entanto, que a noção de subproletariado não corresponde meramente à pobreza. Trata-se, em última análise, de trabalhadores *em atividade* que são: a) superexplorados por capitais individuais, por pequenos empregadores ou, às vezes, pelo próprio Estado (como parece ser o caso, por exemplo, das professoras primárias); ou b) levados a se "autoexplorar", ao serem obrigados a ofertar seus serviços ou mercadorias em mercados estruturalmente saturados. A origem desse subproletariado se liga à dissolução, pelo capitalismo, de partes da economia de subsistência, sem que a acumulação de capital gere uma demanda por força de trabalho suficiente para absorver – nas condições normais – a mão de obra assim liberada.

Poder-se-ia argumentar que não há uma nítida linha de demarcação entre proletariado e subproletariado, já que o registro em carteira pouco significa, hoje no Brasil, em termos de estabilidade no emprego e o salário mínimo é tão baixo que não assegura, de modo algum, a reprodução normal da força de trabalho. É por isso mesmo que proletariado e subproletariado compõem uma mesma classe social. No entanto, é preciso reconhecer que, dentro do proletariado, há uma camada que usufrui de salários mais elevados e de relativa estabilidade no emprego, tendo, em consequência, melhor padrão de vida, padrões culturais mais elevados, mais tempo livre (porque são menos pressionados a fazer grande número de horas extras) – e, por causa de tudo isso, essa camada tem melhores condições de iniciar e travar lutas, de caráter econômico, social e político, em defesa de seus

136 DOMINAÇÃO E DESIGUALDADE

interesses de classe. Essa camada é que chamamos de "proletariado propriamente dito", pois é a fração de classe capaz de uma prática de luta de classes que caracteriza propriamente o proletariado.

3.2. *A evolução geral*

A evolução da estrutura social brasileira encontra-se delineada, em suas linhas gerais, na Tabela 30. Ela resume os resultados das análises da segunda parte deste estudo, incluindo (conforme o critério já mencionado) os não remunerados na pequena burguesia e no subproletariado. Além disso, os que não declararam a renda foram incluídos no subproletariado, de acordo com o pressuposto de que se trata de pessoas com renda incerta e, em geral, muito baixa (a análise das ocupações dos que não declararam a renda confirma esse pressuposto).

Tabela 30 – Estrutura social brasileira. 1960, 1970 e 1976

| Classes | Atividades não agrícolas | | | | | |
	1960	%	1970	%	1976	%
Burguesia	407.989	3,8	664.799	4	1.229.294	5
Pequena burguesia	1.273.166	11,7	1.753.852	10,7	3.165.010	12,8
Proletariado	3.135.669	28,8	5.074.287	30,8	9.464.711	38,4
Subproletariado	6.063.275	55,7	8.965.123	54,5	10.805.830	43,8
Total	10.880.099	100	16.458.061	100	24.664.845	100

| Classes | Atividades agrícolas | | | | | |
	1960	%	1970	%	1976	%
Burguesia	59.626	0,5	44.886	0,3	83.851	0,6
Pequena burguesia	1.515.088	11,8	1.693.675	9,7	4.972.066	34,7
Proletariado	126.352	1	124.341	0,7	1.511.774	10,6
Subproletariado	11.134.528	86,7	15.573.108	89,3	7.960.528	54,1
Total	12.835.594	100	17.436.010	100	14.528.219	100

| Classes | Total | | | | | |
	1960	%	1970	%	1976	%
Burguesia	467.615	2	709.685	2,1	1.313.145	3,4
Pequena burguesia	2.788.254	11,8	3.447.527	10,2	8.137.076	20,9
Proletariado	3.262.021	13,7	5.198.628	15,3	10.976.485	28,1
Subproletariado	17.197.803	72,5	24.538.231	72,4	18.566.358	47,6
Total	23.715.693	100	33.894.071	100	38.993.064	100

DOMINAÇÃO E DESIGUALDADE

Os dados da Tabela 30 mostram que, em 1960, quase três quartos da PEA total pertenciam ao subproletariado; dos restantes, a metade era constituída por proletários e quase outro tanto por pequenos burgueses. A burguesia representava apenas 2% da PEA total. A estrutura de classe da PEA urbana era bastante diferente da agrícola. Nas cidades, o subproletariado representava pouco mais da metade da PEA, o proletariado pouco mais de um quarto e a pequena burguesia pouco mais de um décimo. Na estrutura social urbana, o proletariado já tinha então um peso considerável. Mas não na estrutura da PEA agrícola, constituída por quase nove décimos de subproletários e por pouco mais de um décimo de pequenos burgueses. Não havia praticamente burguesia nem proletariado agrícola, sendo que a imensa maioria dos trabalhadores do campo poderiam ser considerados candidatos virtuais a empregos na economia capitalista. Esse resultado à primeira vista talvez pareça "exagerado", no entanto é confirmado pela intensa migração não só rural-urbana, mas também rural-rural, que se verificou tanto antes como após 1960.

Esse vasto subproletariado agrícola era constituído, em sua maioria, por camponeses pobres, com pouca ou nenhuma terra. Os dados do censo agrícola de 1960 confirmam essa interpretação. Numa PEA agrícola de 15.633.985 pessoas,[23] os proprietários e seus familiares constituíam 52,9%, os empregados 28,2%, os arrendatários e parceiros 16% e os que estavam em outra condição 2,9% (Tabela 31). Dos responsáveis por explorações e familiares (proprietários e arrendatários), quase quatro quintos trabalhavam em explorações de menos de 50 ha. O quinto restante, ou seja, os responsáveis por explorações maiores que 50 ha e seus familiares não remunerados somavam um total de 1.987.257 pessoas, representando 12,7% da PEA agrícola e devem ter constituído a burguesia e pequena burguesia rurais, que representavam em conjunto 12,3% dos que exerciam atividades agrícolas em 1960 (Tabela 30). A julgar pelos dados do censo agrícola, o subproletariado agrícola, em 1960, deveria estar constituído por 57,6% de minifundistas (proprietários e arrendatários), 32,3% de empregados e 10,1% de parceiros.

---

23 A PEA agrícola, de acordo com o Censo Agrícola, é maior que o total por nós estimado (12.835.594 na Tabela 30) porque foi necessário compatibilizar os dados dos dois censos: Agrícola e Demográfico.

Tabela 31 – Pessoal ocupado na agricultura – 1960

	N	%
Total	15.633.985	100
Proprietários (responsáveis e não remunerados)	7.045.463	45,1
Ocupantes (responsáveis e não remunerados)	980.322	6,3
Proprietários e outra condição (responsáveis e não remunerados)	237.550	1,5
Soma	8.263.335	52,9
Arrendatários (responsáveis e não remunerados)	1.585.392	10,1
Empregados	4.412.674	28,2
Parceiros	916.039	5,9
Outra condição	456.545	2,9
Soma	7.370.650	47,1
Responsáveis por explorações e familiares:	9.484.727	100
Em explorações de 0 a 10 ha	4.021.507	40,8
Em explorações de 10 a 20 ha	1.661.380	16,9
Em explorações de 20 a 50 ha	2.178.583	22,1
Em explorações de mais de 50 ha	1.987.257	20,2

Fonte: IBGE, Censo agrícola de 1960.

O que esses dados revelam é que, em 1960, quase nove décimos da PEA agrícola pertenciam ao proletariado e, dentro dele, à fração subproletária porque não possuíam meios de produção próprios capazes de garantir sua reprodução em condições ditas "normais" (que seriam evidenciadas por ganhos monetários pelo menos equivalentes ao maior salário mínimo legal vigente no país) nem tinham quem lhes comprasse a força de trabalho naquelas condições. Não quer dizer isso que essa grande massa de trabalhadores fosse socialmente homogênea. Na verdade, dentro de sua pobreza, os trabalhadores agrícolas brasileiros estavam e estão inseridos numa complexa rede de relações sociais de produção, que se diferenciam e combinam, à medida que as pressões externas do capital, tanto ou mais que a sua penetração na produção agrícola, vão decompondo e rearranjando os modos de produção preexistentes. Uma análise mais aprofundada da estrutura social agrária teria que distinguir entre pequenos, médios e grandes proprietários, entre arrendatários "capitalistas", que pagam renda em moeda e levam seus produtos diretamente ao mercado e

DOMINAÇÃO E DESIGUALDADE

arrendatários "servis", isto é, jungidos a obrigações extraeconômicas e que pagam renda *in natura*, sob a forma de produtos e/ou trabalho ("cambão"), além de serem obrigados a vender a sua parte do produto ao dono da terra, e finalmente entre empregados permanentes e temporários, estes últimos podendo ser tarefeiros, moradores na própria exploração, ou diaristas (boias-frias), moradores nas cidades e recrutados por intermediários (gatos). Toda essa variedade de condições sociais e econômicas, cuja importância não deve ser subestimada, não pode esconder, no entanto, o fato fundamental de que a grande maioria dos trabalhadores agrícolas vive em tal pobreza que, *em relação ao capital*, ela forma uma única classe de expropriados, cuja força de trabalho está disponível para ser adquirida pelo custo mínimo legal e socialmente estabelecido. Em outros termos, a acumulação de capital se defronta com um vasto exército de reserva, dispensando uma fase de acumulação primitiva, ou seja, um processo de separação do produtor rural dos seus meios de produção.

Não cabe, nos limites deste trabalho, especular quando e como se deu essa separação. Basta notar que a estrutura fundiária brasileira foi sempre muito concentrada, desde os tempos coloniais, e que a agricultura como um todo sofreu um processo de empobrecimento relativo, que data pelo menos de 1930, quando se inicia o desenvolvimento voltado para o mercado interno e centrado na acumulação de capital industrial. O que houve, desde então, foi um gradativo aumento dos custos "normais" de reprodução da força de trabalho, graças à diversificação da cesta de consumo do trabalhador urbano, enquanto o nível de ganhos e o padrão de vida da grande maioria dos trabalhadores rurais parecem ter se mantido inalterados. Produziram-se assim – dado o fracasso de qualquer tentativa de reforma agrária – simultaneamente a proletarização e a subproletarização do trabalhador do campo, que, em 1960, atingia quase nove décimos da PEA agrícola.

Nas cidades, a presença de um subproletariado volumoso – 55,7% da PEA – se explica, em última análise, pelo grande tamanho e peso relativo desse exército de reserva rural. Não se pretende com isso repetir a falácia de que a pobreza urbana é o mero resultado da "excessiva" migração rural. O que acontece é que: 1) a acumulação de capital, ao se centrar na indústria, se concentrou nas cidades, ou melhor, em algumas poucas cidades, reduzindo a agricultura a um crescimento apenas extensivo, mediante incorporação de mais solo e mais mão de obra, com produtividade do trabalho baixa e estagnada; 2) a acumulação de capital industrial se deu em função do aumento do padrão de vida de camadas minoritárias privilegiadas, que absorveram a quase totalidade do acréscimo de renda, decorrente da industrialização. O primeiro fator produziu uma oferta excedente de força de trabalho que acabou, em parte, se materializando nas cidades, à medida que o segundo fator engendrava uma demanda ponderável por mão de obra para serviços pessoais. Só o número de empregados domésticos subiu de 674 mil, em 1950, para 987 mil em 1960, e para 1.748 mil em 1970, passando de 3,8% da PEA total em 1950 para 5,1% desta em 1970 (Tabela 14). Essa demanda, além de absorver uma boa fatia da migração rural, metamorfoseando parte do subproletariado rural em urbano, contribuiu para "queimar" uma parcela nada desprezível do excedente acumulável do país. Em outros termos, se o consumo suntuário dos grupos de altas rendas, do qual o emprego de numerosos serviçais domésticos é apenas um aspecto, tivesse sido coibido e se os recursos assim liberados tivessem sido acumulados – o que significa acelerar a formação de capacidade produtiva – é mais do que provável que já em 1960, ou em 1970, a proporção de subproletários na PEA teria sido bem menor e a de proletários correspondentemente maior. E não se diga que isso é uma especulação ociosa, pois o problema está longe de ter sido resolvido hoje em dia. A existência de um vasto exército de reserva na estrutura social brasileira não é uma contingência histórica inevitável, mas atesta a tibieza da acumulação de capital, causa e consequência de uma concentração da renda inaceitavelmente injusta, pois, ao se concentrar, multiplicou o emprego no Departamento 3 da economia (onde são produzidos os bens e serviços de luxo, em boa parte por subproletários), à custa do Departamento 1 (onde são produzidos os meios de produção) e, consequentemente, do Departamento 2 (onde são produzidos os meios de vida do proletariado).

Voltemos agora aos dados da Tabela 30. Entre 1960 e 1970, a estrutura social brasileira pouco mudou. A proporção de subproletários se manteve no mesmo nível (pouco menos de três quartos),

DOMINAÇÃO E DESIGUALDADE

com ligeiro aumento da proporção de proletários, que passou de 13,7% para 15,3%, e correspondente queda de pequenos burgueses, de 11,8% para 10,2%, com constância da de burgueses, ao redor de 2%. Essas mudanças também se registraram na estrutura social urbana, na qual o crescimento da proporção de proletários se fez à custa de pequenas reduções nas de pequenos burgueses e de subproletários. Em compensação, a estrutura social rural mudou para pior; aumentou a já elevada proporção de subproletários (de 86,7% para 89,3%), com a queda das proporções de todas outras classes: burguesia, pequena burguesia e proletariado. Se essa regressão da estrutura social agrária não teve maior efeito sobre a total é porque, entre 1960 e 1970, a PEA urbana cresceu muito mais que a rural, aumentando o peso do perfil social urbano sobre o de todo o país.

As causas dessa imobilidade da estrutura social, quando a base econômica da sociedade parecia estar em mudança acelerada, já foram mencionadas antes e podem, por isso, ser sintetizadas aqui. Para começar, durante grande parte do período 1960-1970 a economia ficou estagnada: o começo da década (1960-1962) assistiu à desaceleração do crescimento e só o fim dela (1968-1970) testemunhou uma nova aceleração do crescimento. Além disso, o desenvolvimento foi muito diferente no campo e nas cidades. Enquanto, na agricultura, a mecanização das atividades reduziu fortemente o número de assalariados, nas cidades, a industrialização capitalista ocasionou o seu aumento. Convém, para melhor iluminar esse processo, comparar os dados da Tabela 30 aos da Tabela 14. Esta última mostra que o número de assalariados agrícolas deve ter caído de 5,8 milhões em 1960 para 3,5 milhões em 1970, enquanto o número de autônomos e não remunerados na agricultura subiu de 9,6 milhões em 1960 para 13,9 milhões em 1970. Houve, portanto, uma grande expansão absoluta e relativa da produção simples de mercadorias na agricultura brasileira nesse decênio, o que levaria a esperar um crescimento correspondente da pequena burguesia no campo. Mas os dados da Tabela 30, que levam em consideração o nível de renda, mostram que isso não se deu. A diminuição do número de empregados na agricultura, atribuível principalmente à mecanização, e o consequente aumento do número de camponeses em explorações familiares não fez mais do que comprimir uma quantidade cada vez maior de desocupados virtuais ("desempregados disfarçados" na linguagem keynesiana) no setor minifundista de nossa lavoura.

No Capítulo II, "Quem são os pobres e os ricos no Brasil", ao analisar detidamente as mudanças ocorridas na estrutura social agrária, concluímos que a queda das oportunidades de trabalho assalariado na agricultura, entre 1960 e 1970, ocasionou "a inchação do que se poderia chamar de 'exército agrícola de reserva'" (p.188), que se traduziu no "crescimento tanto absoluto quanto relativo da população minifundiária" (p.189). A análise dos dados da Tabela 30 confirma plenamente essa conclusão. A mecanização, fruto da pressão externa do desenvolvimento do capital industrial sobre a agricultura, ao atingir inclusive as explorações pequenas (como se mostra no Capítulo III – "Desenvolvimento e repartição da renda no Brasil"), teve por efeito desenvolver as forças produtivas na agricultura brasileira e, ao mesmo tempo, ampliar o subproletariado agrícola.

Uma outra maneira de analisar a mudança da estrutura social agrária do Brasil, entre 1960 e 1970, é comparar os dados da Tabela 32 com os da Tabela 31. Pode-se verificar que a parcela da PEA que dispõe de terra sem pagar renda aumentou de 52,9% em 1960 para 64,7% em 1970. Ao mesmo tempo, a proporção de trabalhadores sem terra – empregados, parceiros e de "outra condição" – caiu de 37% em 1960 para 19,7% em 1970. A um observador desavisado uma mudança dessa extensão; com apenas dez anos, poderia sugerir que uma profunda reforma agrária teria sido levada à efeito. Mas os dados restantes das duas tabelas logo desfariam semelhante ilusão. Do total de responsáveis e familiares que dispõem de terra própria ou arrendada, a proporção em explorações de menos de 10 ha aumentou de 40,8% em 1960 para 47,6% em 1970, ao passo que a proporção em explorações de mais de: 50 ha caiu de 20,2% em 1960 para 16,6% em 1970. Este último grupo, em que devem estar a burguesia e a pequena burguesia agrárias, constituía, em 1970, apenas 13,3% da PEA agrícola, praticamente a mesma proporção que em 1960 (12,7%). Como se vê, a expressiva mudança na base econômica da agricultura apenas reproduziu (e agravou) a pobreza da grande maioria da população rural de uma outra maneira: a redução aparente da proporção de trabalhadores sem terra correspondeu a um adensamento da população nos minifúndios

DOMINAÇÃO E DESIGUALDADE 143

e, consequentemente, a um crescimento da parcela redundante dessa população. Convém acrescentar que este é realmente o resultado esperado da adoção de "mudanças de processo", isto é, de melhoramentos técnicos que redundam em aumento da produtividade do trabalho em economias capitalistas.[24]

Tabela 32 – Pessoal ocupado na agricultura – 1970

	Número	%
Total	17.582.089	100
Proprietários (responsáveis e não remunerados)	9.152.398	52,1
Ocupante (responsáveis e não remunerados)	2.220.983	12,6
Soma	11.373.381	64,7
Arrendatários (responsáveis e não remunerados)	1.692.016	9,6
Parceiros (responsáveis e não remunerados)	1.040.793	5,9
Empregados permanentes e temporários	2.643.708	15
Parceiros não responsáveis	602.264	3,4
Outra condição	229.927	1,4
Soma	6.208.708	35,3
Responsáveis por explorações e familiares	14.106.190	100
– em explorações de 0 a 10 ha	6.717.413	100
– em explorações de 10 a 20 ha	2.387.576	18,8
– em explorações de 20 a 50 ha	2.654.520	16,6
– em explorações de mais de 50 ha	2.346.681	16,6

Fonte: IBGE, Censo Agropecuário de 1970.

Os dados da Tabela 30 mostram que, também nas atividades não agrícolas, o subproletariado continuou, em 1970, com mais da metade da PEA. Isto se explica, em parte, como já se mencionou, pela relativa lentidão do crescimento econômico na década de 1960, mas é provável que também tenha sido consequência do transbordamento do subproletariado rural, cujo afluxo às cidades deve ter se intensificado com a diminuição das oportunidades de emprego no campo. E, obviamente, os migrantes não podiam deixar de engrossar as fileiras do subproletariado urbano, como o mostram, para as regiões

---

24 Ver, a esse respeito, Singer, *Economia política do trabalho*, particularmente o capítulo intitulado "As inovações técnicas".

metropolitanas, em 1970, os dados da Tabela 33. Com a exceção de Fortaleza, em todas as demais regiões metropolitanas do Brasil a proporção de migrantes entre os que ganhavam menos de 1 SM era nitidamente maior que sua participação na PEA total. Particularmente grande era a parcela de migrantes no subproletariado em São Paulo (45%) e Belo Horizonte (43%), mantendo-se na maioria das outras metrópoles ao redor de um terço.

Tabela 33 – Participação de migrantes na PEA e na parcela com renda inferior a 1 SM em 1970

Regiões metropolitanas	% de migrantes na PEA	% de migrantes no grupo com menos de 1 SM
Belém	17	21
Fortaleza	23	23
Recife	25	27
Salvador	23	30
Belo Horizonte	37	43
Rio de Janeiro	26	34
São Paulo	35	45
Curitiba	30	33
Porto Alegre	31	35

Fonte: IBGE, Censo Demográfico de 1970; tabulações especiais (citado de Ministério do Interior, *Mudanças na composição do emprego e na distribuição da renda*: efeitos sobre as migrações internas, Tabela 2-15, p.57.)

Se a estrutura de classes brasileira pouco se alterou no período 1960-1970, o mesmo não se pode dizer do seguinte. Entre 1970 e 1976, a estrutura social total apresenta profundas alterações do tamanho relativo das várias classes sociais: redução do subproletariado (de 72,4% para 47,6%) e crescimento do proletariado (de 15,3% para 28,1%), da pequena burguesia (de 10,2% para 20,9%) e da burguesia (de 2,1% para 3,4%).

Essas mudanças ocorreram tanto na estrutura social urbana como na rural. Na estrutura urbana, a redução relativa do subproletariado foi mais moderada (de 54,5% para 43,8%), que continuou sendo o grupo mais numeroso, verificando-se um aumento maior do proletariado (de 30,8% para 38,4%) do que da pequena burguesia (de 10,7%

DOMINAÇÃO E DESIGUALDADE

para 12,8%) e da burguesia (de 4% para 5%). Na agricultura, o subproletariado sofreu redução acentuada (de 89,3% para 54,1%), sendo muito grande o crescimento da pequena burguesia (de 9,7% para 34,7%) e o aparecimento de um proletariado, antes praticamente inexistente.

A transformação da estrutura de classes pode ser atribuída, acima de tudo, à forte aceleração que o processo de desenvolvimento sofreu a partir de 1968. Essa aceleração acarretou mudanças na própria estrutura ocupacional, permitindo a transferência de importante contingente de trabalhadores do subproletariado para o proletariado e a passagem de grupos menores à pequena burguesia e à burguesia. Nas cidades, o processo pode ser acompanhado mais de perto comparando-se as estruturas ocupacionais não agrícolas de 1970 e de 1976 (Tabela 34). Como se vê, nesse período cai a proporção de pessoas com ocupações típicas do subproletariado urbano: outras, mal definidas etc. (de 15,1% para 11,9%) e prestação de serviços (de 13,7% para 11,3%). O número dos que têm ocupações na construção civil, grande parte dos quais também pertencem ao subproletariado, é apresentado, em 1976, agregadamente ao total dos que exercem ocupações industriais. Mas tudo leva a crer que sua proporção também deve ter diminuído entre 1970 e 1976, a julgar pelo fato de o ramo (que não se restringe às ocupações típicas) da construção civil ter ocupado 10,4% da PEA não agrícola em 1970 e apenas 8% em 1976. Admitindo-se que as *ocupações* da construção civil também tenham perdido 2,4% no período 1970-1976, as perdas conjuntas desse setor e dos dois setores acima mencionados teriam atingido 8%, o que "explicaria" grande parte da queda de 10,7%, sofrida pelo subproletariado no mesmo período. Uma análise mais desagregada das mudanças na estrutura ocupacional, que permitiria entender melhor a natureza das mudanças ocorridas, infelizmente não é possível porque os dados da Pnad são apresentados de forma excessivamente agregada. Mesmo assim, a Tabela 34 permite ver que, entre 1970 e 1976, aumentou a proporção dos que exercem ocupações administrativas e ocupações técnicas, científicas etc., que formam a burguesia e o chamado proletariado de colarinho branco. Cresceu também a proporção dos que têm ocupações industriais e entre estes provavelmente os que têm ocupações na indústria de transformação, o que leva a crer que o proletariado industrial

146 DOMINAÇÃO E DESIGUALDADE

sofreu forte expansão nesse período. Em suma, uma acumulação de capital substancialmente mais intensa e sustentada por pelo menos sete anos (1968 a 1974) logrou absorver uma parcela significativa do exército industrial de reserva no exército industrial ativo, ocasionando ainda certa ampliação da pequena burguesia urbana e da própria burguesia.

Tabela 34 – Ocupações não agrícolas: Brasil em 1970 e 1976

Ocupações	1970	%	1976	%
Total	16.685.361	100	25.106.591	99,6
Administrativas	2.997.023	18	5.203.052	20,6
Técnicas, científicas, artísticas e afins	1.386.635	8,3	2.402.372	9,5
Indústria de transformação	3.033.447	18,2	7.346.094	29,2
Construção civil	1.392.774	8,3		
Extração mineral	105.645	0,6		
Comércio e atividades auxiliares	1.372.121	8,2	2.134.936	8,5
Transportes e comunicações	1.157.652	6,9	1.640.947	6,5
Prestação de serviços	2.279.730	13,7	2.841.745	11,3
Defesa nacional e segurança pública	448.559	2,7	527.602	2,1
Outras, mal definidas ou não declaradas	2.511.775	15,1	3.009.843	11,9

Fonte: IBGE, Censo Demográfico de 1970 e Pnad de 1976.

As transformações da estrutura social agrícola nesse período resultam, como já foi visto, de maior acumulação de capital nesse ramo de atividades, sobretudo na lavoura das explorações de grande tamanho. Entre 1970 e 1975, a área de lavoura no Brasil se expandiu 23,9% como um todo, mas seu aumento foi muito mais intenso nas explorações de mais de 200 ha, presumivelmente de caráter capitalista, nas quais cresceu 57%, passando de 8.846 mil ha em 1970 para 13.888 mil ha em 1975 (*vide* Tabela 11). Consequentemente, aumentou muito a demanda por mão de obra assalariada na agricultura e, como tudo isso foi acompanhado por intensa mecanização, é bastante provável que tenha crescido a demanda por trabalhadores qualificados (principalmente tratoristas). A Tabela 10 mostra que o número de tratores na agricultura brasileira aumentou 94,8% entre 1970 e 1975, passando de 165.870 para 323.113 nesse período. Isto certamente contribuiu

DOMINAÇÃO E DESIGUALDADE

para que o proletariado agrícola mais que decuplicasse entre 1970 e 1976, passando de 124.341 para 1.511.774 pessoas (Tabela 30).

Quanto ao grande aumento, tanto relativo quanto absoluto, da pequena burguesia no campo, os censos agropecuários mostram certo crescimento, entre 1970 e 1975, de estabelecimentos operados por proprietários (de 2.932 mil para 3.078 mil) e por ocupantes (de 793 mil para 917 mil), ao passo que diminuiu o número de estabelecimentos arrendados (de 993 mil para 864 mil). Isso indica que cerca de 270 mil famílias tiveram acesso à terra como proprietários ou ocupantes nesse quinquênio, parte das quais poderia ter se integrado à pequena burguesia. Mas, nesse período, o processo de minifundização prosseguiu, tendo a proporção de responsáveis e membros não remunerados da família em estabelecimentos de menos de 10 ha aumentado, de 47,6% em 1970 para 48,3% em 1975. Tudo leva a crer, portanto, que houve realmente um aumento de renda dos minifundiários nesse período. Calculando a renda líquida média dos estabelecimentos de menos de 10 ha (usando a metodologia aplicada à Tabela 21), se verifica que esta passou de 0,53 SM em 1970 para 0,88 SM em 1975, de acordo com os censos agropecuários daqueles anos. Essa elevação da renda real deve ter guindado um número substancial de minifundiários acima do limite de 1 SM, permitindo sua ascensão do subproletariado à pequena burguesia. (Convém notar ainda que os responsáveis por estabelecimentos de menos de 10 ha pagaram, a título de renda da terra, 5,7% do valor da produção em 1970 e 6,2% em 1975. Não se pode, portanto, à primeira vista, atribuir o aumento de sua renda líquida a uma mudança no regime de propriedade.)

A conclusão geral que se pode tirar da evolução recente da estrutura social brasileira é que a acumulação de capital provoca o crescimento não só das classes sociais diretamente inseridas nas relações de produção capitalistas – burguesia e proletariado –, mas também da pequena burguesia. O aumento do número de pequenos produtores independentes, proprietários de seus meios de produções, se deve, em última análise, ao desenvolvimento das forças produtivas, ocasionado pela acumulação. Esse desenvolvimento, além de multiplicar as unidades capitalistas de produção e os postos de trabalho nelas, também eleva a demanda por bens e serviços oriundos da produção simples de mercadorias. Nessas condições, cresce o número de profissionais autônomos e de pequenas unidades comerciais, agrícolas, artesanais e de prestação de serviços. Quando a acumulação de capital diminui de ritmo (como ocorreu no Brasil depois de 1976), é de se esperar que essas tendências sejam, em parte, revertidas; o aguçamento da concorrência entre os capitais estimula a introdução de "mudanças de processo" e o aumento decorrente da produtividade do trabalho reduz o número de postos de trabalho no setor capitalista da economia; a centralização do capital, que caracteriza os períodos de recessão, diminui não só o número de empresas capitalistas mas também o de unidades autônomas de produção. Dessa maneira, na fase de baixa do ciclo de conjuntura, é de se esperar que o tamanho relativo tanto da burguesia e do proletariado quanto da pequena burguesia se reduza e que, em consequência, cresça o do subproletariado. Este último é, então, alimentado não só pelos assalariados vitimados pelo desemprego, mas também pelos pequenos produtores deslocados pela expansão, em seus mercados, de empresas capitalistas, cuja superioridade tecnológica lhes permite arruinar e eliminar os concorrentes de menor dimensão. Dessa maneira, é pouco provável que as tendências de absorção de grandes parcelas do subproletariado pelo proletariado e pela pequena burguesia, que se verificaram entre 1970 e 1976, tenham prosseguido nos anos seguintes, pelo menos com a mesma intensidade.

3.3. A evolução da burguesia

Os traços básicos da evolução da burguesia no Brasil, entre 1960 e 1976, podem ser aquilatados mediante os dados da Tabela 35. O tamanho total da classe aumenta de 468 mil em 1960 para 710 mil em 1970 e para 1.313 mil em 1976. O seu crescimento é mais vagaroso em 1960-1970 – 52% ou 4,2% ao ano – do que no período 1970-1976, quando atinge 85% ou 10,8% ao ano. Essa aceleração do crescimento da classe dominante reflete tanto a intensificação do próprio crescimento econômico como o fato de que ele se dá cada vez mais em moldes capitalistas.

Do ponto de vista da sua composição, em 1960 mais de quatro quintos da burguesia pertenciam à sua fração gerencial. Pode-se

DOMINAÇÃO E DESIGUALDADE

Tabela 35 – Evolução da burguesia brasileira: 1960-1976

DISCRIMINAÇÃO	1960	%	1970	%	1976	%
ATIVIDADES NÃO AGRÍCOLAS						
• Burguesia empresarial	28.951	7,1	45.332	6,8	278.769	22,7
• Burguesia gerencial	379.038	92,9	619.467	93,2	950.525	77,3
Soma	407.989	100	664.799	100	1.229.294	100
ATIVIDADES AGRÍCOLAS						
• Burguesia empresarial	56.984	95,6	42.058	93,7	74.150	88,4
• Burguesia gerencial	2.642	4,4	2.828	6,3	9.701	11,6
Soma	59.626	100	44.886	100	83.851	100
TOTAL						
• Burguesia empresarial	85.935	18,4	87.390	12,3	352.919	26,9
• Burguesia gerencial	381.680	81,6	622.295	87,7	960.226	73,1
Soma	467.615	100	709.685	100	1.313.145	100

atribuir esse amplo predomínio da burguesia gerencial, cujo número representa, de certa maneira, o capital monopolista, à grande expansão do mesmo a partir da década dos 1950, quando se implantaram, no Brasil numerosas subsidiárias de multinacionais, ao mesmo tempo que foram criadas ou expandidas grandes empresas estatais. O caráter monopólico do capitalismo no Brasil se acentua ainda mais na década de 1960, ao fim da qual a burguesia gerencial abrangia quase nove décimos da classe. De acordo com os dados da Tabela 35, a burguesia empresarial quase não teria crescido entre 1960 e 1970, o que se deve à sua diminuição nas atividades agrícolas, de 56.984 para 42.058 entre aqueles anos. Como já foi visto na Tabela 15, a cifra de 1960 deve na verdade estar superestimada pelo fato de o limite inferior da classe de 5 a 10 SM corresponder, no censo daquele ano, a 3,7 SM. De modo que o tamanho da burguesia empresarial deve, mais provavelmente, ter se mantido o mesmo entre 1960 e 1970 na agricultura, apresentando certo crescimento (de 28.951 para 45.332) nas atividades não agrícolas. É de se supor, portanto, que, tanto em 1960 como em 1970, a burguesia empresarial tenha representado apenas pouco mais de um décimo de toda burguesia.

A composição da burguesia muda, no entanto, de forma acentuada entre 1970 e 1976, devido ao forte crescimento do tamanho tanto absoluto quanto relativo da burguesia empresarial. Ela quadruplica nesses seis anos, passando de 87.390 para 352.919, e no fim do período

150 DOMINAÇÃO E DESIGUALDADE

representa mais um quarto da classe. As razões dessa mudança podem ser mais bem apreendidas examinando a evolução da burguesia separadamente no campo e nas cidades.

É interessante observar que a composição da burguesia urbana é literalmente oposta à da burguesia rural. A fração gerencial representa mais de 90% da burguesia em atividades não agrícolas entre 1960 e 1970 e 77,3% em 1976, mas sua proporção na agricultura é insignificante, embora esteja em crescimento, atingindo apenas 11,6% no fim do período. Por aí se vê que, no Brasil, o capitalismo agrícola é predominantemente *competitivo*, ou seja, constituído por grande número de empresas dirigidas pelos seus próprios donos, ao passo que, nas cidades, o capitalismo é sobretudo *monopólico*, isto é, constituído por grandes empresas, dirigidas por administradores assalariados.

A composição da burguesia, entre 1970 e 1976, pouco muda no campo, permanecendo esmagador o predomínio da fração empresarial, mas ela se altera nas cidades, com o relativo declínio da fração gerencial, cuja proporção baixa de 93,2% em 1970 para 77,3% em 1976. Foi nas cidades, pois, que a burguesia empresarial mais cresceu, o que indica ter havido, no período 1970-1976, forte multiplicação de empresas capitalistas urbanas dirigidas pelos seus proprietários. Na verdade, o mesmo aconteceu também na agricultura, mas, como nesta já predominava a burguesia empresarial, o seu crescimento se traduziu sobretudo na expansão do conjunto da burguesia agrícola.

É preciso notar ainda que, durante todo o período 1960-1976, a burguesia brasileira estava inserida, em sua grande maioria, em atividades não agrícolas. Estas continham 87,2% da burguesia em 1960 (provavelmente ainda mais, devido à superestimação da burguesia agrícola naquele ano), 93,7% em 1970 e 93,6% em 1976.

Entre 1970 e 1976, ocorreu uma expansão mais acentuada da burguesia empresarial nas cidades. A explicação dessa tendência é que, na fase de ascensão do ciclo de conjuntura, que se verifica nesse período, se dá a *concentração* do capital, em contraste com a centralização do capital, que é a tendência dominante na fase de baixa. A concentração do capital resulta do crescimento *simultâneo* de capitais grandes, médios e pequenos, os capitais grandes crescendo sobretudo em tamanho e os capitais pequenos crescendo sobretudo em número.

DOMINAÇÃO E DESIGUALDADE

Uma hipótese, a ser verificada quando se dispuserem dos dados de todos os censos econômicos de 1975, é que, na primeira metade da década de 1970, a evolução do capitalismo brasileiro deve ter apresentado evolução distinta nas cidades e no campo. Nas cidades, devem ter se multiplicado as empresas capitalistas dirigidas pelos seus donos sobretudo nos ramos do terciário: na prestação de serviços, nas atividades sociais (escolas, clínicas etc.), no transporte, no comércio e nos serviços auxiliares das atividades econômicas, ao passo que no campo o aumento do número dessas empresas deve estar ligado à expansão das culturas de exportação (particularmente a soja). Um dado a favor dessa hipótese é que os estabelecimentos de mais de 200 ha aumentaram sua participação no valor da produção da lavoura temporária de 25,4% em 1970 para 32% em 1975. Isto significa que, nas cidades, o capitalismo monopolista deve ter mantido seu predomínio na indústria de transformação, aumentando sua participação na construção civil e em outros ramos, ao passo que o capitalismo competitivo provavelmente se expandiu em setores em que antes predominava a produção simples de mercadorias. A forte expansão econômica, verificada em 1970-1976, pode ter permitido a certo número de unidades autônomas de produção crescer até ultrapassar o umbral que as transforma em empresas capitalistas, naturalmente de tamanho limitado e dirigidas pelos proprietários. Ao mesmo tempo, as empresas monopolistas continuavam a crescer nos setores que desde sua implantação tinham estrutura oligopólica e a invadir setores em que a operação em larga escala passava a ser vantajosa (por exemplo, supermercados, redes de hotéis, companhias de serviços médicos etc.).

Na agricultura, a oportunidade de produção em larga escala, para o mercado externo principalmente, deve ter permitido que unidades de produção de tamanho grande e médio assumissem caráter definitivamente capitalista, ao multiplicar o número de assalariados, induzindo, em consequência, seus donos a devotar todo o tempo disponível à sua administração. Surgiu, em consequência, no campo, uma burguesia mais numerosa, se defrontando com um proletariado também mais numeroso (como se verá mais adiante), numa estrutura social que, até então, só contava com um campesinato limitado e um vasto subproletariado.

3.4. *A evolução da pequena-burguesia*

Na Tabela 36 constam os dados que permitem analisar a evolução da pequena burguesia brasileira, entre 1960 e 1976. O contraste entre o lento crescimento dessa classe, entre 1960 e 1970 (23,6% ou 2,1% ao ano) e sua rápida expansão entre 1970 e 1976 (136% ou 15,4% ao ano) é ainda maior que em relação à burguesia.

Tabela 36 – Evolução da pequena burguesia brasileira: 1960-1976

DISCRIMINAÇÃO	1960	%	1970	%	1976	%
ATIVIDADES NÃO AGRÍCOLAS						
• Pequenos empregadores	169.898	13,3	190.746	10,9	370.834	11,7
• Autônomos	1.005.463	79	1.398.384	79,7	2.572.128	81,3
• Não remunerados	97.805	7,7	164.722	9,4	222.048	7
Soma	1.273.166	100	1.753.852	100	3.165.010	100
ATIVIDADES AGRÍCOLAS						
• Pequenos empregadores	169.651	11,2	167.053	9,9	319.279	6,4
• Autônomos	687.207	45,4	692.441	40,9	2.296.882	46,2
• Não remunerados	658.230	43,4	834.181	49,2	2.355.905	47,4
Soma	1.515.088	100	1.693.675	100	4.972.066	100
TOTAL						
• Pequenos empregadores	339.549	12,2	357.799	10,4	690.113	8,5
• Autônomos	1.692.670	60,7	2.090.825	60,6	4.869.010	59,8
• Não remunerados	756.035	27,1	998.903	29	2.577.953	31,7
Soma	2.788.254	100	3.447.527	100	8.137.076	100

Apesar desse forte crescimento no último período, a composição da pequena burguesia pouco se alterou. Cerca de 60% dela é representada por autônomos, cerca de 30% por não remunerados e os restantes por pequenos empregadores. Apenas a proporção destes últimos tende a cair, de 12,2% em 1960 para 10,4% em 1970 e para 8,5% em 1976, verificando-se um aumento correspondente dos não remunerados. A alteração verificada em 1970-1976 se explica pelo grande crescimento da pequena burguesia agrícola, que representava menos da metade do total em 1970, porém mais de 60% em 1976. A composição da pequena burguesia agrícola difere da urbana principalmente pela maior participação dos não remunerados, que oscila entre 43,4% e 49,2% no campo e não chega a um décimo nas cidades. Está claro que o trabalho agrícola

DOMINAÇÃO E DESIGUALDADE   153

requer uma forte participação dos membros da família na pequena propriedade, ao passo que a utilização desse tipo de mão de obra é relativamente rara nas unidades urbanas de produção simples de mercadorias. É de se notar que a proporção de não remunerados na pequena burguesia agrícola se eleva nitidamente entre 1960 e 1970 (de 43,4% para 49,2%), o que pode ser atribuído à redução de empregos assalariados na agricultura, devida à mecanização, o que deve ter forçado numerosos membros de famílias camponesas a retornar à exploração familiar.

Nas cidades, cerca de quatro quintos da pequena burguesia são constituídos por autônomos, pouco mais de um décimo por pequenos empregadores e os restantes por não remunerados. A proporção de pequenos empregadores tende a ser maior nas cidades do que no campo, o que se deve à menor disponibilidade de mão de obra familiar nas pequenas unidades urbanas, obrigando maior proporção de operadores a empregar auxiliares assalariados. A dificuldade em mobilizar os familiares para participar da atividade econômica nas unidades urbanas deve decorrer do menor número de filhos, do fato de que as crianças frequentam a escola em maior proporção e por mais tempo e da maior distância entre moradia e local de trabalho, impedindo a participação da mulher, sobretudo quando esta tem que cuidar de filhos em tenra idade. Além disso, deve ser mais frequente, nas cidades, que membros da família que participam da atividade econômica sejam diretamente remunerados, aparecendo nas estatísticas como autônomos e não como não remunerados. Isto se deve dar, provavelmente, porque, nas cidades, os membros da família que participam do trabalho têm que efetuar gastos monetários todos os dias, ao tomar a condução ou fazer refeições fora de casa, o que não ocorre no campo. Assim, por exemplo, o Endef revelou que, em 1975, no Nordeste, as despesas com alimentação fora do domicílio e com transporte representaram 3,5% do total das despesas das famílias de trabalhadores por conta própria ocupados na agricultura, mas de 6,3% a 6,7% das famílias do mesmo tipo de trabalhador ocupado em atividades não agrícolas. Para o Sul, as porcentagens foram respectivamente de 4,4% contra 7% a 8,2% e para São Paulo 5,4% contra 7,6% a 9,7%.[25]

---

25 IBGE; *Estudo nacional da despesa familiar (Endef)*: Despesas das famílias, Dados preliminares, Regiões II, III e IV.

154 DOMINAÇÃO E DESIGUALDADE

O grande crescimento da pequena burguesia, entre 1970 e 1976, tanto nas cidades quanto no campo deve ser consequência da expansão econômica geral, que se verificou nesse período. Embora a pequena burguesia constitua um modo de produção próprio – a produção simples de mercadorias –, este se acha estreitamente vinculado à economia capitalista, que é o verdadeiro centro dinâmico da economia como um todo. Os pequenos produtores de bens e serviços, sejam eles camponeses, artesãos ou comerciantes, dependem primordialmente de mercados dominados pelo capital. Quando a acumulação se acelera, como ocorreu no Brasil, a partir de 1968, os mercados para os pequenos produtores se ampliam também, o que ocasiona a multiplicação do seu número.

Aqui caberia perguntar: de onde surgiu essa imensa massa de pequenos burgueses – mais de 4,6 milhões entre 1970 e 1976 – que vai inflar as fileiras dessa classe? O que faziam esses pequenos produtores autônomos antes de serem alçados a essa situação de classe? A resposta parece ser que grande parte deles ascendeu à pequena burguesia a partir do subproletariado. Como se verá mais adiante, o tamanho deste diminuiu de quase 6 milhões no mesmo período. Nas cidades, isto deve ter significado que um grande número de trabalhadores ocasionais, de mascates, de lavadeiras etc. conseguiu melhorar seus ganhos seja por ter acesso a uma clientela mais permanente, de melhor poder aquisitivo etc., seja por ter mudado para tipos de atividades que requerem certo volume de recursos (por exemplo, vendedor ambulante que consegue um "ponto" fixo). É bom lembrar, a esse propósito, que a diferença entre um pequeno burguês e um subproletário pode ser meramente que o primeiro possui uma clientela própria e o segundo não. No campo, essa transformação deve ter atingido trabalhadores de pouca terra que, graças aos melhores preços alcançados por alguns dos seus produtos, passaram a ter condições de reproduzir sua força de trabalho em condições normais com os ganhos obtidos a partir do cultivo dessa mesma terra, quando antes, com menor demanda pelos seus produtos e preços consequentemente menores, isso não lhes era possível.

Pode parecer estranho que a mera flutuação de preços possa deslocar ponderável número de produtores de uma situação de classe a outra, mas este é um traço fundamental da dinâmica social sob o

DOMINAÇÃO E DESIGUALDADE

capitalismo. Nesse tipo de economia, mormente quando ela se encontra num baixo patamar de desenvolvimento tanto das forças produtivas quanto das relações capitalistas de produção, o exército industrial de reserva tende a ser não só muito amplo, mas também extremamente variável. Quando os preços dos produtos agrícolas (e, analogamente, nas cidades, dos serviços pessoais) sobem, um grande número de pequenos produtores deixa o subproletariado, ou seja, deixa de estar *disponível* para ser assalariado pelo capital. Do mesmo modo, quando tais preços baixam, como resultado de uma mudança de conjuntura, numerosos pequenos produtores são despejados no exército industrial de reserva, ou seja, sua atividade autônoma não lhes permite mais reproduzir, em condições normais, sua força de trabalho, forçando-os a oferecê-la no mercado de trabalho.

Vê-se, por aí, como é tênue a fronteira entre a pequena burguesia e o subproletariado. Em diferentes fases da conjuntura, o tamanho dessas classes muda acentuadamente. Para uma grande parte da pequena burguesia, o fantasma de sua queda no subproletariado está sempre presente, do mesmo modo como a perspectiva da ascensão à pequena burguesia não deixa de se colocar para uma parcela também grande do subproletariado.

3.5. *A evolução do proletariado*

Os dados que permitem analisar a evolução do proletariado brasileiro, entre 1960 e 1976, se encontram na Tabela 37. Vê-se que o proletariado como um todo apresentou um certo crescimento entre 1960 e 1970, quando passou de pouco mais de 20 milhões para quase 30 milhões, mas, entre 1970 e 1976, seu tamanho não se alterou. A cessação do crescimento do proletariado se explica, obviamente pela expansão das outras classes sociais, particularmente da pequena burguesia, cujo número mais do que dobra entre 1970 e 1976, quando passa de 3,4 milhões para 8 milhões.

A divisão do proletariado em proletariado propriamente dito (p. d.) e subproletariado indica em que medida o capital realmente utiliza o potencial de trabalho que tem à sua disposição. Os dados da Tabela 37 indicam que essa utilização, até 1970, tinha sido extremamente pequena. Apenas 15,9% em 1960 e 17,5% em 1970 de todo

Tabela 37 – Evolução de proletariado brasileiro: 1960-1976

DISCRIMINAÇÃO	1960	%	1970	%	1976	%
ATIVIDADES NÃO AGRÍCOLAS						
• Proletariado propriamente dito	3.135.669	34,1	5.074.287	36,1	9.464.711	46,7
• Subproletariado	6.063.275	65,9	8.965.123	63,9	10.805.831	53,3
– Assalariados	4.394.135	47,7	7.170.028	51,1	8.959.598	44,2
– Autônomos	1.540.917	16,8	1.626.499	11,6	1.716.707	8,5
– Não remunerados	128.223	1,4	168.596	1,2	129.526	0,6
Soma	9.198.944	100	14.039.410	100	20.270.542	100
ATIVIDADES AGRÍCOLAS						
• Proletariado propriamente dito	126.352	1,1	124.341	0,8	1.511.774	16,3
• Subproletariado	11.134.528	98,9	15.573.108	99,2	7.794.534	83,7
– Assalariados	2.857.873	25,4	3.202.651	20,4	3.118.680	33,5
– Autônomos	4.743.820	42,1	6.277.670	40	2.442.638	26,2
– Não remunerados	3.532.835	31,4	6.092.787	38,8	2.233.216	24
Soma	11.260.880	100	15.697.449	100	9.306.308	100
TOTAL						
• Proletariado propriamente dito	3.262.021	15,9	5.198.628	17,5	10.976.485	37,1
• Subproletariado	17.197.803	84,1	24.538.231	82,5	18.600.365	62,9
– Assalariados	7.252.008	35,5	10.372.679	34,9	12.078.278	40,8
– Autônomos	6.284.737	30,7	7.904.169	26,6	4.159.345	14,1
– Não remunerados	3.661.058	17,9	6.261.383	21	2.362.742	8
Soma	20.459.824	100	29.736.859	100	29.576.850	100

proletariado estavam no exército industrial ativo, proporção que, em 1976, sobe para 37,1%. Se se desejasse sintetizar o grau de subdesenvolvimento do país num único indicador social, este seria provavelmente dos mais expressivos. Do conjunto de pessoas destituídas de meios de produção próprios capazes de lhes assegurar a sobrevivência em condições normais, menos de um quinto, tanto em 1960 como em 1970, encontrou condições para alienar sua força de trabalho por um salário suficiente para cobrir as despesas de reprodução da mesma. Em outros termos, o âmbito da reprodução do capital, no Brasil, era de tal modo limitado que assegurava a reprodução de menos de um quinto da força de trabalho do proletariado, até 1970, e de menos de dois quintos em 1976.

DOMINAÇÃO E DESIGUALDADE

Não obstante, visto o problema de um outro ângulo, o salto, em termos de desenvolvimento, foi deveras notável entre 1970 e 1976. Se o proletariado p. d. cresceu, na década anterior, em ritmo apenas pouco acima do vegetativo, entre 1970 e 1976, o seu número mais do que dobrou, passando de 5,2 milhões para 11 milhões. Para se ter uma ideia da aceleração do crescimento do proletariado p. d. que se verificou no Brasil nesse período, basta observar que a taxa média anual passou de 4,7% em 1960-1970 para 13,3% em 1970-1976.

O proletariado p. d. era quase inteiramente urbano tanto em 1960 como em 1970, registrando-se seu crescimento, nesse decênio, apenas nas cidades, onde passou de 3,1 milhões para 5,1 milhões. O proletariado agrícola, em termos numéricos, era insignificante e seu tamanho não mudou entre 1960 e 1970. Não que fossem poucos os assalariados agrícolas nesse período, pois o seu total oscilava entre 3,5 milhões e 5,8 milhões, como mostra a Tabela 14. Mas a esmagadora maioria deles pertencia ao subproletariado, com renda inferior à necessária tanto para se sustentar condignamente como para lutar pelos seus direitos. Assistia toda razão a Francisco Julião quando, no início da década de 1960, escrevia: "Indaga-se: dispõe o assalariado agrícola de condições mínimas financeiras para a luta reivindicatória? Não dispõe. [...] O operário do campo, no mesmo dia em que começa a trabalhar, contrai um débito no *barracão* e vive daí em diante controlado pelos *vales* [...]. O salário que recebe, por meio dos *vales*, nunca dá para cobrir o valor das mercadorias de que necessita para não tombar de fome. Garroteado pela dívida que aumenta dia a dia e sem dispor de nenhum crédito, com a circunstância de não poder, sequer, plantar alguma lavoura de subsistência em derredor do casebre onde entulha a família, ou de criar uma galinha e muito menos uma cabrinha de leite, o operário do campo, que não difere do pária, trabalhando de sol a sol, não tem sequer as mínimas condições financeiras para entrar em greve. Sua politização não é fácil porque não lhe sobra tempo para ir ao sindicato ou à feira debater com outros companheiros, vítimas da mesma sorte, os seus problemas. Nem tem liberdade para tanto".[26]

Mas se o proletariado p. d. praticamente inexistia no campo até 1970, sua presença já é significativa em 1976, quando seu número

---

26 Julião, *Que são as Ligas Camponesas?*, p.55-6.

ultrapassa um milhão e meio. Esse surgimento de um proletariado p. d. na agricultura brasileira deve ter conferido novas dimensões à luta de classes no campo, onde o sindicalismo está reaparecendo, nos últimos anos, com renovado vigor.

Quanto ao subproletariado, a Tabela 37 mostra que o seu número absoluto aumentou nitidamente entre 1960 e 1970, quando passa de 17,2 milhões para 24,5 milhões; porém, entre 1970 e 1976, o tamanho dessa fração de classe *cai* de quase um quarto, atingindo 18,6 milhões no fim do período. É interessante notar que, em 1960-1970, a expansão do subproletariado se dá com mais intensidade nas atividades não agrícolas do que nas agrícolas: nessa década, o subproletariado urbano cresceu 47,9% (ou 4% ao ano), ao passo que o rural cresceu apenas 39,9% (ou 3,4% ao ano). Em 1970-1976, esse desequilíbrio se amplia muito, pois, enquanto o subproletariado nas cidades *aumenta* 20,5% (ou 3,1% ao ano), no campo ele *cai* praticamente à metade.

O que se verifica, portanto, é um forte deslocamento do sub-proletariado do campo às cidades. Em 1960, ainda quase dois ter-ços do subproletariado estavam na agricultura, proporção que cai apenas ligeiramente em 1970, mas se reduz a menos da metade (41,9% exatamente) em 1976. Não é de se supor que a passagem do subproletariado ao proletariado p. d. e à pequena burguesia tenha se dado com maior intensidade no campo do que nas cidades. As ta-belas 36 e 37 indicam que, entre 1970 e 1976, a pequena burguesia e o proletariado p. d. aumentaram de 4.555 mil pessoas na agricultura e de 5.801 mil pessoas nas atividades não agrícolas. Esses dados, apesar da provável subestimação da população agrícola em 1976 (*vide* Ane-xo), tendem a indicar que o que realmente está se dando é provavel-mente uma intensificação do movimento migratório rural-urbano. É uma tendência à unificação do mercado de trabalho, que se pode atribuir ao aumento da utilização, pela agricultura, de assalariados que moram em cidades. Nos períodos em que a demanda por mão de obra na agricultura baixa, esse subproletariado procura sobrevi-ver desenvolvendo atividades não agrícolas. O que leva a pensar que boa parte dos 10,8 milhões de subproletários urbanos computados em 1976 deve ser, na realidade, composta por pessoas que exercem alternadamente atividades agrícolas e não agrícolas.

DOMINAÇÃO E DESIGUALDADE 159

Pesquisas de Maria Conceição d'Incao e Mello[27] lançam alguma luz sobre esse processo. Estudando a *Absorção do migrante rural em Presidente Prudente* (dissertação de mestrado), essa autora constatou que: "1. A maior porcentagem da população desempregada ou subempregada – ocupação com caráter intermitente ou com remuneração inferior ao salário mínimo – era procedente do meio rural da Região. Uma parcela grande da mesma era recém-chegada na cidade – menos de cinco anos. 2. Uma porcentagem maior da mesma desempenhava a função de diarista ou 'volante', no meio rural".[28]

Foi esse achado que levou Maria d'Incao a estudar especificamente o "boia-fria". Ela estabelece um paralelo muito elucidador entre a proletarização do homem do campo e a sua transferência à cidade:

é notória a resistência oferecida pelo homem do campo à ideia de vir para a cidade... Convém observar, no entanto, que esta resistência tende a diminuir, à medida que o trabalhador rural vai-se proletarizando mais. Os arrendatários que têm uma certa autonomia, garantida pela liberdade de plantar o que quiserem – desde que paguem a renda no produto combinado – e pelo conjunto de condições favoráveis... são, [...] os que têm consciência de sua própria especialização: "Nós somos lavradores". "O que nós sabemos fazer é isso aqui." São evidentemente, pessoas mais ligadas à terra. À medida que essa autonomia vai-se perdendo, que não é dada ao trabalhador do campo nem sequer a independência para plantar sua roça, que ele vai-se transformando num assalariado – disfarçado ou não – que vende a sua força de trabalho ao capital, em troca do necessário para a sua sobrevivência, vai-se despersonalizando como homem do campo. Passa a sentir-se como um homem que faz qualquer trabalho no campo ou na cidade, desde que dê para viver. [...] Este tipo de trabalhador parece mais indiferente à ideia de vir ou não para a cidade. Ele se deixa levar pelas circunstâncias. Vai "tenteando", como costuma dizer, e acaba vindo à cidade.[29]

---

27 Mello, *O "boia-fria": acumulação e miséria.*
28 Id., *Absorção do migrante rural em Presidente Prudente*, p.30.
29 Ibid., p.72 e 73.

Se a hipótese de Maria d'Incao for correta e generalizável para o território nacional – e não há razões aparentes para que não seja[30] –, o ligeiro aumento da proletarização no campo, que se verificou entre 1970 e 1976 (*vide* Seção 1.2) deve ter sido acompanhada por uma intensificação do movimento migratório rural-urbano, o que contribuiria para explicar o progressivo deslocamento do subproletariado do campo às cidades.

Cabe finalmente assinalar que a composição do subproletariado se altera no período estudado. Como o mostra a Tabela 37, a proporção de assalariados cresce nessa fração de classe, passando de 42,1% em 1960 e 42,3% em 1970 para 64,9% em 1976, com a consequente redução da de autônomos e não remunerados. Esse crescimento da proporção de assalariados em 1970-1976 se deu tanto nas cidades como no campo e deve ser o resultado da multiplicação de empregos assalariados sub-remunerados. Nas áreas urbanas, boa parte dos subproletários recebe, além do salário monetário, casa e/ou comida, como é o caso das empregadas domésticas e dos "peões" da construção civil. Os dados indicam que o marginalizado típico é cada vez menos representado pelo autônomo não estabelecido (vendedor de rua, engraxate etc.) e cada vez mais pelo assalariado de emprego precário, dos tipos mencionados além do "boia-fria", não sendo incomum que "boias-frias" e "peões" da construção sejam as mesmas pessoas, em diferentes momentos.

4. *O caráter de classe dos não remunerados*[*]

Os dados censitários a respeito dos não remunerados não oferecem qualquer indicação *direta* quanto ao seu caráter de classe, pois essas pessoas não dispõem de renda e não se informa a classe de renda

---

30 Para o Nordeste, Sigaud, *Os clandestinos e os direitos: estudo sobre trabalhadores da cana em Pernambuco*, apresenta uma análise análoga, mais detalhada e muito interessante.

* Para facilitar a consulta a este volume, que reúne diferentes trabalhos do autor, este subtítulo, que na publicação original era um Anexo ao Capítulo I, foi convertido na última seção do mesmo. (Nota dos Organizadores)

DOMINAÇÃO E DESIGUALDADE

em que se encontra a pessoa (presumivelmente o chefe da família) à qual prestam auxílio. O procedimento mais adequado, nesse caso, nos parece ser supor que os não remunerados trabalham para produtores simples de mercadorias (pequenos empregadores ou autônomos) ou para subproletários (autônomos) e que devem pertencer *à mesma classe social* que a pessoa para a qual trabalham. A outra suposição é que os não remunerados se distribuem entre a pequena burguesia e o subproletariado em proporção igual à dos demais trabalhadores que pertencem a essas classes. De acordo com a Tabela A, pode-se verificar, por exemplo, que, em 1960, nas atividades não agrícolas, 2.716.278 de pessoas *remuneradas* pertenciam à pequena burguesia *e* ao subproletariado (como autônomos), das quais 43,3% estavam na primeira e 56,7% no último. Consequentemente, dos 226.028 não remunerados que naquele ano estavam em atividades não agrícolas, 43,3% (ou sejam, 97.805) foram consideradas como pertencentes à pequena burguesia e 56,7% (ou sejam, 128.223) ao subproletariado. Para 1970 e 1976, o procedimento empregado foi o mesmo.

De acordo com os procedimentos adotados na análise, o número de não remunerados nas *atividades não agrícolas* utilizado foi o dos censos demográficos e da Pnad de 1976 (constante na Tabela 1 do Capítulo I – "A Evolução da estrutura de classes do Brasil: 1950-1976"); para as *atividades agrícolas*, foram utilizados os censos agrícolas de 1960 e 1970, mas que não dão diretamente o número de não remunerados. Os censos agrícolas dão *em conjunto* o número de responsáveis pelos estabelecimentos agrícolas *e* membros não remunerados. É possível, no entanto, estimar o total de não remunerados, retirando-se daquele total o número de empregadores e o número de autônomos dados pelos censos *demográficos.* Embora os levantamentos dos censos agrícolas e demográficos não sejam idênticos, esse procedimento se justifica precisamente porque os censos demográficos tendem, como foi visto, a subestimar os não remunerados. Retirando-se do agregado o total de responsáveis por estabelecimentos – que devem corresponder, *grosso modo*, ao total de empregadores e autônomos registrados pelos censos demográficos na agricultura, que *nessas* categorias parecem ser corretos – o que resta é o número de não remunerados contados pelos censos agrícolas, como era de se desejar. Naturalmente,

Tabela 38 – Estimação do caráter de classe dos não remunerados

CLASSE	ATIVIDADES NÃO AGRÍCOLAS					
	1960	%	1970	%	1976	%
PEQUENA BURGUESIA						
– Empregadores	169.898		190.746		370.834	
– Autônomos	1.005.463		1.398.384		2.572.128	
Soma (1)	1.175.361	43,27	1.589.130	49,42	2.942.962	63,16
SUBPROLETARIADO						
– Autônomos (2)	1.540.917	56,73	1.626.499	50,58	1.716.707	36,84
Total (1) + (2)	2.716.278	100	3.215.629	100	4.659.669	100
SEM REMUNERAÇÃO						
– Pequenos burgueses	97.805	43,27	164.722	49,42	222.048	63,16
– Subproletários	128.223	56,73	168.596	50,58	129.526	36,84
TOTAL	226.028	100	333.318	100	351.574	100

CLASSE	ATIVIDADES AGRÍCOLAS					
	1960	%	1970	%	1976	%
PEQUENA BURGUESIA						
– Empregadores	169.651		167.053		319.279	
– Autônomos	687.207		692.441		2.296.882	
Soma (1)	856.858	15,3	859.494	12,04	2.616.161	51,72
SUBPROLETARIADO						
– Autônomos (2)	4.743.820	84,7	6.277.670	87,96	2.442.638	48,28
Total (1) + (2)	5.600.678	100	7.137.164	100	5.058.799	100
SEM REMUNERAÇÃO						
– Pequenos burgueses	658.230	15,3	824.181	12,04	2.355.905	51,72
– Subproletários	3.532.835	84,7	6.092.787	87,96	2.199.210	48,28
TOTAL	4.191.065	100	6.916.968	100	4.555.115	100

Fonte: Censos demográficos de 1960 e 1970; Censos agrícolas de 1960 e 1970; Pnad de 1976. Tabelas 14, 31, 32, 36 e 37.

para 1976, o total de não remunerados na agricultura só pode ser o da Pnad de 1976, pois não há censo agrícola neste ano. Como se viu no primeiro capítulo (p.55-6), há uma subestimação provável do número de não remunerados agrícolas nas Pnads, de modo que a sua redução de 6.916.968 em 1970 para 4.555.115 em 1976 provavelmente se deve a esse viés. Não dispomos, entretanto, de meios para corrigi-lo.

II

Quem são os pobres e os ricos no Brasil

Os resultados da Pesquisa Nacional por Amostra de Domicílios (Pnad) referente ao quarto trimestre de 1972 permitem, pela primeira vez, uma análise sociológica da origem das diferenças de nível de renda da população brasileira. Embora esse levantamento não abranja as regiões Norte e Centro-Oeste (exceto Brasília), é mais do que razoável considerar seus resultados como representativos do conjunto da população do país, já que a amostra de domicílios pesquisados representa cerca de 92% dela. Além do mais, os resultados dos censos, que cobrem naturalmente a população inteira, mostram que os 8% não levantados pela Pnad não diferem, de modo significativo, do restante da população.

O elemento novo proporcionado pelos resultados da Pnad é a origem da renda monetária das pessoas, definida de tal maneira que permite distinguir, embora de forma esquemática, o tamanho das várias classes sociais e sua respectiva participação na riqueza social. As categorias em questão constam da Tabela B. A classe capitalista está dividida em quatro categorias: duas ativas ("Conta própria estabelecidas em negócio-profissões liberais" e "Proprietários rurais,

164 DOMINAÇÃO E DESIGUALDADE

arrendatários e parceiros") e duas passivas ("Renda de imóveis e valores mobiliários" e "Outra renda monetária"); a classe assalariada compreende duas categorias: uma urbana ("Assalariados") e outra rural ("Trabalhadores rurais"); finalmente a classe dos autônomos (também conhecida como "pequena burguesia") é representada pelas pessoas ocupadas por "Conta própria não estabelecidas".

É verdade que essas categorias nem sempre são suficientemente precisas, principalmente no que se refere à distinção entre capitalistas e autônomos. São efetivamente capitalistas apenas aqueles que ou empregam ativamente trabalho assalariado ou recebem passivamente rendas de negócios em que trabalho assalariado é utilizado. As pessoas ocupadas por "Conta própria estabelecidas com negócio" podem empregar trabalho assalariado ou não, o mesmo podendo ser dito dos "Proprietários rurais, arrendatários e parceiros": felizmente, sabemos pelo levantamento da força de trabalho (também realizado pela Pnad) que havia, no último trimestre de 1972, 1.383.886 empregadores no Brasil, dos quais 660.313 ligados à agricultura e 723.573 ligados a atividades urbanas. Embora não haja correspondência direta entre os levantamentos de "Força de trabalho e de rendimento monetário", é possível deduzir que apenas cerca de 38% das pessoas por "Conta própria estabelecidas" são capitalistas urbanos ativos (isto é, apenas 723.573 de um total de 1.927.032 pessoas) e que essa parcela não chega a 15% dos "Proprietários rurais, arrendatários e parceiros" (660.313 de um total de 4.510.285), devendo os restantes dessas duas categorias integrar a classe dos autônomos, juntamente com as pessoas ocupadas por "Conta própria não estabelecidas".

Com essas estimativas e os dados constantes no Quadro 1 pode-se avaliar o tamanho relativo das classes sociais no Brasil do seguinte modo:

1. *Capitalistas*: cerca de 7,7% das pessoas com rendimento monetário, dos quais 5,2% ativas (correspondentes a 1.383.886 empregadores) e 2,5% passivas (correspondentes a 566.743 pessoas com "Renda de imóveis etc." e 76.640 com "Outra renda"). É possível que a estimativa do número de capitalistas passivos seja algo inflada, pois das categorias que a integram também

Tabela 39 – Origem do rendimento monetário principal e níveis de renda – Brasil em 1972

Origem do rendimento monetário principal	Número de pessoas com rendimento monetário	Percentagem das pessoas %	Rendimento mensal médio (Cr$)	Até um salário mínimo (%)	Maior que 3 salários mínimos (%)
Assalariados	12.774.796	48,2	656,00	36,5	18,3
Conta própria não estabelecida	2.585.389	9,8	332,00	64,5	8,2
Conta própria estabelecidas com negócio-profis. liberais	1.927.032	7,3	1.315,00	24,3	40,2
Trabalhadores rurais (mensalistas, diaristas etc.)	4.029.123	15,2	173,00	92	0,6
Proprietários rurais, arrendatários e parceiros	4.510.285	17	516,00	65,9	10,6
Renda de imóveis e valores mobiliários	566.743	2,2	828,00	51,2	21,9
Outra renda monetária	76.640	0,3	906,00	54,2	27,5
	26.470.008	100	580,00	52,4	14,9

devem fazer parte aposentados, pessoas que vivem de juros e aluguéis que não são originados de empresas capitalistas etc.

2. *Autônomos*: cerca de 28,8% das pessoas com rendimento monetário, das quais 14,5% ligadas à agricultura (correspondentes a cerca de 3.850.000 "Proprietários rurais, arrendatários e parceiros" que não são empregadores) e 14,3% ligados a atividades urbanas (correspondentes a 2.585.389 pessoas por "Conta própria não estabelecidas" e cerca de 1.200.000 pessoas por "Conta própria estabelecidas" e que não devem ser empregadoras).

3. *Assalariados*: cerca de 63,5%, das pessoas com rendimento monetário, das quais 48,2% ligadas presumivelmente a atividades urbanas (correspondentes a 12.774.796 "Assalariados") e 15,2%, ligadas à agropecuária (correspondentes a 4.029.123 "Trabalhadores rurais").

Confirma-se, assim, de um outro ângulo – o da estrutura de classes – o atraso relativo de nossa agricultura em relação às atividades urbanas. Dos que se dedicam à agricultura, apenas pouco mais da metade é constituída por empregadores e assalariados, o que leva a pensar que apenas pouco mais da metade da atividade agrícola está enquadrada no sistema capitalista. Essa situação contrasta com as atividades urbanas, nas quais apenas 22% são autônomos. Seria um exagero supor, no entanto, que todos os 78% restantes sejam constituídos por empregadores e assalariados *capitalistas*. É preciso deduzir, no mínimo, os empregados domésticos, cujo número pode ser estimado como equivalente ao dos "Assalariados" que estão no setor de prestação de serviços (85% dos quais ganham até um salário mínimo), ou seja, cerca de 1.300.000 pessoas. Mesmo assim, sobram ainda cerca de 70% dos que retiram seu rendimento de atividades urbanas e que são ou empregadores (4%) ou assalariados (66%), presumivelmente de empresas capitalistas ou do serviço público.[1]

---

1 O levantamento de força de trabalho da Pnad apontou 1.161.430 pessoas empregadas na administração pública. Não é possível deduzi-los do total de "Assalariados" por não se dispor de informações sobre seu rendimento monetário mensal.

DOMINAÇÃO E DESIGUALDADE

Pode-se dizer, em resumo, portanto, que as atividades urbanas se dividem em três esferas quanto à geração de rendimento monetário pessoal: uma esfera "capitalista" (70%), uma esfera "autônoma" (22%) e uma esfera "doméstica" (8%); na agricultura, a esfera "capitalista" absorve cerca de 53% das atividades e a "autônoma", 47%. A esfera "doméstica" praticamente não gera rendimentos monetários no campo. Podemos agora passar à análise dos dados referentes aos níveis de renda monetária do quadro. Como seria de se esperar, a renda mensal média mais elevada é a das pessoas ocupadas por "Conta própria estabelecidas" (1.315 cruzeiros) e que é mais do dobro da renda média de toda população (580 cruzeiros). Afinal, é nessa categoria que se encontra a maior proporção (38%) de empregadores, como vimos. Nessa categoria, é mínima a proporção dos que ganham até um salário mínimo (24,3%) e máxima a dos que recebem mais de três salários mínimos (40,2%).

Vêm a seguir as categorias que constituem a classe dos capitalistas passivos ou rentistas, cujos proventos médios mensais (906 cruzeiros e 828 cruzeiros) se encontram cerca de 50% acima da média de toda a população. É interessante notar que nessas categorias pouco mais da metade das pessoas ganha até um salário mínimo, proporção semelhante à de toda a população. É provável que essas pessoas não sejam de fato capitalistas passivos, mas aposentados, gente que vive de poupanças aplicadas em imóveis etc. É relativamente grande, nessas categorias, a proporção dos que recebem mais de três salários mínimos: 21,9% das pessoas que recebem "Rendas de imóveis e valores mobiliários" e 27,5% dos que recebem "Outra renda". Se considerarmos apenas estes como os prováveis capitalistas passivos, seu número se reduziria a cerca de 145.300, ou seja, a pouco mais de 0,5% do total dos que usufruem rendimento monetário. Há boas razões para se crer que o número de capitalistas passivos no Brasil seja bem reduzido, em contraste com o de capitalistas ativos. Em outros termos, a grande maioria dos que possuem a propriedade das empresas, no país, ou participa ativamente da gestão das mesmas ou exerce alguma outra atividade remunerada, de modo que, para eles, a renda derivada da propriedade deixa de ser a principal.

168   DOMINAÇÃO E DESIGUALDADE

Vem a seguir a categoria dos "Assalariados", que se compõe predominantemente de pessoas ocupadas em atividades urbanas, como já foi visto. Seu rendimento médio mensal (656 cruzeiros) é cerca de 13% maior que o da população como um todo. O que surpreende, nessa categoria, é a proporção relativamente reduzida dos que ganham até um salário mínimo: 36,5% em contraste com 52,4% na população inteira. Tudo leva a crer que pelo menos um quarto desse grupo é composto por empregadas domésticas. Deduzindo-se estas, a proporção de assalariados (presumivelmente de empresas capitalistas ou da administração pública) que ganha até um salário mínimo cai a 30,7%. Esse fato pode dar a impressão que os assalariados urbanos desfrutam de uma situação relativamente privilegiada no Brasil, mas é preciso lembrar que outras categorias de trabalhadores – tais como os autônomos rurais ou mesmo as empregadas domésticas – usufruem de rendas não monetárias, representadas em geral por moradia e subsistência. Considerando-se que aqueles assalariados têm como única fonte de seus meios de vida a renda monetária, é fácil de entender que a maioria deles *tem* que ganhar mais que o salário mínimo para poder sobreviver.

É preciso salientar, por outro lado, que a proporção dos que ganham mais de três salários mínimos é bastante elevada entre os "Assalariados": 18,3%. Se deduzirmos do seu total as empregadas domésticas, essa porcentagem sobe a 20%. É claro, portanto, que há de fato uma camada relativamente privilegiada de assalariados urbanos, composta provavelmente por trabalhadores qualificados, especialistas e administradores. Como veremos mais adiante, ocupam os "Assalariados" posição destacada no grupo de renda realmente alta.

Os "Proprietários rurais, arrendatários e parceiros", dos quais, como foi visto, a grande maioria (85%) deve ser de autônomos, têm rendimento mensal médio (516 cruzeiros) 11% inferior ao da população inteira. Nessa categoria é muito grande – 65,9% – a proporção dos que têm renda monetária de até um salário mínimo. É de se admitir que a maioria dessas pessoas vive em economia de subsistência, sendo de importância muito relativa a renda monetária para sua sobrevivência. É preciso observar também a reduzida proporção; nessa categoria, das pessoas que ganham mais de três salários mínimos: 10,6%. Se

DOMINAÇÃO E DESIGUALDADE

15% das pessoas que constituem essa categoria são empregadores, há que admitir que pelo menos um terço deles têm rendimento monetário de até três salários mínimos. Esse fato tende a indicar a existência, em nosso mundo rural, de uma espécie de "capitalismo pré-monetário", em que tanto empregadores como empregados suplementam suas minguadas rendas monetárias com produção de subsistência. A contrapartida desse patronato de baixa renda monetária se encontra na categoria "Trabalhadores rurais"; cuja renda média (173 cruzeiros) não alcança 30% da população como um todo. Nada menos de 92% das pessoas nessa categoria ganham até um salário mínimo. É claro que uma parte dessas pessoas sobrevivem graças à renda não monetária de que usufrui: trata-se basicamente de moradia na própria exploração agrícola, geralmente combinada com algum cultivo e criação de subsistência. Mas é preciso advertir que uma proporção cada vez maior desses "Trabalhadores rurais" está tendo que abandonar as fazendas e vir morar nas cidades, o que os coloca virtualmente na situação de assalariados urbanos, que dependem de modo total de sua renda monetária para sobreviver. A Pnad revelou que, dos 4.029.123 "Trabalhadores rurais", nada menos que 906.727 (22,5%) moravam na área urbana e, destes, 800.732 (89%) ganhavam até um salário mínimo. Não é fácil imaginar como essas pessoas conseguem sobreviver com um nível de renda monetária tão reduzido.

O outro grupo de condições precárias de vida é o das pessoas ocupadas "Por conta própria não estabelecidas": seu rendimento médio mensal é apenas 57% do da população inteira e nada menos que 64,5% delas ganha até um salário mínimo. Trata-se de uma categoria essencialmente urbana (apenas 9,8% das pessoas que a compõem se dedicam à agropecuária) e que, por suposto, não deve dispor de renda não monetária. Na realidade, foram incluídas nessa categoria nada menos que 1.006.363 pessoas que se dedicam à indústria de transformação e construção civil, das quais 629.190 (62,9%) ganham até um salário mínimo. É bastante provável que estejam nesse grupo uma parte importante dos operários da construção civil e que trabalham "por empreitada", sendo formalmente "Por conta própria", embora de fato não passem de assalariados, aos quais se negam os benefícios da legislação trabalhista. É de se notar que, para poder sobreviver com a reduzida renda monetária de que dispõem, muitos desses operários são obrigados a morar nos próprios edifícios em construção nos quais trabalham.

É preciso, portanto, dividir os pobres em duas categorias: a dos que dispõem – por bem ou por mal – de renda não monetária e dos que dependem por inteiro da sua renda monetária. Considerando-se como pobres os que possuem renda monetária até um salário mínimo, temos que, de um total de 13.802.200 pessoas, deveriam dispor de alguma renda não monetária cerca de 7.660.000 (55,5% do total) compostos por 3 milhões de "Proprietários rurais", 2,9 milhões de "Trabalhadores rurais", 1,13 milhão de empregadas domésticas (supondo que todas morassem com os patrões) e 0,63 milhão de "Autônomos" da construção civil. Restam, ainda assim, mais de 6 milhões de pessoas (das quais cerca de 3,5 milhões de assalariados urbanos, quase 1,7 milhão de pessoas ocupadas "Por conta própria não estabelecidas" e cerca de 0,8 milhão de "Trabalhadores rurais" que vivem na área urbana) que dependem para sua sobrevivência de um rendimento monetário de até um salário mínimo.

Examinando-se a condição de classe dos pobres, é possível compreender como o avanço da economia monetária capitalista, traço essencial de nosso desenvolvimento, tem aniquilado fontes de renda não monetária, sem ter proporcionado, em contrapartida, um aumento adequado da renda monetária, ao menos de uma parte substancial dos trabalhadores. O caso da "urbanização" forçada dos trabalhadores agrícolas é apenas um dos episódios mais salientes desse processo, cuja essência está na transformação de agricultores relativamente independentes da economia monetária em assalariados urbanos ou em autônomos não estabelecidos. Essa transformação tem por desígnio uma ampla elevação da produtividade do trabalho, da qual decorre o desenvolvimento. O que nem sempre tem sido percebido é que esse ganho de produtividade teria que ser pago pela integração do trabalhador, enquanto consumidor, na economia de mercado. As 6.140.000 pessoas que em fins de 1972 ganhavam até um salário mínimo e presumivelmente não dispunham de renda não monetária são um testemunho eloquente de que a economia tem se recusado a pagar esse preço. É razoável supor que o aumento da mortalidade

DOMINAÇÃO E DESIGUALDADE

infantil, o agravamento da criminalidade, a agudização de tensões sociais têm sido algumas das consequências dessa recusa, embora nem sempre seja óbvia a relação entre causa e efeito.

Vejamos, agora, quem são os ricos. Como já vimos, a proporção dos que têm rendimento mensal superior a três salários mínimos é relativamente maior nas categorias "Por conta própria estabelecidas" (40,2%), "Outra renda monetária" (27,5%), "Renda de imóveis etc." (21,9%) e "Assalariados" (18,3%). As primeiras três dessas quatro categorias exprimem "rendas de propriedades", de modo que seria fácil concluir que os altos níveis de renda monetária no Brasil estão ligados predominantemente à propriedade. Mas essa conclusão seria facilmente desmentida por um exame da ordem de grandeza das categorias, pois o número de "Assalariados" com renda maior que três salários mínimos é muito superior à soma dos que usufruem de tal nível de renda nas outras três categorias. Na verdade, cerca de 60% dos que ganham mais de três salários mínimos são "Assalariados".

Poder-se-ia pensar que esse predomínio dos "Assalariados" na camada de renda mais elevada resulta do grande número de trabalhadores qualificados, cujos ganhos ultrapassam o limite dos três salários mínimos, sem no entanto serem "ricos", a não ser em termos relativos. No entanto, se concentrarmos a atenção nos "verdadeiramente" ricos, ou seja, nos que têm renda monetária acima de dez salários mínimos – e que constituem os 3,2% de maior renda da população –, verificaremos que mais da metade deles (51,9%) são "Assalariados", ao passo que apenas 28,2% são ocupadas por "Conta própria estabelecidas" e 12,1% são "Proprietários rurais etc.". De modo que não há como negar que a maior parte das rendas altas, no país, assumem a forma de retribuição do trabalho.

Há boas razões, no entanto, para se crer que essa forma nem sempre corresponde ao conteúdo da renda. O desenvolvimento econômico tem acarretado, no Brasil, a proliferação de grandes empresas, de propriedade estatal, do capital estrangeiro ou mista, que são administradas e geridas por assalariados. É quase certo que uma grande proporção dos altos salários é percebida por essa nova camada gerencial. Uma confirmação parcial dessa hipótese é oferecida pelos próprios resultados do levantamento da Pnad: dos 439 mil "Assalariados" com mais de dez salários mínimos, nada menos de 200 mil têm ocupações "administrativas" e outros 144 mil têm ocupações "técnicas científicas etc.". É sabido que muitos cargos elevados de direção de empresas se ligam a ocupações técnicas.

Os altos salários não deixam, por isso, de ser a retribuição de um certo trabalho. Só que não se trata, nesse caso, do trabalho de produzir determinados bens ou serviços – atividade que caracteriza a grande massa de trabalhadores assalariados –, mas do trabalho de gestão do próprio processo de produção e circulação de mercadorias. O ganho do empreendedor ou o lucro do capitalista ativo correspondia classicamente a esse tipo de "trabalho". Com o desaparecimento paulatino do empreendedor-proprietário das áreas mais avançadas da economia, seu lugar está sendo progressivamente ocupado pelo gerente assalariado não só na estrutura produtiva, mas também na pirâmide de distribuição de renda. Surge, assim, na elite econômica do país um grupo social relativamente novo, cuja inserção no processo produtivo parece defini-las como uma espécie de "capitalistas sem capital": Esse fato torna extremamente atual, no Brasil, o debate que vem sendo travado há décadas nos Estados Unidos sobre a "Revolução dos Gerentes". Parece que ela vem se processando aqui com uma intensidade insuspeitada.

III

Desenvolvimento e repartição de renda no Brasil

Introdução

O tema da repartição da renda estourou, no Brasil, a partir do momento em que se divulgaram os dados do censo de 1970, os quais, comparados com os do censo de 1960, demonstraram que a repartição se tinha tornado ainda mais regressiva ao longo dessa década. Um fato, do qual muitos já desconfiavam, ficou comprovado: o desenvolvimento da economia beneficiava uma minoria, em detrimento da grande maioria da população. O que os dados não demonstravam, nem podiam fazê-lo, era por meio de que mecanismos se dava a concentração da renda, nem que grupos eram beneficiados e que grupos ficavam à margem dos frutos do desenvolvimento.

Para que perguntas dessa espécie pudessem ser respondidas era necessário em primeiro lugar estender a análise a um período bem maior de tempo e enfocar, sobretudo, as transformações estruturais sofridas pela economia brasileira, pelo menos nos últimos quarenta anos. Esse ponto de partida da análise se impõe, antes de mais nada, pelo fato de que o desenvolvimento ocasionou mudanças profundas na estrutura econômica e social do país, que a renda – na sua enganosa unilinearidade – tende a mascarar. Seria um erro, que ninguém cometeria explicitamente, supor que a economia produz, ano após ano, uma massa crescente de valores de uso (bens e serviços) que são repartidos entre as mesmas classes sociais, segundo determinadas leis da repartição. O que acontece, no processo de desenvolvimento, é que, enquanto algumas classes sociais crescem outras decrescem, surgem classes novas, por força da criação de novas relações de produção, que em parte se superpõem e em parte substituem as antigas. É nesse contexto, de mudanças na estrutura de classes que se realizam concretamente mediante transferências maciças de grupos populacionais no espaço e deslocamentos dos mesmos na estrutura produtiva, que a tendência à concentração da renda encontra sua explicação.

O conjunto das numerosas e complexas transformações estruturais que caracterizam nosso processo de desenvolvimento encontra o seu denominador comum na expansão do modo de produção capitalista dentro da economia brasileira. Essa expansão se dá à custa de vários modos de produção pré-capitalistas que ainda subsistem, embora em decadência, no país. Isto não é uma peculiaridade nossa. Em lugar algum o capitalismo se expandiu no vácuo, nem se apoderou de uma vez de todas as condições de produção (trabalho, instrumentos de trabalho e objetos do trabalho). Mesmo na Europa, o capitalismo levou mais de um século para erodir a produção simples de mercadorias (campesinato, artesanato, pequeno comércio), no seio da qual ele se desenvolveu. No Brasil, o mesmo processo tende a se repetir, mas com duas diferenças fundamentais: 1) tendo-se iniciado muito mais tarde, o nosso processo de desenvolvimento é contemporâneo de economias capitalistas maduras, que nele intervêm pesadamente, dando-lhe características próprias; 2) dada a grande extensão territorial do país, o excedente de população criado pela expansão capitalista, em vez de ser exportado (como ocorreu na Europa do século XIX), tende a reproduzir, no interior do país, as formas pré-capitalistas que estão sendo aniquiladas nos centros mais dinâmicos da economia. Isto dá ao processo de desenvolvimento capitalista um caráter recorrente que ele não apresenta em outros lugares. É de se

DOMINAÇÃO E DESIGUALDADE

observar ainda que a elevada taxa de crescimento natural da população tem efeitos no mesmo sentido.

Não se pode esquecer que, até há poucas décadas, o Brasil ainda era um país "essencialmente agrícola": em 1940, cerca de dois terços da população estavam engajados na agricultura. E na agricultura predominavam dois modos de produção pré-capitalistas: uma espécie de servidão nas grandes explorações e a produção simples de mercadorias na pequena exploração camponesa. O capitalismo, que surge inicialmente na cidade, se expande mediante dois mecanismos: de um lado, ele se apropria de uma parte do excedente de produção agrícola (mediante manipulação dos preços relativos, da taxa cambial, da estrutura tributária), alimentando dessa maneira a acumulação do capital; de outro, ele atrai um crescente excedente de mão de obra do campo, cuja exploração se impõe na mesma medida em que o capital se acumula.

Este é o mecanismo básico do desenvolvimento econômico, tal como ele se dá no Brasil até o presente. O capitalismo surge na cidade e durante um longo período não ultrapassa seus limites. Dado o seu pequeno tamanho relativo, o excedente transferido do campo lhe basta. É somente a partir de certo momento (provavelmente entre 1955 e 1960) que a expansão do capitalismo, acelerada pelo influxo de capital estrangeiro, ultrapassa o limite das atividades urbanas e começa a penetrar na agricultura. Esse momento é determinado, em última análise, pelo aumento das dimensões do mercado interno e externo de produtos agrícolas, o que enseja a expansão das forças produtivas na agricultura, permitindo a penetração do capital nessa atividade. Essa penetração, diga-se desde logo, se faz até o momento, ainda de forma tímida, seletiva, tomando proporções significativas em apenas alguns ramos, tais como a produção canavieira e cerealífera.

Há uma conexão evidente entre o desenvolvimento, mediante expansão do capitalismo, e repartição da renda. O motor do desenvolvimento é a acumulação do capital e esta depende – não só, mas sobretudo – da taxa de exploração, ou seja, da repartição do produto entre necessário e excedente. O produto necessário se destina a assegurar a reprodução da força de trabalho. O excedente serve ao consumo dos não produtores e à acumulação. Há, portanto, uma influência muito forte da taxa de exploração, que está por detrás da repartição da renda, e o ritmo de acumulação do capital, seja das empresas privadas brasileiras e estrangeiras, seja do Estado, que está por trás do desenvolvimento.

O ritmo de acumulação do capital, no entanto, não depende apenas da taxa de exploração, ou seja, do tamanho relativo do excedente acumulável, mas da proporção em que ele é efetivamente acumulado. Em outras palavras, dada uma taxa de exploração, determinada por fatores histórico-estruturais, o excedente acumulado depende da proporção em que o excedente total é dividido entre consumo produtivo e improdutivo. Essa divisão depende, em primeiro lugar, do modo como o excedente é apropriado, ou seja, de que maneira ele é dividido entre a empresa privada nacional, a empresa privada estrangeira e o Estado. O consumo ostentatório das classes altas, a remessa de rendimentos ao exterior e o sustento de uma burocracia estatal em boa medida excessiva são outras tantas deduções do excedente acumulável. E, na medida em que essas deduções são incrementadas, as necessidades "objetivas" da acumulação impõem o alargamento do excedente global, de modo que o excedente efetivamente acumulado continue a alimentar o processo de desenvolvimento.

A isso tudo é preciso, finalmente, acrescentar a dimensão política. A repartição da renda não se dá a frio, movida unicamente por mecanismos "econômicos". Ela se dá no contexto de um sistema de dominação, que dita os parâmetros que determinam, de um lado, a repartição do produto entre necessário e excedente (política salarial, sindical, previdenciária etc.) e, do outro, o modo de apropriação do excedente (política fiscal, de crédito, de preços etc.). É bastante sedutor especular em que medida um tipo de política condiciona o outro. Nesse sentido, é imprescindível considerar em primeiro lugar que o excedente, no capitalismo, toma inicialmente a forma de lucro e que este constitui o objetivo supremo da produção. Políticas que afetam negativamente o lucro têm, quase necessariamente, efeitos deletérios sobre a acumulação e portanto, a prazo um pouco mais longo, sobre a produção. Não apenas porque do lucro saem os recursos para a acumulação, mas sobretudo porque da taxa de lucro deriva a motivação para acumular. Uma política que tende a reduzir a taxa de lucro corre

DOMINAÇÃO E DESIGUALDADE

o perigo de reduzir a acumulação numa proporção muito maior. Isso coloca um limite bastante estreito à capacidade do Estado de intervir no modo de apropriação do excedente. É mais fácil ao Estado, portanto, se apropriar de uma parcela do excedente produzido fora do capitalismo (mediante o confisco cambial por exemplo), já que nos modos de produção pré-capitalistas a expansão da produção não se dá (quase) mediante acumulação de valores, mas de simples incorporação de condições "naturais" de produção, isto é, de força de trabalho e terra.

Nessas condições, a aceleração do desenvolvimento está necessariamente condicionada ao aumento da taxa de exploração, que se traduz inevitavelmente em concentração da renda. Esta é uma proposição que se aplica genericamente à economia capitalista. Mas, nos países capitalistas industrializados, o movimento operário tem conseguido resistir ao aumento da taxa de exploração, o que impôs ao sistema a necessidade de acelerar o processo de inovação tecnológica, de modo a compensar pelo aumento da produtividade do trabalho a elevação do custo da força de trabalho. Nas condições brasileiras, no entanto, os efeitos desse processo acelerado de inovação tecnológica têm ocasionado efeitos perversos. Como ele não é o resultado de um encarecimento da mão de obra, mas da tendência à unificação em termos de técnicas e hábitos de consumo do mercado mundial, seu resultado é reproduzir, no Brasil e países que se encontram em situação análoga, camadas privilegiadas de assalariados, enquanto a grande massa trabalhadora permanece em níveis ínfimos de consumo. As transformações na estrutura da demanda por força de trabalho, que acompanham as novas técnicas, levam à criação de uma "nova" classe média, de técnicos e administradores, cuja prosperidade se baseia na diferença crescente entre a produtividade do trabalho e o custo da força de trabalho dos produtores diretos. É nesse ponto que a evidente debilidade da capacidade de barganha da grande maioria dos assalariados se vincula à concentração da renda.

Vale a pena ressaltar, por fim, que a repartição da renda pessoal, tal como é revelada pelos censos, mede a repartição do produto entre consumo necessário e consumo improdutivo, pois o excedente acumulado pelas empresas e pelo Estado já é de antemão deduzido, exceto no que se refere à poupança individual. Pode-se concluir, portanto, que o aumento da taxa de exploração é refletido apenas de modo incompleto pelo aumento da concentração da renda. É a própria aceleração do crescimento econômico o melhor indicador do provável aumento daquela taxa.

1. *O contexto histórico-estrutural*

Em 1930, a economia brasileira estava claramente compartimentada em três setores, os quais, embora mantivessem intensas relações entre si, estavam sujeitos a leis de movimento próprias. O primeiro deles, o setor de mercado externo (SME), constituído principalmente por cultivos de exportação (café, cacau etc.), era o elo que ligava nossa economia ao mercado mundial e que, desde os princípios da colonização, comandava o comportamento geral do sistema. Era o setor hegemônico, em todos os sentidos: econômico, social e político. Seu crescimento dependia do comportamento da procura externa e do influxo de capitais estrangeiros que contribuíam para a expansão dos serviços de infraestrutura (ferroviários, portuários, de comunicações), de comercialização e de financiamento, indispensáveis à movimentação física e econômica das mercadorias. Ao se expandir, o SME absorvia recursos naturais e força de trabalho brasileiros, mantendo-se, em termos gerais, a etapa da produção em mãos nacionais. Sendo a exportação basicamente de produtos agrícolas, sua produção estava concentrada em grandes explorações, do tipo de "plantação", cuja mão de obra era constituída por trabalhadores vinculados à família proprietária por laços de dependência econômica e extraeconômica. É uma generalização válida que, nesse tipo de modo de produção, o excedente era quase integralmente apropriado pelos proprietários da terra, parte do qual transferiam ao Estado.

O segundo setor, complementar e oposto ao primeiro, era o de subsistência, constituído por fazendas e explorações camponesas relativamente autossuficientes, que produziam um certo excedente alimentar, destinado ao sustento dos que trabalhavam no SME e dos habitantes das cidades. O que caracterizava o setor de subsistência

DOMINAÇÃO E DESIGUALDADE

(SS), no entanto, não era a produção do excedente alimentar, mas o complexo de atividades extrativas, agrícolas e manufatureiras que asseguravam a sobrevivência, num baixíssimo nível de subsistência, de uma população relativamente ampla. Analogamente à plantação, também na fazenda o excedente era apropriado quase inteiramente pelo proprietário. As relações de produção, na fazenda de subsistência, embora parecidas com a da plantação, no sentido da dependência econômica e extraeconômica do trabalhador, diferiam no entanto quanto à repartição do produto. Enquanto na plantação predominava o "colonato", isto é, a remuneração mista (*in natura* e em espécie) da força de trabalho, na fazenda era mais comum a parceria: o produto era repartido, *in natura*, entre o fazendeiro e o trabalhador.[1] É preciso mencionar ainda que, em certas áreas do país, principalmente no Sul, a economia de subsistência era constituída predominantemente por explorações camponesas, isto é, por pequenos proprietários independentes, que cultivavam o solo apenas com a força de trabalho de sua família. Esse tipo de exploração também aparecia nos interstícios das áreas dominadas por latifúndios, sejam plantações ou fazendas.

Tomando-se a agricultura em conjunto, tanto de SME como de SS, pode-se caracterizar de forma sumária sua estrutura socioeconômica do seguinte modo: a uma classe de grandes proprietários se opunha uma considerável massa de gente de pouca ou nenhuma terra. Embora se pudesse distinguir nessa massa pequenos proprietários, parceiros, agregados, colonos e trabalhadores temporários (volantes), do ponto de vista da repartição da renda sua situação era muito parecida: eram todos muito pobres, dependentes em extremo dos latifundiários, que concentravam em suas mãos o excedente de produção. A pobreza das camadas intermediárias caracterizava a extrema desigualdade na repartição da renda.

O último setor, de menor expressão demográfica e econômica, era o de mercado interno, constituído pelas atividades, em geral

---

1 Na realidade, essa distinção tem mais o caráter de uma hipótese, cuja verificação ainda é dificultada pela carência de dados empíricos. Um exemplo da análise que se faria necessária para o conjunto do país se encontra em Lopes, *Crise do Brasil arcaico*, cap.II.

180 DOMINAÇÃO E DESIGUALDADE

urbanas (comerciais, industriais, administração pública, transporte etc.), cuja produção se destinava ao mercado interno: local, regional ou nacional. Sua estrutura era, em geral, mais "democrática", pois nessas atividades predominavam os estabelecimentos pequenos e médios. Havia, evidentemente, grandes fortunas; porém, ao contrário do mundo rural, elas não dominavam econômica ou politicamente os empresários menores. Na indústria era muito grande o número de pequenos estabelecimentos artesanais. O mesmo era verdade para o comércio varejista e a prestação de serviços pessoais. Essa relativa dispersão da atividade urbana, condicionada pela mediocridade da vida econômica das cidades, assegurava a existência de uma classe média urbana, numericamente expressiva, dando ao perfil da repartição da renda um caráter menos polarizado, em comparação com o dos outros setores.

2. O impacto do desenvolvimento sobre os setores agrícolas

Após 1930, a estrutura histórica descrita passou a sofrer mudanças profundas. O setor de mercado externo entrou em crise, devido à depressão sofrida pelo capitalismo mundial, entre 1929 e 1939. Com o advento da Segunda Guerra Mundial, o comércio internacional se manteve em nível baixo, de modo que o SME somente se recuperou após 1945. Nesses longos quinze anos, a estrutura de dominação latifundiária foi abalada, principalmente nas antigas zonas cafeeiras de São Paulo. Frequentemente, grandes plantações de café foram abandonadas, as terras dos latifúndios foram loteadas, surgindo em seu lugar propriedades médias e pequenas, exploradas por imigrantes europeus ou japoneses, praticando agricultura comercial voltada para o mercado interno. Em 1920, 44,7% da área agrícola de São Paulo se encontrava em propriedades de mais de 1.000 ha, ao passo que apenas 15,2% da área estava em propriedades de menos de 100 ha. Vinte anos depois, em 1940, as propriedades de mais de 1.000 ha possuíam apenas 32,8% da área total, porém as de menos de 100 ha chegavam a ocupar 28% dela (dados dos censos agrícolas).

DOMINAÇÃO E DESIGUALDADE

É claro que esse processo não foi geral, tendo a grande propriedade resistido em muitos lugares. Na Zona da Mata, no Nordeste, por exemplo, a industrialização da produção açucareira (que, após 1955, voltou a integrar o SME); com a substituição do engenho pela usina levou a uma forte concentração da propriedade fundiária. Mas este não parece ter sido o caso mais geral. Áreas novas, que se abriram à agricultura de exportação, como a do norte do Paraná, apresentam uma maior dispersão da propriedade, devido à lógica da especulação imobiliária. Não sendo as terras mais adquiridas mediante fraude judiciária ou mediante o pagamento de um preço irrisório ao Estado, como se fazia antes, mas de companhias colonizadoras, estas tinham todo interesse em apelar para poupanças pequenas e médias, assim como às grandes.

No Paraná como um todo, a proporção da área agrícola em propriedades de mais de 1.000 ha chegou a ser mais da metade (55,5%) em 1920, diminuindo sucessivamente para 35,7% em 1940, 35,4% em 1950 e para 21,4% em 1960. Foi notável, em compensação, o crescimento da área em propriedades de menos de 100 ha, que passou de 15,2% da área total em 1920 para 24,9% em 1940, 28,9% em 1950 e 46,2% em 1960 (dados dos censos agrícolas).

Isso não quer dizer que a "grilagem" de terras tenha desaparecido no Brasil. Ela, na verdade, até se ampliou, mas nas áreas pioneiras, cujo acesso foi ganho mediante a abertura das novas rodovias interestaduais. Ora, essas áreas geralmente integram o SS e não o SME.

O que se pode dizer de mais geral, quanto à evolução do setor de mercado externo, após 1930, é que ele deixou de ser o setor hegemônico da economia. Mesmo após a retomada do comércio internacional e sua impressionante expansão no pós-guerra, o SME não recuperou nem o tamanho nem a importância relativa que possuía antes de 1930. Nos últimos anos, é o setor de mercado interno (SMD) que está, cada vez mais, exportando parcelas de sua produção. É o caso da indústria, da agricultura comercial (soja, milho, carne) e da mineração. A exportação tradicional de produtos coloniais ainda continua, porém seu dinamismo é reduzido e não acompanha o crescimento do conjunto da economia. Dentro do que resta do SME como setor especializado, é provável que a repartição do excedente tenha se tornado

182 DOMINAÇÃO E DESIGUALDADE

menos desigual, em comparação com o período anterior a 1930, embora essa tendência tenha se produzido principalmente entre 1930 e 1950 e seja de pouca expressão para a sociedade global. Ela resulta não apenas do surgimento de uma maior proporção de propriedades médias, mas sobretudo de maior controle do Estado sobre a exportação em geral e da dos produtos "tradicionais" em particular, do que resultou a expropriação de uma parcela considerável do excedente produzido por aquelas atividades, principalmente mediante o mecanismo do "confisco cambial". Dada a relativa inelasticidade da procura externa por esses produtos, não convinha à economia nacional expandir muito sua produção, o que levou o Estado a transferir o excedente extraído do SME a outras atividades, principalmente do SMI. Essa redução do excedente retido no SME torna, evidentemente, menos desigual a repartição da renda nesse setor.

As transformações acarretadas pelo desenvolvimento no setor de subsistência foram igualmente notáveis. A acelerada expansão da indústria e da população urbana, particularmente nas cidades maiores, criou, pela primeira vez no Brasil, um amplo e concentrado mercado para alimentos, o que suscitou o aparecimento de uma agricultura comercial em muitas áreas antes integradas no SS. Ao mesmo tempo, a expansão da rede de transporte incorporou novas áreas à agricultura de subsistência. De modo geral, a agricultura comercial expulsou as atividades de subsistência das áreas de melhor acesso ao mercado urbano, forçando o seu deslocamento para o oeste.

A substituição da agricultura de subsistência pela comercial deu-se, de modo geral, mediante a expropriação de posseiros e a expulsão de parceiros e agregados, em cujo lugar passaram a ser empregados trabalhadores assalariados. Deu-se, em consequência, uma forte concentração, tanto da propriedade como da renda. A concentração da propriedade, nesse caso, é um aspecto particular da tendência à concentração do capital, que acompanha toda evolução do capitalismo, tanto no Brasil como nos demais países. Enquanto o tamanho mínimo da exploração do SS é dado pelas necessidades de subsistência da família do trabalhador, o da exploração capitalista é função do custo de reprodução não apenas da força de trabalho, mas das condições materiais de produção (equipamento, adubo, inseticida etc.).

DOMINAÇÃO E DESIGUALDADE 183

A técnica de produção agrícola, à medida que se moderniza, premia as escalas mais amplas de produção. E não há dúvida de que essa modernização tem havido no Brasil, embora não na escala desejável nem com os resultados que seriam de se esperar. A tendência à concentração da propriedade devido à penetração do capitalismo na agricultura é compensada pela tendência à dispersão da propriedade, devida aos efeitos da instituição da herança, que leva à partilha de muitas propriedades, resultando daí a transformação de latifúndios em explorações médias e de explorações pequenas em minifúndios. À medida, porém, que o capitalismo tende a separar, também na agricultura, a propriedade do manejo da exploração, é provável que o desmembramento das grandes explorações cesse (as recentes fusões de usinas de açúcar apontam nessa direção), mantendo-se o retalhamento da exploração camponesa.

De acordo com os cálculos de Carlos Langoni,[2] a concentração da renda monetária na agricultura deu-se entre 1960 e 1970 do seguinte modo: os 40% mais pobres tiveram um ligeiro aumento em sua participação na renda, 14,9% para 15,4%, ao passo que os 55% seguintes sofreram nítida diminuição (de 61,9% para 57,7%), o que veio beneficiar os 5% mais ricos, cuja participação passou de 23,2% para 26,9%. Bastam esses números para se verificar que as mudanças na estrutura da repartição da renda agrícola foram sobretudo vantajosas para os 5% mais ricos.

Supôs-se inicialmente que essa melhoria relativa dos 40% mais pobres fosse devida sobretudo à substituição de sua renda *in natura* (como parceiros, agregados, colonos etc.) por renda monetária, da qual eles passariam a depender como assalariados agrícolas, sobretudo como trabalhadores temporários, cujo salário em dinheiro *tem* que cobrir inteiramente os custos de sua reprodução.[3] O número destes últimos tinha crescido entre 1950 (2.308.397) e 1960 (2.983.324) e

---

2 Langoni, "Distribuição da renda e desenvolvimento econômico do Brasil", *Estudos Econômicos*, São Paulo, v.2, n.5, p.5-88, out. 1972.

3 Esta foi a explicação apresentada como a mais provável na versão original deste ensaio, elaborado antes que os dados do Censo Agropecuário de 1970 se tornassem conhecidos.

supunha-se que na década dos 1960 continuaria a se expandir. Mas os resultados do Censo Agropecuário de 1970 mostraram que isso não se deu. Antes, pelo contrário, o número absoluto de assalariados agrícolas em 1970 diminuiu, tanto no caso dos trabalhadores permanentes quanto dos temporários. Aliás, em termos relativos, a proporção de empregados na força de trabalho agrícola vem declinando pelo menos desde 1940, quando era 39,2%, atingindo 28,2% em 1960 e 19,8% em 1970.

Isso quer dizer que, ao contrário do que o avanço do capitalismo em nossa agricultura faria esperar, o que está crescendo na produção agrícola é a chamada força de trabalho *familiar*, composta pelos responsáveis pelas explorações agrícolas e os membros não remunerados de suas famílias. O número de responsáveis por explorações agrícolas aumentou de 3.337.769 em 1960 para 4.924.019 em 1970, sendo que nesse total cresceram sobretudo as proporções de arrendatários (17,4% para 20,17%) e de ocupantes (de 10,7% para 16,1%). A grande expansão dessa última categoria mostra que provavelmente foi intenso o crescimento da agricultura de subsistência em 1960-1970.

Mas se a exploração familiar se tornou cada vez mais predominante na agricultura brasileira entre 1960 e 1970, a empresa agrícola capitalista também não deixou de se expandir. Admitindo-se que têm esse caráter as explorações cujo responsável é "administrador", convém notar que essa categoria de estabelecimentos tende a ocupar uma proporção crescente da área agrícola do país: 24,6% em 1960 e 27,4% em 1970. No entanto, cresce também a proporção da área total utilizada por "ocupantes" (que não têm a propriedade legal do solo), de 3,6% em 1960 para 6,4% em 1970. O que se nota, portanto, é uma polarização crescente entre uma agricultura capitalista e uma agricultura de subsistência, ambas se expandindo.

Os dados do censo de 1970 mostram que as explorações pequenas e médias, até 200 ha de tamanho, estão predominantemente inseridas na produção simples de mercadorias, pois 86% do pessoal nelas ocupado era constituído por força de trabalho familiar. As explorações de tamanho maior que 200 ha tendem antes a ser capitalistas, pois nelas a proporção de força de trabalho familiar não passava de 33,8%. Um outro indicador do tipo de relações de produção que

DOMINAÇÃO E DESIGUALDADE

predominam nos diversos estratos de tamanho de área é a porcentagem das despesas totais com compra de força de trabalho (salários e serviços de empreitada). Essa porcentagem em 1970 varia entre 16,1% e 21,7% nas explorações de menos de 200 ha e cresce nas explorações maiores, superando os 40% nas que têm de 200 ha a 5.000 ha e superando os 50% nas que têm mais de 5.000 ha. Esse dado confirma a hipótese de que nos estabelecimentos de mais de 200 ha predominam relações capitalistas de produção. Pois bem, tanto em 1960 como em 1970, a grande maioria da população ativa agrícola estava em explorações de até 200 ha, tendo a sua proporção crescido de 83,8% em 1960 para 88,9% em 1970. Essas explorações respondiam, em 1970, por 66,9% do valor da produção agropecuária do país. Isto significa que as explorações que possivelmente em grande parte são capitalistas (de mais de 200 ha) ocupavam, em 1970, apenas 11,1% da força de trabalho agrícola, mas respondiam por 33,1% do produto agrícola. Como o Censo Agrícola de 1960 não apurou o valor da produção por classe de área, não se pode averiguar se a participação das explorações de mais de 200 ha aumentou ou decaiu em 1960-1970. Sabe-se, porém, que sua participação na área agrícola total diminuiu, de 69,9% em 1960 para 65,4%, em 1970.

Embora as explorações de 200 ha e mais tenham reduzido sua participação tanto no pessoal ocupado quanto na área, isso não significa que também sua participação no produto tenha necessariamente se reduzido. Na verdade, como em 1960-1970, houve acentuado aumento da produtividade do trabalho agrícola (graças, sobretudo, ao crescimento da mecanização) assim como da rentabilidade do solo (devido ao uso crescente de sementes selecionadas, fertilizantes, inseticidas etc.), é possível que as explorações maiores tenham se beneficiado desses melhoramentos em maior grau que as explorações menores, o que tornaria perfeitamente compatível a queda de sua participação em pessoal ocupado e área e a manutenção ou mesmo aumento de sua participação no produto.

Observando-se o que ocorreu nas explorações de mais de 200 ha entre 1960-1970, essa hipótese encontra fundamentos. Nesse período, aumentou a força de trabalho familiar ocupada nessas explorações (de 576.951 para 660.129) ao mesmo tempo que o número de assalariados caiu um terço (de 1.942.113 para 1.292.387). O fato de o número de responsáveis e de membros não remunerados de suas famílias ter crescido leva a crer que a produção nesses estabelecimentos não deixou de se expandir. A queda drástica da quantidade de assalariados deve portanto ser atribuída sobretudo à mecanização. Com efeito, em 1970, as explorações de mais de 200 ha contavam com 38,9% dos tratores em uso na agricultura brasileira, enquanto participavam com apenas 33,1% do produto agrícola – obviamente sua produção é mais mecanizada que a das explorações menores. Entre 1960 e 1970, as explorações de mais de 200 ha elevaram seu estoque de tratores de 35.328 unidades (mais de 120% de aumento) ao mesmo tempo que reduziam de 649.726 o número de seus assalariados. Seria surpreendente se entre um e outro movimento não houvesse forte ligação causal.

Mas a mecanização não se limitou às explorações de maior tamanho. Ela até foi mais intensa nas explorações menores, como se pode ver na Tabela 40. Entre 1960 e 1970, o número de tratores aumentou 314,5% nos estabelecimentos de até 10 ha; 277,1% nos de 10 ha a 20 ha; 231,2% nos de 20 ha a 50 ha; 195,9% nos de 50 ha a 100 ha e 150,8% nos de 100 ha a 200 ha. É claro que o aumento do número de tratores, como índice de mecanização, é imperfeito se não se levar em conta, entre outros aspectos, a potência dos tratores. Assim, em 1970, nas explorações de menos de 10 ha, 85,1% dos tratores tinham menos de 50 CV, proporção esta que já cai a 62,8% nas explorações de 50 ha a 100 ha, a 43,9% nas de 1.000 ha a 2.000 ha e a apenas 29,3% nas de 10.000 ha e mais. Não obstante, é notável que mesmo as menores explorações apresentam índice significativo de mecanização, ainda que com tratores de menor potência. Em relação à área, as explorações menores são até mais mecanizadas que as grandes e isso desde 1960. Naquele ano, havia 2.030 ha/trator nas explorações de menos de 10 ha, índice que aumenta com o tamanho dos estabelecimentos, atingindo 2.598 ha/trator nos de 100 ha a 200 ha e 5.997 ha/trator nos de 200 ha e mais. Em 1970, essa defasagem ainda se acentua, registrando o censo 747 ha/trator nas explorações de menos de 10 ha, 1.414 ha/trator (quase o dobro) nos de 100 ha a 200 ha e 3.030 ha/trator nos de 200 ha e mais. Nesse ano havia mais de *quatro vezes* mais tratores por

DOMINAÇÃO E DESIGUALDADE

área nas explorações de menos de 10 ha em comparação com as de 200 ha e mais. É claro que essa defasagem se explica em grande parte pelo fato de que nos estabelecimentos menores a proporção da área total que é cultivada é bem mais alta que nos maiores. Mesmo assim, em relação à *área cultivada*, havia, em 1970, 584 ha/trator nos estabelecimentos de menos de 10 ha, 957,6 ha/trator nos de 100 ha a 200 ha e 626,5 ha/trator nos de 200 ha e mais. De modo que não resta mais dúvida de que a mecanização atingiu os estabelecimentos de *todas* as classes de tamanho, dos menores aos maiores.

Tabela 40 – População ocupada, empregados e tratores nas explorações agrícolas por tamanho de área: Brasil em 1960 e 1970

Área	População ocupada		Empregados		Tratores	
	1960	1970	1960	1970	1960	1970
0-10	4.820.738	7.129.803	799.231	412.390	2.932	12.152
10-20	2.184.372	2.686.670	522.972	299.094	3.755	14.159
20-50	3.210.737	3.222.922	1.032.154	568.402	9.423	31.209
50-100	1.666.433	1.523.058	770.964	457.901	7.739	22.898
100-200	1.216.913	1.067.120	713.419	445.725	8.378	21.008
200 e +	2.519.064	1.952.516	1.942.113	1.292.387	29.111	64.439

Diferença entre 1970 e 1960						Decréscimo de empregados por trator acrescido (2)/(3)
População		Empregados		Tratores		
Absoluta (1)	%	Absoluta (2)	%	Absoluta (3)	%	
2.309.065	+ 47,9	− 386.841	− 48,4	9.220	314,5	41,957
502.298	+ 23	− 223.878	− 42,8	10.404	277,1	21,518
12.185	+ 0,4	− 463.752	− 44,9	21.786	231,2	21,287
− 143.375	− 8,6	− 313.063	− 40,6	15.159	195,9	20,652
− 149.793	− 12,3	− 267.694	− 37,5	12.630	150,8	21,195
− 566.548	− 22.5	− 649.726	− 33,5	35.328	121,4	18,391

Fonte: Censos agrícolas de 1960 e 1970.

Os efeitos da mecanização nos estabelecimentos agrícolas de menos de 200 ha sobre o nível de ocupação se fizeram sentir sobretudo em relação aos assalariados. De acordo com a Tabela 1, entre 1960 e

188   DOMINAÇÃO E DESIGUALDADE

1970 a população total ocupada aumentou nas explorações de até 20 ha, estacionou nas de 20 ha a 50 ha e diminuiu nas de área maior, com a redução se acentuando, em termos relativos, quando se passa a classes de tamanho crescente: –8,6% nas de 50 ha a 100 ha;–12,3% nas de 100 ha a 200 ha e –22,5% nas de 200 ha e mais. Porém, no que se refere ao número de empregados, o que se verifica é a sua diminuição em *todas* as classes de tamanho de área. Essa redução foi mais acentuada, em termos relativos, nas explorações de menos de 10 ha (–48,4%) do que nas outras classes de tamanho de área, havendo uma certa proporcionalidade entre decréscimo do número de empregados e acréscimo do número de tratores.

Para testar a hipótese de que a tratorização foi uma causa relevante para a queda do número de empregados, calculamos o índice do número de assalariados a menos por trator adicionado entre 1960 e 1970 em cada uma das classes de tamanho de área. A última coluna da Tabela 1 mostra que esse índice é quase constante, oscilando ao redor de 21, exceto na classe de menos de 10 ha, no qual ele é o dobro. Esse resultado tende a confirmar a suposição de que houve, entre 1960 e 1970 – e certamente continua havendo desde então – uma ampla "substituição" de trabalho assalariado por equipamento mecânico (particularmente tratores) na agricultura brasileira.

É preciso notar que uma grande parte dos assalariados pertence à força de trabalho familiar de outros estabelecimentos, geralmente de pequenos tamanhos. Os responsáveis por minifúndios e membros de suas famílias são obrigados, seja por necessidade de sobrevivência, seja por imposição do dono da terra (no caso dos que ocupam terra alheia, cedida ou arrendada), a vender uma parte de sua capacidade de trabalho como assalariados temporários ou mesmo permanentes, adicionando esses ganhos à sua produção própria. Entre 1960 e 1970, as oportunidades de trabalho assalariado na agricultura brasileira diminuíram acentuadamente, como foi visto, ocasionando a inchação do que se poderia chamar de "exército agrícola de reserva". As opções abertas aos ex-assalariados agrícolas, nessas condições, eram as seguintes: a) migrar às cidades e procurar se incorporar ao mercado de trabalho urbano integralmente ou combinar as condições de diarista agrícola (boia-fria) e de diarista urbano (como

DOMINAÇÃO E DESIGUALDADE

biscateiro ou na construção civil por exemplo); b) retornar ao minifúndio de origem, voltando a participar da exploração familiar; e c) constituir uma posse, em geral de pequeno tamanho, em áreas de terras devolutas, fazendo avançar a fronteira agrícola.

Há boas indicações de que as três opções foram realizadas. A primeira opção se traduziu em volumosa migração do campo às cidades, que se refletiu em acentuada queda da proporção rural da população brasileira, de 55% em 1960 para 44,1% em 1970. A segunda e a terceira opção produziram, em conjunto, o crescimento tanto absoluto quanto relativo da população minifundiária. A Tabela 1 mostra que a população ocupada em explorações de menos de 10 ha passou de 4.820.738 pessoas em 1960 para 7.129.803 pessoas em 1970, o que representa um crescimento de 47,9%, muito superior as da população ativa na agricultura como um todo. Consequentemente, as explorações de menos de 10 ha passaram a ocupar uma parcela crescente da população agrícola: 30,83% em 1960 e 40,55% em 1970.[4]

Essa minifundiarização de uma parcela crescente da população agrícola brasileira tem por consequência o seu empobrecimento. Isto se verifica comparando o produto por pessoa ocupada nas diferentes classes de tamanho de área, que se pode calcular a partir dos dados do Censo Agropecuário de 1970: 623 cruzeiros na de menos de 10 ha, 1.345 cruzeiros na de 10 ha a 100 ha, 2.606 cruzeiros na de 100 ha a 500 ha e assim por diante, aumentando sistematicamente com o tamanho de área, até atingir 11.312 cruzeiros na de 10 mil ha e mais. Nas explorações de menos de 10 ha, a força de trabalho familiar representava, em 1970, 94,21% da população ocupada, o que significa que o produto por pessoa ocupada corresponde de fato à renda média da população minifundiária e que era sumamente baixa, menos da metade do produto por pessoa ocupada em toda a agricultura, que naquele ano foi de 1.420 cruzeiros.

Nas explorações menores, a renda é mais baixa não somente da força de trabalho mas também dos assalariados. Os dados do censo so permitem calcular a média anual de salários por assalariado por

---

4 Essa tendência, aliás, é mais antiga. A proporção de ocupados em estabelecimentos de menos de 10 ha cresce de 19,49% em 1940 para 20,38%, em 1950, subindo a partir de então cerca de 10% por década e, portanto *dobrando* entre 1950 e 1970.

estrato de área, mas nessa média entram empregados permanentes e temporários, isto é, *tempos de trabalho* em proporções desconhecidas, pois se sabe o número de assalariados de cada tipo, mas não o número médio de meses em que foram empregados os temporários em cada estrato. Mesmo assim, o salário médio é um indicador, embora imperfeito, do nível de remuneração dos assalariados, sendo que ele varia, conforme se poderia esperar, com o tamanho de área: 645 cruzeiros e 80 centavos nos estabelecimentos de menos de 10 ha, 829 cruzeiros e 60 centavos nos de 10 ha a 100 ha, 1.192 cruzeiros e 80 centavos nos de 100 ha a 1.000 ha, 1.545 cruzeiros e 70 centavos nos de 1.000 ha a 10 mil ha e 1.970 cruzeiros e 30 centavos nos de 10 mil ha e mais.[5]

Não é coincidência que nos minifúndios a taxa de salário (645 cruzeiros e 80 centavos) seja quase igual ao produto por pessoa ocupada (623 cruzeiros). Trata-se, provavelmente, do menor salário pelo qual se podia obter trabalho assalariado na agricultura brasileira, em 1970, estando próximo da renda *per capita* da força de trabalho familiar, ambos os rendimentos com toda a probabilidade correspondendo ao nível mínimo de subsistência física. É curioso observar que o rendimento médio dos 40% de menor renda, na agricultura em 1970, segundo Langoni,[6] era de 636 cruzeiros, ou seja, muito próximo ao da força de trabalho familiar e dos empregados nos minifúndios. Como as explorações de menos de 10 ha ocupavam, em 1970, cerca de 40% da população agrícola, é grande a tentação de supor que os ocupados nesses estabelecimentos constituem precisamente os 40% de menor renda daquela população.

Essa suposição está sujeita, no entanto a várias restrições. Em primeiro lugar, o universo do Censo Demográfico, do qual são extraídas as informações sobre a repartição da renda, não corresponde ao universo do Censo Agropecuário, do qual provêm os dados sobre população ocupada e produto por estrato de renda. Como se demonstrou,[7]

---

5 Para efeito de comparação, convém recordar que, em 1970, o menor salário mínimo em vigor no país era de 124 cruzeiros e 80 centavos por mês ou 1.497 cruzeiros e 60 centavos por ano.

6 Langoni, "Distribuição da renda", op. cit.

7 Madeira; Singer, "Estrutura do emprego e trabalho feminino no Brasil: 1920-1970", *Cadernos Cebrap*, São Paulo, n.13, 1975.

DOMINAÇÃO E DESIGUALDADE

o Censo Demográfico subestima severamente a força de trabalho familiar na agricultura. Em segundo lugar, os estratos de renda mais baixa na agricultura em 1970, segundo o Censo Demográfico (isto é, os sem renda e com renda até 50 cruzeiros mensais) continham 14,2% de assalariados, ao passo que na população ocupada nos estabelecimentos de menos de 10 ha os empregados eram pouco mais de 5%.

Muito possivelmente, a maior parte das mulheres que o Censo Demográfico classifica como "donas de casa" e portanto exclui da força de trabalho, mas que o Censo Agropecuário registra como "membros não remunerados da família", deve estar ocupada em minifúndios e sua eventual inclusão na população ativa reduziria a proporção de assalariados no grupo dos 40% com as menores rendas. Além disso, Langoni exclui do cálculo da repartição da renda as pessoas economicamente ativas "sem rendimentos", que são precisamente os membros não remunerados da família. Desse modo, os efeitos da grande expansão da força de trabalho familiar sobre a repartição da renda simplesmente foram excluídos da distribuição da renda por percentis, calculada por Langoni.

Seja como for, o cálculo de Langoni atribui aos 40% de menor renda na agricultura uma participação de 15,4% no total de renda em 1970, ao passo que o Censo Agropecuário daquele ano informa que as explorações de menos de 10 ha contribuíram com 17,79% para o produto agrícola. Esse fato e mais a coincidência da renda média dos 40% de menores rendas com o produto médio da população ocupada em minifúndios leva a supor que, de fato, a grande maioria dos que menos ganham na agricultura brasileira deve estar nas explorações de menos de 10 ha. Mas a exclusão dos não remunerados *subestima* o grau de desigualdade da repartição da renda, pois atribui a renda de toda força de trabalho familiar ao chefe da família, inflando artificialmente a renda deste último. Como a grande maioria dos não remunerados estava na agricultura (93,4% em 1960 e 88,6% em 1970), a distorção é muito maior nesse setor de atividade. Os 40% de menor renda na agricultura têm, portanto, uma participação menor na renda global do que a indicada por Langoni. Esse mesmo autor reconheceu o viés, ao calcular também a repartição da renda das famílias, incluindo no cômputo da renda da unidade familiar os não

192 · DOMINAÇÃO E DESIGUALDADE

remunerados. Verifica então que, para a economia como um todo, os 40% de menor renda familiar recebiam, em 1970, 9,5% da renda global, ao passo que os 40% de menor renda, individual (excluídos os não remunerados) recebiam 10% daquela renda.[8] Tudo leva a crer que a diferença deve ser substancialmente maior na agricultura, onde se encontram quase todos os não remunerados.

Entre 1960 e 1970, o número de não remunerados na população agrícola, de acordo com os censos demográficos, teria *diminuído*, tanto em número absoluto (de 3.180.646 para 2.581.004) como relativo (de 26,9% para 19,7%). Ora, toda análise precedente, a partir dos censos agrícolas, leva a esperar a tendência oposta, já que nesse decênio a força de trabalho familiar aumentou acentuadamente na agricultura. O que houve, de fato, foi o agravamento do viés dos censos demográficos em excluir da força de trabalho as mulheres que também se ocupam com afazeres domésticos. Comparando o número de mulheres na população ocupada na agricultura registrado pelos censos agrícolas e pelos censos demográficos, em 1960 e 1970, verifica-se que, de acordo com os primeiros, ele teria crescido de 1.130.556, ao passo que, de acordo com os últimos, ele teria aumentado apenas de 83.086. A discrepância é ainda maior no que se refere às mulheres integrantes da força de trabalho familiar (todas menos as empregadas) na agricultura: de acordo com os censos agrícolas, essa categoria teria aumentado de 1.819.939 pessoas enquanto os censos demográficos registraram um aumento de apenas 70.505 pessoas, entre 1960 e 1970. Os censos agrícolas não oferecem em separado o número de não remunerados, agregando-o ao dos responsáveis pelos estabelecimentos. Uma estimativa da evolução desse número é obtida, no entanto, deduzindo-se do total da força de trabalho familiar o número de responsáveis de todas as condições: proprietários, arrendatários, ocupantes e administradores. Verifica-se então que, nos anos 1960, o número de não remunerados na agricultura brasileira *aumentou* 40%, passando de 6.510.958, em 1960, para 9.182.171, em 1970. Essa categoria representava 41,6% do pessoal ocupado na agricultura em 1960 e 52,7% em 1970.

---

8 Langoni, "Distribuição da renda", op. cit., Tabela 1.2.

DOMINAÇÃO E DESIGUALDADE

Tudo isso leva a supor que a repartição de renda na agricultura piorou entre 1960 e 1970. Um forte indicador nesse sentido, além da crescente minifundiarização da população agrícola, é que, nas explorações com menos de 10 ha, cada trator acrescido teria expulso 42 assalariados, ou seja, o dobro do número médio dos outros estratos de área (Tabela 1). Ora, esse resultado é inverossímil, por várias razões: 1) porque isso implicaria um uso mais intensivo de tratores nos minifúndios do que nos estabelecimentos maiores, quando a menor extensão cultivável nas explorações menores leva a supor que na realidade deve se dar o contrário; e 2) porque os tratores nos minifúndios, como vimos, são de potência menor que nas explorações maiores, o que deve limitar mais sua capacidade de "substituir" trabalho humano. De modo que o índice de 42 assalariados "substituídos" por cada trator indica realmente que houve uma *dupla* substituição: se cerca de metade dos assalariados expulsos foi de fato reposta por equipamento mecânico (21 por trator adicional, como nos demais estratos de área), a outra metade deve ter sido substituída por mão de obra familiar, possivelmente por membros da família que perderam seus empregos em outros estabelecimentos. Essa segunda substituição deve ter aumentado o subemprego nos minifúndios, já que cerca de três quartos dos assalariados substituídos eram temporários, ou seja, o tempo de trabalho disponível nos minifúndios aumentou mais do que 47,9% de crescimento da população neles ocupada, à medida que membros não remunerados da família tomaram o lugar de empregados temporários.

Entre 1960 e 1970, o número de estabelecimentos de menos de 10 ha cresceu 68,5%, de 1.495.020 para 2.519.630. Embora a área ocupada por esses estabelecimentos tenha crescido também, sua expansão foi menor, de modo que o tamanho médio do minifúndio diminuiu de 4 ha em 1960 para 3,6 ha em 1970. Houve também uma queda no número médio de pessoas ocupadas por minifúndio, de 3,22 em 1960 para 2,83 em 1970. Embora a área por pessoa ocupada não tenha mudado, é preciso lembrar que, em 1970, a proporção de empregados temporários era bem menor e o uso de equipamento mecanizado bem maior. O que reforça a convicção de que a ociosidade nos minifúndios deve ter se agravado, ao mesmo tempo que as oportunidades

194 DOMINAÇÃO E DESIGUALDADE

de ganho através de trabalho assalariado fora da exploração familiar sofreram forte queda. Daí deve ter resultado empobrecimento crescente da população cada vez maior confinada nos minifúndios.

Tomando-se a agricultura em conjunto, para resumir, é possível distinguir duas tendências que resultam de um desenvolvimento bastante forte para atingir amplamente nosso mundo rural, sem contudo transformá-lo pela base. A primeira dessas tendências é a expansão de uma agricultura comercial de caráter capitalista, que enseja a proletarização do trabalhador rural, sem que este possa, devido a óbices institucionais, organizar-se, seja para resistir a esse processo, seja para se organizar sindicalmente e desse modo valorizar sua força de trabalho. O efeito dessa tendência sobre a repartição da renda é torná-la mais desigual ainda, combinando-se no mundo rural formas arcaicas de exploração do trabalho com formas modernas, despidas porém dos atributos institucionais que asseguram ao trabalhador uma remuneração que lhe permite reproduzir sua força de trabalho. Em outros termos, o trabalhador perde as garantias que a servidão patrimonialista lhe proporcionava, sem ganhar os direitos da legislação trabalhista. A outra tendência, também ligada à penetração do capitalismo na agricultura é a valorização da terra em certas áreas, o que enseja a expansão de uma economia camponesa voltada para o mercado e relativamente próspera. Principalmente na fímbria das grandes cidades, prospera uma pequena burguesia rural de fruticultores, avicultores, hortigranjeiros etc. Essa classe, no entanto, não é de tamanho suficiente para compensar a primeira tendência, de concentração da propriedade fundiária e principalmente da renda.

3. *Industrialização, urbanização e marginalização*

Se, em 1930, a população urbana constituía uma minoria pouco expressiva, em 1970 ela já era maioria no Brasil. Essa intensa urbanização de nossa população deu-se no quadro de um processo de transformação estrutural da economia, na qual o setor de mercado interno assumia uma posição hegemônica. Nesse processo, as atividades voltadas para o mercado interno não somente se expandiam a um ritmo

DOMINAÇÃO E DESIGUALDADE

mais rápido que o resto da economia, mas mudavam de caráter. É o que aconteceu com a indústria. Até 1930, nosso parque industrial se limitava a produzir certos bens de consumo não duráveis – tecidos, roupas, alimentos etc. – em estabelecimentos de tamanho pequeno ou médio, voltados para mercados locais, ou, no máximo, regionais. Nas últimas quatro décadas, a indústria brasileira diversificou-se bastante, iniciando a produção de bens duráveis de consumo, bens intermediários e bens de capital. Os novos ramos utilizavam técnicas que requerem grande volume de capital por trabalhador e amplas escalas de produção. Resultou daí um intenso processo de concentração do capital, mediante o surgimento de grandes empresas que buscavam suprir o conjunto do mercado nacional.

Numa primeira etapa, as novas empresas de grande tamanho, por integrarem ramos novos, passaram a funcionar ao lado das pequenas e médias indústrias mais antigas que continuavam predominando nos chamados ramos "tradicionais". Porém, como estas não tinham capacidade financeira para se reequipar e dar o salto para a produção em massa, o seu atraso tecnológico foi se acentuando, tornando cada vez mais convidativa para as subsidiárias dos conglomerados estrangeiros a penetração nesses ramos. Quando, após 1964, a entrada de investimentos estrangeiros no Brasil foi novamente liberalizada, a concentração do capital começou a atingir também a indústria leve.

A tendência à concentração do capital na indústria brasileira pode ser documentada com os dados dos censos industriais e de levantamentos do IBGE. Assim, por exemplo, os estabelecimentos que empregavam menos de cinco pessoas contribuíam com 12,6% para o valor da produção industrial em 1949, proporção esta que baixa para 5% em 1959 e para 1,1% em 1968. Em compensação, a participação no valor da produção dos estabelecimentos que ocupavam cem ou mais pessoas passa de 61% em 1959 para 74% em 1968.[9]

A forte participação do capital estrangeiro nesse processo de concentração pode ser ilustrada pelo fato de que, em 1970, das 50

---

9 Vários outros aspectos da concentração do capital industrial no Brasil são discutidos por mim em "Força de trabalho e emprego no Brasil", *Cadernos Cebrap*, São Paulo, n.3, p.52-7, 1971.

maiores sociedades anônimas do Brasil, nada menos que 19 eram subsidiárias de grandes companhias estrangeiras, sendo que das outras 31, brasileiras, nada menos que 20 são companhias mistas, 13 delas se dedicando a serviços de infraestrutura, energia elétrica, água etc. Das grandes empresas que, no Brasil, se dedicam à atividade industrial, mais da metade é estrangeira. Isto já é notório nos chamados ramos "dinâmicos", como no de construção de veículos, onde as 4 maiores empresas são estrangeiras ou na de química, onde, das 5 maiores, 4 são estrangeiras. Menos conhecida é a penetração do capital estrangeiro na chamada indústria leve ou "tradicional", como a do vestuário, onde a 1ª e 9ª das maiores empresas são estrangeiras ou como a têxtil, onde a 1ª, a 2ª e a 7ª são estrangeiras, o mesmo se verificando ainda na de produtos alimentares, onde 3 das 4 maiores são estrangeiras.[10]

O mesmo processo de concentração do capital começou a atingir também o comércio varejista, com a rápida substituição de bazares, mercearias e quitandas por grandes lojas e supermercados, organizados em redes. No setor financeiro, as constantes fusões de bancos denotam o mesmo fenômeno. Tendências no mesmo sentido podem ser detectadas em outros ramos do terciário, com o surgimento de frotas de táxis, redes de cinemas, grandes organizações hospitalares e de seguro de saúde, grandes firmas hoteleiras etc. Assim, entre as 500 maiores sociedades anônimas não financeiras do país, em 1970, se encontravam (além de atacadistas, importadores etc.) 12 cadeias de lojas, 5 magazines, 4 companhias hoteleiras, 4 editoras de jornais, 1 casa de saúde e 1 firma de propaganda.[11]

O gigantismo na economia urbana acarretou, como era inevitável, a eliminação sistemática do pequeno e médio empresário, que passa a sobreviver apenas nos interstícios da grande economia capitalista, como fornecedor de serviços complementares (postos de gasolina, garagens, oficinas de consertos) ou ocupando posições marginais no mercado. Dado, porém, o intenso crescimento de nossa

---

10 Dados da FGV, *Revista Conjuntura Econômica*, v.25, n.7, jul. 1971. Disponível em: <https://periodicos.fgv.br/rce/issue/view/3870>. Acesso em: 26 set. 2023.

11 Ibidem.

DOMINAÇÃO E DESIGUALDADE

economia urbana, isto não significou o desaparecimento, em termos absolutos, do pequeno e médio empreendedor mas a perda de sua importância em termos econômicos e sociais.

É preciso considerar que, enquanto se davam essas transformações, a população urbana se multiplicava rapidamente, por efeito da queda da mortalidade que elevava o ritmo do seu crescimento vegetativo e em consequência da intensa migração do campo à cidade como resultado das transformações sofridas pela agricultura. Essa população em rápido crescimento se defrontava com parcas alternativas no campo econômico: ou obtinha emprego nas grandes empresas[12] em expansão ou tentava a sorte como "autônomo" no comércio ou nos serviços pessoais. Dessas alternativas, a primeira era sem dúvida a preferível, pois oferecia mais segurança e acesso aos direitos assegurados pela legislação do trabalho. Acontece que os fluxos migratórios eram muito maiores que o volume de força de trabalho que os setores monopolistas da economia urbana desejavam empregar. Deu-se, assim, a "proletarização" de uma ponderável parte da população brasileira por meio de sua urbanização, nos quadros de um mercado de trabalho cronicamente saturado, particularmente para a grande massa de trabalhadores pouco ou nada qualificados.

Analisando-se a evolução da estrutura da força de trabalho urbana, isto é, ocupada em atividades não agrícolas, é preciso em primeiro lugar assinalar a queda da proporção de empregadores, de 4,5% em 1950 para 1,8% em 1960 e para 1,4% em 1970. Como se vê, a eliminação do pequeno empreendedor se deu em escala muito significativa, enquanto a proporção de empregados se elevava de 71,8% em 1950 para 72,4% em 1960 e para 78% em 1970.

Essa proletarização dos trabalhadores não se deu em condições favoráveis, apesar da grande expansão industrial havida. Muitos dos que não encontraram oportunidades de se empregar em empresas capitalistas tiveram que se contentar com ocupações precárias de baixa renda, como o serviço doméstico. O total de ocupados nessa

---

12 É preciso incluir nestas o setor público, tanto a administração centralizada como as autarquias, empresas públicas e mistas, que apresentavam também intenso ritmo de expansão.

198 DOMINAÇÃO E DESIGUALDADE

atividade se expandiu de 986.923 em 1960 para 1.748.139 em 1970, passando sua proporção dos assalariados urbanos de 12,5% em 1960 para 13,6% em 1970. A categoria de "Prestação de serviços", na qual se incluem os empregados domésticos e outras atividades marginalizadas, cresceu no mesmo ritmo que o conjunto dos assalariados urbanos, representando pouco mais de um quinto deles tanto em 1960 como em 1970. Dos que estavam ocupados em "Prestação de serviços", ganhavam até um salário mínimo 80,6% em 1960 e 88,3% em 1970.

Nessas circunstâncias, a tendência à concentração de renda só poderia ser contrabalançada pela organização autônoma dos assalariados objetivando obter melhor remuneração e uma intervenção protetora do Estado nas relações de trabalho. É preciso notar que esses objetivos eram perfeitamente viáveis, desde que a produtividade do trabalho estava crescendo vigorosamente. Bastaria, com efeito, que os assalariados pudessem participar proporcionalmente dos ganhos de produtividade para que a repartição da renda não se tornasse mais regressiva.

Pode-se notar, ao longo desse período de quarenta anos, esforços ingentes no sentido de organizar sindicalmente os trabalhadores urbanos, tendo em vista, genericamente, os objetivos mencionados. Esses esforços tiveram êxito apenas esporadicamente. Nos anos 1930, as bases da legislação trabalhista foram lançadas. Na década seguinte foi instituído o salário mínimo e o descanso semanal remunerado. Nos anos 1950, o movimento operário brasileiro obteve seus maiores êxitos: conquistou o direito de greve e um determinado grau de autonomia sindical, fazendo sentir nas negociações coletivas o peso de sua organização. Foi nesse período que, provavelmente o crescimento dos salários reais acompanhou de perto o crescimento da produtividade. Mas, já no fim dessa década, a aceleração do processo inflacionário começou a corroer o poder aquisitivo dos trabalhadores. Nos anos seguintes, até 1964, os numerosos movimentos trabalhistas eram apenas defensivos, destinando-se primordialmente a recompor os salários reais.

A partir de 1964, o panorama político passou a ser desfavorável, em extremo, à organização e às lutas sindicais. O controle político e

DOMINAÇÃO E DESIGUALDADE

ideológico dos sindicatos pelo governo tornou-se muito mais estreito. O direito de greve por reivindicações salariais foi praticamente abolido. As antigas lideranças sindicais foram perseguidas e afastadas das organizações dos trabalhadores. A política econômica posta em prática, entre 1964 e 1968, levou à centralização dos reajustamentos salariais, que foram concedidos em nível inferior ao aumento do custo de vida, levando à deterioração dos salários reais. O salário mínimo, último bastião de defesa do trabalhador de pouca qualificação, foi sistematicamente reduzido, em seu poder aquisitivo, pelo menos até 1969. O direito à estabilidade no emprego foi na prática eliminado, pois a nova legislação facilitou ao patronato impor a "opção" pelo regime do Fundo de Garantia do Tempo de Serviço a todos os novos empregados.

A nova situação política operou uma forte redistribuição da renda para cima. Os grandes empregadores foram os maiores beneficiados, mas não os únicos. Quando a economia passou novamente a se expandir, de 1968 em diante, o crescimento se deu sobretudo nos setores onde predominavam as grandes firmas que empregavam técnicas sofisticadas e portanto requeriam mão de obra administrativa e técnica especializada. Isto se deu em virtude de uma série de medidas de política econômica, como os incentivos concedidos à indústria petroquímica, à automobilística (em especial durante a crise de 1965), os subsídios dados à exportação de produtos industrializados etc. Constitui exceção o apoio dado à construção civil pelo Banco Nacional de Habitação, destinado a multiplicar a demanda por mão de obra pouco qualificada.

O fato inegável é que a demanda por técnicos, administradores e profissionais liberais cresceu mais que a oferta desses tipos de trabalhadores, acarretando substancial elevação dos seus ganhos. Deu-se, dessa forma, um novo impulso à concentração da renda, com o aumento do desnível, já por si grande, entre os salários dos empregados de nível elevado e os da grande maioria dos trabalhadores adestrados e não qualificados. (*Vide* Apêndice.)

As computações apresentadas no trabalho de C. G. Langoni, antes referido, oferecem comprovação, embora indireta, desse aspecto da concentração da renda. Na Tabela 10 daquele estudo se verifica que a diferença entre a renda média dos vários níveis educacionais

200 DOMINAÇÃO E DESIGUALDADE

aumentou consideravelmente, entre 1960 e 1970. No ano inicial desse período, as pessoas que possuíam escolaridade de nível superior tinham renda dez vezes maior que a dos analfabetos. Entre 1960 e 1970, a renda real dos primeiros subiu 51%, isto é, bem mais que a renda de toda a população, ao passo que a dos últimos permaneceu no mesmo nível. Dessa maneira, no fim do período os de nível escolar superior usufruíam uma renda real mais de quinze vezes maior que a dos analfabetos. É preciso notar que a diferença entre a renda real dos possuidores de escolaridade superior e os que têm apenas o primário também aumentou nesse período, passando de 1:5,3 em 1960 para 1:7,1 em 1970.

Como a grande massa dos trabalhadores de pouca qualificação é composta por pessoas de baixo nível de escolaridade assim como o pessoal técnico e administrativo especializado sói possuir escolaridade de nível superior, é lícito concluir que o crescente desnível de renda entre grupos de escolarização diferente reflete, em grande parte, uma crescente desigualdade na remuneração da força de trabalho conforme seu nível de qualificação.

Surgiu assim uma "nova" classe média de assalariados de elevadas rendas, cujo alto padrão de vida influi sobre a estrutura da demanda, alterando-a significativamente. De um lado, expande-se a procura por bens de consumo duráveis, grande parte dos quais atendem a fins de ostentação, dos quais o automóvel é o mais conspícuo. Por outro lado, aumenta o consumo de serviços pessoais, particularmente do serviço doméstico. Dessa forma, uma parte considerável da força de trabalho que não é absorvida pela grande empresa acaba por se colocar a serviço da "nova" classe média (e também da alta) como empregados domésticos, lavadores e guardadores de carros, jardineiros, cabeleireiros, garçons de restaurantes de luxo etc. Como já observava Malthus, é o desperdício dos ricos que assegura a sobrevivência dos pobres, o que constitui excelente justificativa do esbanjamento, desde que não se coloque em questão a divisão da sociedade entre pobres e ricos.

É preciso, finalmente, considerar que aos desníveis já apontados na economia agrícola e urbana, se acrescentam os regionais. A industrialização brasileira se concentra, na realidade, ao redor de apenas

DOMINAÇÃO E DESIGUALDADE 201

uma meia dúzia de polos metropolitanos. Mesmo os esforços destinados a levar a industrialização ao Nordeste acabaram por produzir resultados tangíveis em apenas duas metrópoles da região: Salvador e Recife. Acontece, no entanto, que as migrações do campo à cidade atingem um número muito maior de centros urbanos, que meramente incham, exibindo as chagas da miséria rural dentro do contexto urbano. Isto se dá não devido a alguma aparente irracionalidade dos migrantes, mas pelo fato de que sua escassez de recursos não lhes permite deslocamentos por longas distâncias. Em áreas rurais estagnadas, o excedente populacional não encontra condições de sobrevivência nem mesmo na agricultura de subsistência, por falta de terra ou de acesso a ela, quando monopolizada pelo latifúndio. Nessas condições, a população sobrante migra à localidade urbana mais próxima, na qual as comunidades pobres, agrupadas em mocambos, invasões, alagados etc., criam formas específicas de sobrevivência, que consistem em repartir cada vez mais as sobras de excedente econômico que, de uma forma ou outra, conseguem alcançar.

A miséria dessas massas marginalizadas resulta, em primeiro lugar, da omissão: nada se faz para levar até elas a acumulação do capital, nem para levá-las para as áreas onde a acumulação se dá. Estruturalmente, no entanto, essa marginalização em massa é consequência da penetração do capitalismo na agricultura,[13] da forma como se dá a concentração do capital urbano e do fato de se deixar aos mecanismos de mercado o encaminhamento dos recursos destinados a difundir o desenvolvimento nas áreas mais atrasadas.

Durante a última década (1960-1970), só em São Paulo a renda real por pessoa ocupada cresceu em ritmo maior que a do Brasil. No Rio de Janeiro-Guanabara e no Nordeste ela cresceu a uma taxa ligeiramente inferior à nacional, mantendo-se sua situação relativa. Onde houve de fato empobrecimento relativo foi no Norte e Centro-Oeste,

---

13 Isto é verdadeiro mesmo quando a agricultura comercial não surge nas áreas atrasadas. A crescente interligação do território permite à agricultura capitalista competir com a de subsistência no abastecimento das cidades situadas nas áreas afastadas da primeira, o que reduz o mercado para o excedente alimentar do SS local e reforça a tendência à estagnação.

no Sul e no centro (Minas Gerais-Espírito Santo), onde a renda real cresceu a ritmo muito inferior ao do resto do país. É inegável, nesses termos, que os desníveis inter-regionais continuam aumentando, apesar das medidas de política econômica postas em prática para eliminá-los.[14]

4. A explicação "econômica" da repartição da renda

Quando se verifica, comprovadamente, que a repartição da renda se torna cada vez mais regressiva no Brasil, surgem imediatamente análises que procuram explicar essa tendência a partir de fatores essencialmente econômicos. De acordo com essas análises, a desigualdade na repartição reflete a relativa escassez ou abundância dos fatores de produção, sendo o resultado do excesso de oferta de força de trabalho pouco qualificada. O salário seria a remuneração de um "capital humano" acumulado em cada indivíduo e sendo esse "capital humano" mínimo nos pouco qualificados, seu salário não pode deixar de ser baixo. Esse tipo de raciocínio é geralmente "comprovado" por análises estatísticas que revelam haver elevada correlação entre o grau de escolaridade (considerado elemento primordial do "capital humano") e o nível de renda.

Acontece que esse tipo de correlação se encontra em qualquer economia, o que não significa que o grau de desigualdade na repartição da renda ou o desnível entre os salários seja semelhante nos diversos países. Obviamente aí entram outros fatores, de caráter estrutural, como os antes apontados. É concebível que os diferentes níveis de ganhos correspondam a custos diferentes de reprodução da força de trabalho, sendo os diferenciais influenciados também pelo grau de escolaridade. Mas o custo de reprodução da força de trabalho também contém elementos políticos e sociais, que decorrem do grau de organização das várias categorias profissionais e das instituições que regem o mercado de trabalho. A escolaridade por si só jamais

---

14 Cf. Langoni, "Distribuição da renda e desenvolvimento econômico do Brasil", op. cit., Tabela 9.

DOMINAÇÃO E DESIGUALDADE

poderia explicar porque o salário dos profissionais de nível médio, na indústria paulista, é, em média, de 9 cruzeiros e 66 centavos por hora, e o dos de nível superior é de 20 cruzeiros por hora, como mostra pesquisa recente do IPE[15] quando o salário mínimo mais alto do estado é de pouco mais de 1 cruzeiro e 30 centavos por hora.

A correlação entre escolaridade e renda não indica uma simples relação de causa e efeito. É sabido que, no Brasil, as oportunidades educacionais são escassas e que, na sua disputa, os jovens das famílias abastadas levam grande vantagem. Na verdade, a pirâmide educacional reflete, com poucas distorções, a pirâmide de estratificação social e econômica. É claro que há possibilidade de ascensão em uma e em outra, mas esses movimentos são antes exceção do que regra. A recente introdução do pagamento de taxas por parte dos estudantes das universidades públicas tende a tornar o acesso dos jovens pobres aos graus mais elevados de ensino ainda mais difícil. Transforma-se, dessa maneira, o sistema escolar num gargalo que antes impede do que estimula a mobilidade social ascendente.

É a seleção social no sistema escolar que explica, em parte, a elevadíssima diferença de remuneração (da ordem de 1 para 15) entre profissionais de nível superior e trabalhadores pouco qualificados na indústria paulista, por exemplo. Sendo alto o padrão de vida daqueles profissionais desde sua origem familiar, suas aspirações econômicas são igualmente elevadas e tendem a ser satisfeitas não devido a sua escassez relativa, mas porque os que tomam as decisões do lado da demanda, os empregadores, são da mesma classe social e "compreendem" perfeitamente quanto custa manter um padrão de vida "decente". Ao mesmo tempo, o padrão de vida da classe operária é determinado pelo Estado ao fixar o salário mínimo e decidir o nível de reajustamentos salariais. Não há critério "econômico" que permita explicar porque o salário mínimo, em São Paulo, deveria ser, em dezembro de 1971, em termos reais, 13% inferior ao de 1953;[16] quando nestes dezoito anos o produto *per capita* brasileiro cresceu 100%. Parece óbvio que a determinação de quanto custa reproduzir a força

---

15 *O Estado de S. Paulo*, 21 nov. 1972, p.44.

16 *Boletim do Banco Central do Brasil*, p.90-1, out. 1972.

de trabalho dos operários pouco qualificados obedece também a critérios sociais e políticos, entre os quais não se inclui a ideia de que o padrão de vida operário deva crescer com o aumento de produtividade. O ponto de vista de que a educação é o principal fator de diferenciação da remuneração do trabalho se fundamenta na teoria marginalista da repartição, segundo a qual o salário corresponde à produtividade marginal do trabalho. Admite-se que o empregador, ao fixar para um engenheiro, por exemplo, um salário quinze vezes superior ao de um operário comum, faça um cálculo econômico pelo qual ele conclui que, para a empresa, a contribuição de um engenheiro a mais é quinze vezes maior que a de mais um operário. Essa hipótese baseia-se, por sua vez, na suposição da infinita divisibilidade dos fatores de produção, ou seja, que é possível determinar a produtividade na margem de cada indivíduo que trabalha na empresa. Ora, essa suposição é *falsa*. A divisão do trabalho em qualquer empresa moderna acarreta uma estreita interdependência de todos os integrantes de amplas equipes de produção. Não tem sentido, portanto, considerar a produtividade de um engenheiro ou de um operário isoladamente. A produtividade do engenheiro é nula se ele não puder contar com a colaboração de outros especialistas e de numerosos operários. Se o empregador de fato fizesse um cálculo econômico para determinar as remunerações máximas que lhe convém pagar, ele teria que raciocinar assim: dado o valor adicionado por uma nova linha de produção, a soma de remunerações que posso pagar para que me sobre uma margem conveniente de lucro é tanto. Nessa soma incluem-se os salários dos engenheiros, programadores, supervisores, operários qualificados, semiqualificados etc.

Nesse caso, se a remuneração dos operários já está de certo modo prefixada, por fatores institucionais (nível de salário mínimo, contratos coletivos de trabalho etc.), a remuneração dos profissionais de nível mais elevado, que está muito menos sujeita àqueles fatores, tende a ser *inversamente proporcional* à dos operários. Em outros termos, dada a limitação da folha de pagamentos global, quanto menos o empregador tiver que pagar aos operários, tanto mais ele poderá pagar aos engenheiros, gerentes, economistas etc. E vice-versa, naturalmente.

DOMINAÇÃO E DESIGUALDADE

Isso significa que o tamanho do desnível salarial é, em última análise, função de dois fatores: 1) da produtividade do trabalho conjunto, de equipes inteiras de produção, da qual se deriva o limite global da folha de pagamentos; e 2) da remuneração dos trabalhadores de linha, que soem constituir a maior parte dos integrantes das equipes, e é determinada por fatores institucionais gerais. No Brasil, esses fatores têm levado a remuneração dos trabalhadores de pouca qualificação a não acompanhar o crescimento da produtividade média do trabalho. É natural que a remuneração dos profissionais especializados tenha aumentado, em termos reais, a uma taxa muito superior à da produtividade. É o que se pode comprovar, de forma indireta, mediante a evolução da repartição da renda, por níveis educacionais. Entre 1960 e 1970, a renda pessoal média, que pode ser tomada como um indicador (por baixo) da produtividade, aumentou 36,9%. No mesmo período, a renda real dos analfabetos permaneceu constante e a das pessoas com curso primário aumentou 13,7%, enquanto a das pessoas com curso superior cresceu 51,9%.[17] (*Vide também* o Apêndice.)

Na realidade, já no início do período (1960) havia uma correlação perfeita entre nível de escolaridade e nível de remuneração. O aumento do desnível, ocorrido entre 1960 e 1970, em nada melhorou aquela correlação. Logo, a correlação entre os dois níveis não pode ser um fator explicativo da concentração da renda que ocorreu.

Tampouco se poderia argumentar (já agora não mais na linha da teoria marginalista) que teria havido uma elevação do custo real da reprodução da força de trabalho de nível superior em ritmo muito maior que o da força de trabalho qualificada, por causa de circunstâncias "econômicas". De fato, incorporaram-se ao padrão de vida da "nova" classe média bens e serviços de elevado valor. Houve um evidente "refinamento" nos padrões de consumo dessas camadas, que se consubstancia no uso de objetos mais luxuosos (residências, carros, mobília, aparelhos eletrônicos etc.) e de serviços em maior volume, desde o turismo no país e no exterior até a multiplicação de empregados domésticos. É fácil entender que esse "refinamento" do consumo

---

17 Cf. Langoni, "Distribuição da renda e desenvolvimento econômico do Brasil", op. cit., Tabela 10.

acompanhou a elevação de sua renda, sendo antes consequência do que causa dela. A rápida elevação da renda dos grupos mais ricos possibilitou a expansão de sua demanda de consumo e é perfeitamente natural que a oferta tenha respondido a essa demanda solvável, expandindo a produção de valores de uso capazes de atrair clientes cujas necessidades básicas já estavam satisfeitas. Não faz sentido supor que foi a necessidade das empresas de utilizar sua capacidade de produção já instalada que impôs a concentração da renda. Se havia capacidade ociosa nas indústrias de bens duráveis de consumo, ela também existia em outros setores que não foram beneficiados, antes pelo contrário, pela mudança na estrutura da demanda provocada pela concentração da renda. Para o capital, é totalmente indiferente por meio de que tipo de valores de uso ele se valoriza. Mesmo admitindo-se que, no Brasil, os setores hegemônicos do capital se concentram na chamada indústria "moderna" é fácil de ver que muitos ramos dela se dirigem à demanda da grande massa. Para esses setores, o aumento da demanda por remédios, produtos de higiene, alimentos e bebidas industrializadas, cigarros, roupas etc. é tão lucrativo quanto o aumento da demanda por automóveis, residências e mobília de luxo ou serviços de turismo.

É preciso, finalmente, evitar a falácia de se tentar explicar a concentração da renda que vem ocorrendo no Brasil pela tendência inerente ao capitalismo de expandir a produção do excedente em ritmo superior ao do crescimento do produto total. A falácia consiste na identificação da renda pessoal com aquele produto. Na realidade, a maior parte do excedente ou, mais precisamente, a parte acumulada do excedente não aparece sob a forma de renda pessoal, mas como ganho de capital ou valorização da propriedade. Essa parte do excedente permanece nas empresas sob a forma de lucros retidos que são oportunamente incorporados ao capital, levando a uma valorização dele e portanto da propriedade dos seus donos. Mas é duvidoso que esses ganhos de capital (que, no Brasil, são inclusive isentos do imposto de renda devido pela pessoa física) sejam computados na renda pessoal apurada pelos censos, na qual se baseia toda a discussão sobre a repartição da renda.

Não se deve deixar de considerar, no entanto, que se o excedente tende a ser uma parcela crescente do produto e se o mesmo se dá,

DOMINAÇÃO E DESIGUALDADE

como é provável, com o excedente acumulado, a renda pessoal derivada da propriedade do capital, que aparece sob a forma de dividendos, retiradas etc. não deixa de ser um elemento que contribui para a crescente desigualdade na distribuição da renda. Não há, infelizmente, dados disponíveis que permitam avaliar o peso desse elemento em contraposição ao peso do outro fator que age no mesmo sentido, ou seja, a crescente desigualdade na escala salarial. Não há dúvida, porém, que a renda "líquida" da propriedade, isto é, já deduzida a parte institucionalmente acumulada, deve desempenhar um papel importante na concentração da renda que vem ocorrendo no Brasil. Isto se deve não somente à tendência geral do capitalismo de fazer o excedente crescer mais que o produto, mas também a uma série de medidas de política econômica adotadas no Brasil que tendem a acelerar o crescimento desse tipo de renda. A título meramente ilustrativo podem ser citadas a estrutura tributária, na qual predominam os impostos indiretos, as isenções fiscais que favorecem os que recebem rendas elevadas, boa parte das quais são derivadas da propriedade, a liberação dos aluguéis, a fixação dos juros reais em nível elevado etc. Mais importante, porém, que todas essas medidas, que favorecem direta ou indiretamente as classes proprietárias, contribui para a concentração da renda a política salarial, a qual, ao impedir que a remuneração da grande maioria dos assalariados acompanhe o aumento da produtividade, efetivamente acelera o crescimento do excedente e portanto das rendas que resultam da sua propriedade. Uma política salarial menos restritiva levaria a um crescimento menos acelerado do excedente global, mas não necessariamente do excedente acumulado. Se uma política salarial diferente fosse acompanhada por medidas (por exemplo, de caráter tributário) que coibissem o consumo do excedente, seria possível conciliar uma taxa elevada de acumulação com menor desigualdade no padrão de vida das várias classes.

É preciso convir, no entanto, que uma solução dessa espécie requer pressupostos políticos dificilmente conciliáveis não só com a situação atual do país, mas também com a de qualquer país que tenha optado por um desenvolvimento capitalista. Não se pode esquecer que todo sistema de incentivos, no capitalismo, se baseia na apropriação privada do excedente e da sua livre utilização de acordo

208 DOMINAÇÃO E DESIGUALDADE

com critérios privados. A experiência histórica mostra que tentativas de intervir seja na apropriação privada do excedente, seja em sua utilização, tendem a provocar forte redução da acumulação privada, fuga de capitais etc. Nesse sentido, a justificativa da concentração da renda de que "há que esperar que o bolo cresça para só então reparti-lo" apresenta uma ironia tão profunda quanto inconsciente: no capitalismo, o bolo cresce enquanto não é repartido... Dessa maneira, é preciso concluir que as possibilidades de redistribuição da renda para baixo são extraordinariamente limitadas no capitalismo. Elas existem, no entanto, e sua realização depende, em essência, de condições políticas que permitam aos diretamente interessados exercer maior influência na vida da nação.

5. *Repartição da renda pessoal e da renda recebida como salário*[*]

A repartição da renda salarial pode ser estudada, no Brasil, unicamente (o quanto saibamos) mediante as informações contidas nas declarações da Lei dos dois terços, que abrangem apenas os assalariados urbanos, enquadrados na Consolidação das Leis do Trabalho (CLT). Apesar dessas limitações (exclusão dos assalariados agrícolas, empregados domésticos, funcionários públicos) trata-se de uma faixa bastante expressiva de todos os assalariados do país (provavelmente mais da metade), o que permite tirar ilações razoáveis sobre o todo. Pela metodologia usual (ajustamento de uma Curva de Pareto),[18] os dados referentes a 1969 (último ano disponível) foram ajustados de modo a se obter a distribuição decílica dos salários na indústria, no comércio e serviços e no conjunto (secundário e terciário). Os

---

[*] Para facilitar a consulta a este volume, que reúne diferentes trabalhos do autor, este subtítulo, que na publicação original era um Apêndice ao Capítulo III, foi convertido na última seção do mesmo. (Nota dos Organizadores)

[18] Os cálculos foram feitos por Duarte, que descreve a mesma metodologia aplicada anteriormente aos dados do Censo de 1970, em sua dissertação de mestrado, *Aspectos da distribuição da renda no Brasil em 1970*.

DOMINAÇÃO E DESIGUALDADE

resultados desses cálculos encontram-se na tabela a seguir, juntamente com os referentes à repartição da renda pessoal, obtidos a partir do Censo de 1970, calculados por Langoni.[19]

Tabela 41 – Estrutura da repartição no Brasil

Decis	Renda pessoal em 1970		Indústria		Salários urbanos, 1969		Total	
					Comércio e serviços			
	%	R.M.	%	R.M.	%	R.M.	%	R.M.
10	1,1	3,2	3,2	89	2,7	94	3	92
10	2,1	58	4,3	120	3,7	128	3,9	120
10	3	84	4,7	131	4,1	142	4,6	141
10	3,9	110	5,3	147	4,9	170	5	153
10	4,9	139	6,2	173	5,8	201	5,8	178
10	5,9	168	6,4	178	6,8	236	7,2	221
10	7,4	210	9,4	262	8	278	8,2	251
10	9,6	272	11	306	11	382	11,1	340
10	14,5	411	14,5	404	15,9	552	15	460
10	47,8	1.360	35	974	37,1	1.288	36,2	1.110
Total	100	282	100	278	100	347	100	307
Gini	0,57		0,41		0,45		0,43	

R.M. = renda média mensal (em cruzeiros correntes)
Fonte: Renda – calculada a partir de dados do Censo de 1970, em Langoni, "Distribuição da renda e desenvolvimento econômico do Brasil", op. cit. Salários – calculada a partir de dados das declarações da Lei dos 2/3, por Duarte, *Aspectos da distribuição da renda no Brasil em 1970*, op. cit.

Por essa tabela pode-se verificar, em primeiro lugar, que a distribuição dos salários urbanos é bastante concentrada no Brasil. Basta dizer que o salário médio dos 10% mais bem remunerados é cerca de doze vezes maior que a dos 10% mais mal pagos: 1.110 cruzeiros e 92 cruzeiros mensais, respectivamente.

É verdade, porém, que a concentração da renda pessoal é ainda maior que a dos salários urbanos. Os Índices de Gini são respectivamente 0,57 e 0,43. Comparando-se mais detidamente as duas

---

19 Langoni, "Distribuição da renda e desenvolvimento econômico do Brasil", *Estudos Econômicos*, São Paulo, v.2, n.5, Tabela 4, out. 1972.

210 DOMINAÇÃO E DESIGUALDADE

distribuições (a primeira e a última da tabela), pode-se ver que a participação dos 10% mais ricos é bem maior na renda pessoal (47,8%) do que nos salários (36,2%): essa diferença deve ser atribuída à renda da propriedade, que naturalmente é muito mais concentrada do que a renda do trabalho. Como a renda da propriedade está presente na renda pessoal, mas não nos salários, ela faz que a repartição da primeira seja mais concentrada que a dos últimos.

Vale a pena notar também que, nos decis mais pobres, a renda pessoal média é muito menor que o salário médio, o que deixa de ser verdade nos decis mais ricos (nessa comparação não há necessidade de ajustar o valor da unidade monetária, erodida pela inflação entre 1969 e 1970, pois o efeito se faria sentir uniformemente em todos os decis). Assim, nos 10% mais pobres, o salário médio é quase 3 vezes maior que a renda pessoal média. Já no 4º decil, de baixo para cima, o salário médio é apenas 28% maior que a renda pessoal média. No 8º decil, a diferença cai para 18% e, no último decil (os 10% mais ricos), ela se inverte: a renda pessoal média é maior que o salário médio.

A pobreza muito maior, não só em termos relativos, mas também absolutos, revelada pela repartição da renda pessoal certamente se deve à presença dos "autônomos", que, tanto na agricultura como nas atividades urbanas (principalmente na prestação de serviços), constituem, de fato, o conjunto humano mais desfavorecido da estrutura social brasileira. Os dados mostram que os assalariados urbanos que gozam dos direitos assegurados pela legislação trabalhista, mesmo os de menor remuneração, encontram-se em posição superior à do quinto mais pobre de toda a população. Efetivamente, o salário médio do primeiro decil da distribuição dos salários (92 cruzeiros) é um pouco maior que a renda média do 3º decil (84 cruzeiros) da repartição da renda pessoal. Se se consideram os efeitos da inflação, de cerca de 25% o salário médio real do 1º decil dos assalariados passa a ser equivalente à renda média do 4º decil da repartição da renda pessoal, o que leva a concluir que a massa mais pobre, composta principalmente pelos "autônomos" e pelos assalariados agrícolas, deve constituir cerca de 30% do conjunto da população economicamente ativa.

Comparando-se agora as distribuições salariais da indústria com a do comércio e serviços (terciário), é fácil de ver que tanto a

DOMINAÇÃO E DESIGUALDADE

concentração como o salário médio são menores na primeira: enquanto o Índice de Gini é de 0,41 para a indústria ele sobe a 0,45 no terciário, o salário médio sendo respectivamente de 278 e 347 cruzeiros. Fazendo-se a comparação decil por decil, pode-se verificar que as diferenças de salário médio aumentam à medida que se passa dos decis mais pobres aos mais ricos. Assim, no 1º decil, a diferença de salário médio (sempre a favor do terciário) é de apenas 6%, que passa para 19% no 4º, a 25% no 8º, atingindo seu valor maior nos dois últimos decis, isto é, nos mais ricos, em que o salário médio pago no terciário é respectivamente 37% e 32% maior que o pago no secundário. Esse tipo de diferença pode encontrar sua explicação na proporção muito grande (mesmo em comparação com a indústria) de profissionais de nível universitário em certas atividades do terciário (educação, saúde, finanças etc.). O maior peso da "nova" classe média no terciário deve explicar não só o salário mais elevado nesse setor como o caráter mais concentrado da sua repartição salarial, em relação ao secundário, no qual a grande massa de trabalhadores semiqualificados deprime o salário médio e torna a repartição salarial menos desigual.

Como se viu, a repartição dos salários, no Brasil, deve ter se concentrado a partir de 1965, quando a política de contenção salarial (o famoso "arrocho") começou a afetar o salário mínimo e os reajustamentos salariais. Essa tendência encontra-se, agora, bem comprovada em relação à indústria, cuja repartição salarial entre 1966 e 1970, foi analisada por Luís Carlos Guedes Pinto, em sua tese de doutoramento.[20] Esse autor, baseando-se nas declarações da Lei dos dois terços e nos inquéritos do IBGE, verificou que o Índice de Gini da repartição salarial na indústria aumentou de 0,356 em 1966 para 0,439 em 1970. Nesse período, a participação dos 40% mais pobres no total de salários pagos pela indústria caiu de 19% para 15,5%, ao passo que a dos 10% mais ricos subiu de 30% para 37,5%. Outro resultado, do mesmo autor, que vem confirmar as hipóteses formuladas quanto às causas da concentração salarial, é que, entre 1966 e 1970, o salário real dos empregados administrativos da indústria aumentou 53%, ao passo que o dos operários subiu apenas 15%.

---

20 Pinto, *Contribuição do estudo da distribuição da renda no Brasil.*

Esses dados não deixam muita dúvida quanto aos efeitos da política salarial inaugurada em 1964: ela atinge sobretudo os salários mais baixos, cujo valor real foi reduzido entre 1965 e 1967, voltando, de 1968 em diante a subir, porém em ritmo extremamente lento, muito inferior ao aumento da produtividade; ao mesmo tempo, a remuneração da "nova" classe média – técnicos, gerentes, assistentes etc. – foi fortemente impulsionada para cima, graças à folga na folha de pagamentos ocasionada precisamente pela baixa dos ganhos reais da grande maioria dos assalariados.

(Publicado pela primeira vez
em *Debate e Crítica*, n.1, jul.-dez. 1973.)

Referências bibliográficas

BARROS, José Roberto M. de; GRAHAM, Douglas H. A agricultura brasileira e a produção de alimentos. *Pesquisa e Planejamento Econômico*, v.8, n.3, p.695-725, dez. 1978.

COMISIÓN ECONÓMICA PARA AMÉRICA LATINA Y EL CARIBE (Cepal). Las transformaciones rurales en America Latina: ¿desarrollo social o marginación? *Cuadernos de la Cepal*, Santiago de Chile, n.26, 1979.

DUARTE, João Carlos. *Aspectos da distribuição da renda no Brasil em 1970.* Piracicaba, 1971. Dissertação (Mestrado) – Esalq-USP. (mimeo.)

FUNDAÇÃO GETÚLIO VARGAS (FGV). *Revista Conjuntura Econômica*, v.25, n.7, jul. 1971. Disponível em: <https://periodicos.fgv.br/rce/issue/view/3870>. Acesso em: 26 set. 2023.

GALBRAITH, J. K. *The New Industrial State.* Boston: Houghton Mifflin Co., 1967. [Ed. bras.: *O novo Estado industrial.* Rio de Janeiro: Civilização Brasileira, 1968.]

GARCIA JR., Afrânio Raul. *Terra de trabalho.* Rio de Janeiro, 1975. Dissertação (Mestrado do Programa de Pós-Graduação em Antropologia Social) – Universidade Federal do Rio de Janeiro (UFRJ). (Museu Nacional, mimeo.)

GRANDI, Sonia Lemos. *Relações de trabalho e rotatividade na construção civil.* São Paulo, 1976. Dissertação (Mestrado em Sociologia) – Pontifícia Universidade Católica de São Paulo.

INSTITUTO BRASILEIRO DE GEOGRAFIA E ESTATÍSTICA (IBGE). *Estudo Nacional da Despesa Familiar (Endef)*: Dados preliminares, Consumo alimentar, Despesas das famílias. Rio de Janeiro: IBGE, 1978. Disponível em: <http://189.28.128.100/

dab/docs/portaldab/documentos/endef_tabelas_selecionadas.pdf>. Acesso em: 22 set. 2023.

_____. *Pesquisa Nacional por Amostra de Domicílios (Pnad) – 1976*. v.1. t.8. Rio de Janeiro: IBGE, 1978.

JULIÃO, Francisco. *Que são as Ligas Camponesas?* Rio de Janeiro: Civilização Brasileira, 1962.

LANGONI, Carlos G. *Distribuição da renda e desenvolvimento econômico do Brasil*. Rio de Janeiro: Expressão e Cultura, 1973.

_____. Distribuição da renda e desenvolvimento econômico do Brasil. *Estudos Econômicos*, São Paulo, v.2, n.5, p.5-88, out. 1972.

LOMNITZ, L. A. de. *Como sobreviven los marginados*. México: Siglo XXI, 1975.

LOPES, J. R. Brandão. *Crise do Brasil arcaico*. São Paulo: Difusão Europeia do Livro, 1967.

MADEIRA, Felícia R.; SINGER, Paul. Estrutura de emprego e trabalho feminino no Brasil: 1920-1970. *Cadernos Cebrap*, São Paulo, n.13, 1975.

MARX, Karl. *Das Kapital*: kritish politischen ökonomie. v.I. Berlim: Dietz Verlag, 1953. [Ed. bras.: *O capital*: crítica da economia política. v.I: O processo de produção do capital. Trad. Rubens Enderle, Celso N. Kashiura Jr. e Márcio Bilharinho Naves. São Paulo: Boitempo, 2017. (Coleção Marx & Engels.)]

_____. *Das Kapital*: kritish politischen ökonomie. v.III. Berlim: Dietz Verlag, 1953. [Ed. bras.: *O capital*: crítica da economia política. v.III: O processo global da produção capitalista. Trad. Rubens Enderle. São Paulo: Boitempo, 2023. (Coleção Marx & Engels.)]

MELLO, Maria Conceição d'Incao e. *O "boia-fria"*: acumulação e miséria. 2.ed. Petrópolis: Vozes, 1975.

_____. *Absorção do migrante rural em Presidente Prudente*. São Paulo, 1971. Dissertação (Mestrado em Sociologia) – FFLCH, Universidade de São Paulo.

MINISTÉRIO DO INTERIOR. *Mudanças na composição do emprego e na distribuição da renda*: efeitos sobre as migrações internas. Brasília: Minter; Secretaria Geral, 1976.

PINTO, Luís Carlos Guedes. *Contribuição do estudo da distribuição da renda no Brasil*. Piracicaba, 1972. Tese (Doutorado) – Esalq-USP.

POULANTZAS, N. *As classes sociais no capitalismo de hoje*. Rio de Janeiro: Zahar, 1975.

SÁ JR., Francisco. O desenvolvimento da agricultura nordestina e a função das atividades de subsistência. In: *Questionando a economia brasileira*. São Paulo: Brasiliense, 1976. (Seleções Cebrap, v.1.)

SIGAUD, Ligia. *Os clandestinos e os direitos*: estudo sobre trabalhadores da cana em Pernambuco. São Paulo: Duas Cidades, 1979.

SINGER, Paul. Emprego e urbanização no Brasil. *Estudos Cebrap*, n.19, p.93-137, jan.-mar. 1977.

_____. *Economia política do trabalho*. São Paulo: Hucitec, 1977.

_____. Força de trabalho e emprego no Brasil. *Cadernos Cebrap*, São Paulo, n.3, 1971.

TOLIPAN, Ricardo; TINELLI, Arthur Carlos (orgs.). *A controvérsia sobre distribuição da renda e desenvolvimento*. Rio de Janeiro: Zahar, 1975.

Repartição da renda

Pobres e ricos sob o regime militar

I

O que queremos saber*

O Brasil é o país dos contrastes entre riqueza de recursos e pobreza do povo e entre a opulência de uma elite e a miséria da maioria. Vivemos cercados de sinais evidentes de prosperidade, exibidos pelos carros novos nas ruas e pelos anúncios refinados de bens de ostentação; e pelo testemunho eloquente da miséria, dado pela proliferação de pedintes, mascates, trombadinhas, prostitutas que nos circundam nas calçadas, cruzamentos e praças.

Agora que o país emerge de um longo período de autoritarismo, queremos saber o que mudou a respeito disso. Queremos saber *quem* são os ricos e os pobres, pois sua identificação social é a chave para decifrar os mecanismos que presidem a repartição da riqueza social. Queremos saber se, ao longo da existência do regime militar, as formas de adquirir riqueza se alteraram e se os processos de exclusão da riqueza – pois os pobres são permanentemente expropriados dos frutos da produção social – ficaram os mesmos. É óbvio que nestes

---

* *Repartição da renda: pobres e ricos sob o regime militar* foi publicado originalmente em 1985 por Jorge Zahar Editor.

218 DOMINAÇÃO E DESIGUALDADE

21 anos a sociedade brasileira mudou em muitos aspectos. Queremos saber se mudou também o sistema de distribuição da renda. Trata-se do caráter *qualitativo* da repartição, que nos permitirá entender sua evolução *quantitativa*. Não nos deteremos aqui na análise teórica daquele sistema, mas observaremos o que os dados estatísticos nos revelam a respeito. A preocupação, neste trabalho, é com a renda pessoal. Deixaremos de lado a apropriação da renda pelas empresas, entidades governamentais e outros entes coletivos. Interessa-nos aqui a repartição da riqueza entre os brasileiros de carne e osso, que a linguagem jurídica denomina "pessoas físicas" e a econômica, "consumidores finais". Mesmo porque a finalidade ostensiva da atividade econômica é precisamente proporcionar aos indivíduos meios de satisfazer suas necessidades e anseios.

Depois, queremos saber se a distância entre ricos e pobres aumentou ou diminuiu. É o caráter *quantitativo* da repartição. Ele comporta duas dimensões: a relativa e a absoluta. A dimensão *relativa* capta a parcela da renda total apropriada por determinados segmentos da sociedade: pelos 50% mais pobres, pelos 10% mais ricos etc. Ela mede aquela distância pela *desigualdade* entre segmentos determinados por critérios matemáticos. Ordenamos idealmente todos os brasileiros pelo tamanho de sua renda e depois dividimos essa fila de 130 milhões (aliás, de 51.862.194 pessoas de dez anos ou mais que, em 1983, dispunham de renda) em dez partes iguais, que chamamos de "decis", e verificamos que parcela da renda de todos vai para cada um desses decis, do mais rico ao mais pobre. Ao fazer isso, temos uma ideia de quantas vezes os decis de cima são mais ricos do que os de baixo e, comparando esses decis no tempo, podemos verificar se o grau de desigualdade cresceu ou decresceu. Vista desse ângulo, a repartição mostra o grau de justiça com que a riqueza é distribuída entre a população, estando implícitas as ideias de que a renda do país é criada coletivamente pelo trabalho de todos e que é justo que todos participem dela por igual ou que o grau de desigualdade justificável é apenas o que decorre do maior ou menor esforço de cada um.

Mas a dimensão relativa não é tudo. Há também a *absoluta*, que depende do tamanho da renda a ser distribuída. Por isso, é muito diferente ser pobre num país rico ou num país pobre, em São Paulo ou

REPARTIÇÃO DA RENDA

no Piauí. Com o mesmo grau de desigualdade, é muito melhor estar, digamos, entre os 30% mais pobres onde a renda *per capita* é de 2,7 salários mínimos (como era em São Paulo, em 1975) do que onde é de apenas 0,3 salário mínimo (como era, no mesmo ano, no Piauí). A mesma fração da renda total *per capita* constituía em São Paulo uma quantia nove vezes maior do que no Piauí.

Isso significa que para o bem-estar do indivíduo interessa tanto o grau de desigualdade na repartição quanto o montante que é repartido. E as duas dimensões não têm que variar no mesmo sentido. Quando a economia cresce – sobretudo se se trata de uma economia capitalista, como a brasileira –, é comum que a pobreza relativa aumente, mas a absoluta diminua. É o que queremos saber se aconteceu no Brasil, entre 1964 e 1985. Queremos saber tanto a respeito da distância entre ricos e pobres, quanto a respeito de quantos brasileiros permanecem abaixo do que se pode denominar "linha de pobreza absoluta", que seria o mínimo de renda para que alguém possa satisfazer suas necessidades essenciais.

Tudo isso será examinado nas páginas seguintes. Usaremos a informação estatística existente, sem apresentar a crítica dos dados nem a metodologia do processamento adotada, a não ser quando for indispensável ao entendimento dos resultados, pois nos dirigimos ao público não especializado, que merece uma discussão acessível, não obscurecida por controvérsias técnicas de interesse restrito. Para quem quiser saber como procedemos metodologicamente, recomendamos consultar: Singer, *Dominação e desigualdade: estrutura de classes e repartição da renda no Brasil.*[1]

---

1 Primeira parte deste volume.

II

Quem são os ricos, a classe média e os pobres no Brasil

Os ricos

Comecemos pelos ricos, pois sua identificação lança luz sobre as modificações sofridas pelo modo de produção no Brasil, de cuja lógica decorre a repartição da renda. Os censos demográficos nos revelam a "posição na ocupação" das pessoas que tinham renda igual ou maior que dez salários mínimos (tomando como unidade aproximada o maior salário mínimo da época).

Em 1960, os empregadores constituíam 2,2% de toda população economicamente ativa (excluídos os sem renda), mas 36,6% do grupo com renda alta (de dez ou mais salários mínimos). Em compensação, os empregados, que representavam 56,5% da população economicamente ativa, eram somente 39% do grupo de alta renda, e os autônomos, que participavam com 41,4% na população ativa, eram apenas 24,3% do grupo de renda mais alta.

É claro que ocupar a posição de "empregador", em 1960, era uma via importante de acesso a altos níveis de renda. Os empregadores monopolizam os meios *sociais* de produção: fábricas, fazendas,

222 DOMINAÇÃO E DESIGUALDADE

supermercados, frotas de veículos, escolas e hospitais privados etc., enquanto, em tese, os autônomos detêm meios de produção *individuais*: terra em pequenas explorações, oficinas, lojas, consultórios. Na prática, a julgar pelos seus níveis de renda, em 1960, apenas 21,2% dos autônomos possuíam realmente meios próprios de produção, sendo os restantes 78,8% parte de um "subproletariado" de trabalhadores forçados a sobreviver por conta própria pela impossibilidade de encontrar quem lhes quisesse comprar a força de trabalho ao menos pelo salário mínimo legal. Os autônomos de fato pertencentes à pequena burguesia constituíam, em 1960, cerca de 8,8% da população economicamente ativa, que, somados aos 2,2% de empregadores, constituíam 11% daquela população. Os 89% restantes eram constituídos por não proprietários, vendedores efetivos (56,5%) ou virtuais (32,6%) de força de trabalho aos 2,2% de detentores dos meios sociais de produção. Essas cifras dão uma ideia clara do que se pretende dizer com a expressão "monopólio dos meios de produção pela classe capitalista".

Mas, na verdade, os 2,2% de empregadores não constituíam *toda* a burguesia brasileira em 1960. Eles não passavam de uma parte, de uma fração da classe dominante, composta pelos empresários, donos dos estabelecimentos que dirigiam. Ao seu lado já se encontrava uma outra fração da burguesia, composta pelos dirigentes das empresas de grande porte, de propriedade do Estado ou de acionistas anônimos, que não participam de sua gestão. Esses administradores profissionais, hoje conhecidos pelo anglicismo "executivos", não auferem lucros abertamente, mas de fato participam deles sob a forma de altos ordenados e de bonificações, gratificações etc. Por isso, grande parte deles também se encontra no estrato de renda mais elevada. Daqui por diante denominaremos a fração composta pelos empregadores como "burguesia empresarial" e a fração composta pelos administradores, que são juridicamente assalariados das empresas que dirigem e por isso aparecem nas estatísticas como empregados, como "burguesia gerencial".

Isso explica a presença de empregados, na proporção de 39%, no estrato de dez ou mais salários mínimos de renda. Se examinarmos a composição desse estrato, em 1960, por ocupação, verificaremos que

REPARTIÇÃO DA RENDA   223

36,1% são proprietários (correspondentes aos empregadores), 6,9% são administradores, 26,1% exercem funções técnicas, científicas e afins, 4,3% exercem funções burocráticas e de escritório. A maior parte dos "empregados" que recebiam, em 1960, dez ou mais salários mínimos era, sem dúvida, constituída por administradores, técnicos e burocratas, que compõem precisamente a burguesia gerencial. Mas uma pequena parte já devia ser de operários qualificados, pois 3,2% dos que se encontravam naquele estrato de renda exerciam ocupações nas indústrias de transformação e de construção e no transporte urbano e rodoviário.

Quanto aos autônomos, que constituíam 24,3% do estrato de dez ou mais salários mínimos de renda, a maior parte deveria ser formada por profissionais liberais – mais da metade dos que exerciam ocupações técnicas, científicas e afins era constituída por médicos, dentistas, magistrados e advogados – ou por pequenos comerciantes (4,1% do referido estrato exercia ocupações no comércio e atividades auxiliares).

Em suma, o estrato de renda mais elevada, em 1960, era constituído aproximadamente por um terço de empresários-proprietários, outro terço de empresários-gerentes e o restante por profissionais liberais, pequenos comerciantes e uma reduzida fração de operários qualificados.

O desenvolvimento mais recente do capitalismo, no mundo inteiro e naturalmente no Brasil, também se caracteriza pela concentração do capital, ou seja, pelo crescimento mais rápido das grandes empresas (capital monopólico) do que das empresas médias e pequenas (capital concorrencial). Sendo as grandes empresas dirigidas pela burguesia gerencial e as médias e pequenas pela burguesia empresarial, esse desenvolvimento deve refletir-se na composição do estrato mais rico pelo aumento da proporção de empregados em detrimento da de empregadores. É o que de fato ocorreu no Brasil, principalmente na década de 1960. Entre 1960 e 1970, a proporção de empregadores no grupo com renda de dez ou mais salários mínimos caiu de 36,6% para 20,6%, ao passo que a de empregados aumentou de 39% para 59,8%. A proporção de autônomos também caiu, de 24,3% em 1960 para 19,6% em 1970.

A composição desse estrato por ocupação confirma essa mudança da sua estrutura de classes: entre 1960 e 1970, a proporção de proprietários cai de 36,1% para 23,9%, ao passo que a de administradores sobe de 6,9% para 14,2% e a dos que tinham ocupações científicas, técnicas e afins, de 26,1% para 31,2%. Como o número de pessoas no estrato com dez ou mais salários mínimos mais que dobrou nessa década, não cabe falar numa substituição de proprietários por administradores e tecnocratas, mas não há dúvida de que o número destes últimos aumentou muito mais do que o dos primeiros.

Entre 1970 e 1980, a composição do estrato de alta renda não sofreu mais alterações tão grandes. A proporção de empregados decresce um pouco, de 59,8% em 1970 para 56,4% em 1976, voltando a subir para 57,4% em 1980; a dos empregadores mantém-se ao redor de 20% até 1980, e a dos autônomos sobe para 22,9% em 1976, mas cai depois para 22,5% em 1980. A composição por ocupação do referido estrato lança alguma luz sobre esse movimento: entre 1970 e 1980, a proporção dos proprietários continua caindo (de 23,9% para 18,5%), o mesmo ocorrendo com a dos que exerciam ocupações técnicas, científicas e afins (de 31,2% para 28%); crescem em compensação as proporções dos administradores (de 14,9% para 17,2%), dos que exercem ocupações comerciais (de 4,2% para 10,1%) e dos que exercem ocupações nas indústrias de transformação e de construção, e no transporte urbano e rodoviário (de 2,3% para 8,5%). O que parece estar acontecendo é que o grupo de renda mais elevada, no Brasil, continua predominantemente composto por dirigentes de grandes empresas, a proporção da burguesia empresarial mantendo-se ao redor de um quinto, ao passo que crescem as proporções dos pequenos comerciantes e dos operários qualificados. A queda da parcela dos autônomos nos últimos anos deve explicar-se pela transformação de um crescente número de profissionais liberais independentes em assalariados, na medida em que cada vez mais médicos, dentistas, engenheiros, advogados etc. deixam de encontrar condições de exercer suas ocupações por conta própria e se veem obrigados a procurar emprego em companhias de medicina de grupo, empresas industriais, comerciais ou financeiras, ou no serviço público.

REPARTIÇÃO DA RENDA   225

Verifica-se que, durante a vigência do regime militar, o acesso a rendas elevadas mudou no Brasil, sobretudo na década de 1960, marcada por um longo período de recessões (1962-1967), durante o qual, como sempre ocorre, o capital *centralizou-se*, ou seja, muitas empresas pequenas e médias quebraram e seu lugar no mercado foi ocupado por grandes empresas. Na recessão, as vendas caem, a concorrência se acirra e as empresas de menor fôlego financeiro desaparecem, por abrirem falência ou por serem absorvidas por outras de maior porte. Nessas condições, a proporção de empregadores no estrato mais rico deve declinar, e a dos "executivos" deve crescer, o que efetivamente ocorreu, como vimos.

De 1968 em diante, a conjuntura econômica se inverteu e o Brasil entrou no período do "milagre econômico", cujo declínio só se verifica entre 1974 e 1976. Nesses seis a nove anos, a economia se expandiu com vigor incomum, o que deve ter propiciado o surgimento e a multiplicação das pequenas e médias empresas. Em períodos de grande prosperidade, como esse, o capital se concentra mas não se centraliza, isto é, as empresas de capital monopólico aumentam em tamanho e as pequenas e médias empresas (de capital concorrencial) aumentam em número. O que provavelmente explica por que, entre 1970 e 1976, o tamanho do estrato de dez ou mais salários mínimos quase sextuplica (passa de 295.688 para 1.702.958 pessoas), mas não muda significativamente de composição.

De 1976 a 1980, a economia brasileira passa a apresentar contradições cada vez maiores, que se refletem em inflação crescente e desequilíbrio. Também crescente no balanço de pagamentos em conta corrente. Mas nesse período, graças ao endividamento externo em expansão (que, aliás, já vem de vários anos antes), a economia brasileira ainda apresenta crescimento razoável, embora menor do que no período anterior, do "milagre econômico". A julgar pela composição do estrato mais rico, que também, nesse período, não apresenta mudanças significativas, a relação entre capital monopólico e concorrencial não se alterou de modo notável. O que deve ter ocorrido, a partir sobretudo de 1978, é a ascensão de uma parcela da classe operária, graças à reconquista do direito de greve e à retomada consequente da barganha coletiva de salários e condições de trabalho. É o que explica, em parte, o crescimento da minoria operária no estrato de renda mais elevada, que se verifica, como vimos, entre 1970 e 1980 (embora entre 1970 e 1976 ela já tenha crescido bastante, possivelmente por efeito do grande crescimento da economia como um todo nesse período). A partir de 1981, a economia brasileira volta a cair em recessão, e de modo mais profundo que na década de 1960. Os dados disponíveis, das Pesquisas Nacionais por Amostra de Domicílios (Pnads), não permitem avaliar adequadamente os efeitos dessa nova mudança de conjuntura sobre a composição do estrato de dez ou mais salários mínimos de renda, sobretudo porque não apresentam sua composição ocupacional nem por ramo de atividade. Além disso, os dados dos Censos Demográficos e das Pnads, no que se refere à posição na ocupação, não parecem consistentes: aparentemente, pessoas que o Censo considera "autônomos" são registradas pela Pnad como "empregadores". Mas, comparando-se os resultados das Pnads dos últimos anos (entre 1979 e 1983), é clara a queda da proporção dos empregadores (de 24,9% para 22%) no estrato de dez ou mais salários mínimos, com elevação correspondente dos empregados (de 60% para 62,4%), mantendo-se a dos autônomos ao redor do mesmo nível. Volta, portanto, a ocorrer centralização do capital, em função da crise que assola a economia brasileira a partir de 1981.

Em resumo, durante as duas últimas décadas, a composição da camada de altas rendas mudou consideravelmente: o capitalista-empresário, dono e administrador do seu negócio, deixou de predominar nela, embora sua presença continue significativa; em seu lugar, surge o capitalista-gerente, administrador do grande capital monopólico, na maioria das vezes multinacional ou estatal. Embora não haja dados diretos a respeito, é de se presumir que, dentro dessa "nova classe" de burgueses assalariados, esteja crescendo o peso dos administradores do capital financeiro, já que a intermediação financeira tem se expandido mais do que os ramos propriamente produtivos da economia brasileira (trabalhava naquele ramo 1,2% da população economicamente ativa em 1970 e 1,9% em 1980; do estrato de dez ou mais salários mínimos de renda trabalhavam em "outras atividades" – predominantemente financeiras – 9,3% dos componentes em 1980 e 10,9% em 1983).

A "classe média"

"Classe média" é um conceito vago, que se refere à parcela da sociedade com renda suficiente para ter acesso às formas mais modernas e sofisticadas de consumo. Na verdade, seus componentes se confundem, nesse aspecto, com a camada mais rica, embora se suponha que haja acima da classe média uma "classe alta", formada pelos reais detentores do poder econômico. Neste ensaio, consideraremos o estrato de cinco a dez salários mínimos como representativo da classe média.

Em 1960, esse estrato era formado por 56,4% de empregados, 23,9% de autônomos e 19,7% de empregadores. Cerca de metade dele era composta por membros da burguesia empresarial (proprietários: 23%) e da burguesia gerencial (administradores: 5%; tecnocratas: 17,3%). A outra metade era constituída por membros da pequena burguesia (profissionais liberais, pequenos comerciantes) e por trabalhadores qualificados, principalmente de escritório (12,8%), mas também da indústria (6,3%) e do transporte urbano e rodoviário (2,5%). Esses dados indicam que, em 1960, as três classes fundamentais – burguesia, pequena burguesia e proletariado – estavam representadas na "classe média", com significativa predominância da primeira.

Nos anos 1960, a composição da "classe média" mudou: em 1970, tinham caído as proporções dos empregadores (para 12,1%) e dos autônomos (para 20,4%), com o consequente aumento da de empregados (para 67,4%). Do ponto de vista da ocupação exercida, em 1970 diminuiu a participação dos proprietários (para 17,8%), substituídos pelos administradores (11,8%) e pelos que exerciam ocupações científicas, técnicas etc. (19,4%). A burguesia continuava sendo cerca de metade da "classe média", mas, dentro dela, a fração gerencial passou a superar a fração empresarial. A outra metade continuava composta por pequeno-burgueses (autônomos) e operários, em proporções mais ou menos semelhantes. Verifica-se, portanto, que, entre 1960 e 1970, o estrato de cinco a dez salários mínimos de renda sofreu uma transformação semelhante ao estrato de dez ou mais salários mínimos: substituição da burguesia empresarial pela gerencial. Só que, no caso da classe média, essa substituição se deu em termos não apenas

228 DOMINAÇÃO E DESIGUALDADE

proporcionais, mas também absolutos, pois, enquanto o número de empregadores diminuiu, o de administradores quase triplicou.

A partir de 1970, a "classe média" passa a sofrer duas transformações; em termos de classes sociais, cai a participação da burguesia e aumenta a do proletariado, e, dentro do componente burguês, cai a proporção de empregadores e sobe a de gerentes e tecnocratas. Em termos de posição na ocupação, a proporção de empregadores cai de 12,1% em 1970 para 10,8% em 1976 e para 9,4% em 1980. A mesma tendência se verifica para o período mais recente, comparando-se os resultados das Pnads: 15% em 1979 e 12,8% em 1983. A proporção de autônomos oscila: aumenta de 20,4% em 1970 para 28,3% em 1976 (provavelmente em função do grande crescimento durante o período do "milagre econômico"), caindo depois para 24,2% em 1980; mais recentemente, ela apresenta um pequeno crescimento, de 21,4% em 1979 para 23% em 1983. Pode-se dizer que, ao longo do período todo (1960-1983), a participação dos autônomos no estrato de cinco a dez salários mínimos varia entre um quarto e um quinto.

O mais notável, no entanto, é o aumento da participação do proletariado na "classe média" brasileira, de 1970 em diante. A proporção de empregados oscila entre 60,9% e 67,4%, mas, dentro dela, a proporção de administradores em geral não passa de um sexto (11,8% em 1970 e 10,7% em 1980), aumentando, entre 1970 e 1980, a proporção dos que têm ocupações industriais (de 5,1% para 16%) e no transporte urbano e rodoviário (de 2,3% para 4,7%), caindo um pouco os que exercem funções burocráticas ou de escritório (de 12,4% para 10,5%). É o que tem sido chamado de "proletarização da classe média". Convém notar que o estrato de cinco a dez salários mínimos, depois de crescer apenas 11,4% entre 1960 e 1970, mais que quintuplica entre 1970 e 1983. O que houve, portanto, foi uma ascensão de uma parcela da classe operária a níveis de renda que lhe dão acesso ao consumo "burguês", caracterizado sobretudo pelos bens duráveis: automóvel, TV em cores, motocicleta etc. Note-se, por exemplo, que o número de operários industriais no referido estrato sobe de 38.402 em 1970 para 413.427 em 1980.

A expansão da "classe média" constitui o resultado mais evidente do desenvolvimento econômico ocorrido durante a vigência do

REPARTIÇÃO DA RENDA

regime militar. Sendo esse desenvolvimento dominado pela expansão do capital monopólico, a "classe média" não só cresce – constituindo um mercado extremamente dinâmico para a indústria de bens duráveis –, mas muda de caráter social. Composta, durante a primeira metade do período, meio a meio por membros da classe dominante e das classes dominadas, na segunda metade a participação da burguesia deve ter se reduzido a um quarto, permanecendo a da pequena burguesia entre um quarto e um quinto, a do proletariado aumentando para cerca da metade. Portanto, a "classe média" brasileira, à qual se atribui peso predominante na formação da opinião pública, está crescentemente formada por pessoas que ganham a vida mediante a venda de sua força de trabalho, sem ocupar posições de chefia na hierarquia empresarial.

Os pobres

Voltemo-nos agora para os excluídos do acesso normal à renda, aqueles que constituem a camada mais mal paga do exército industrial ativo e o exército industrial de reserva. Trata-se de pessoas que ocupam posições marginalizadas no processo de produção social, seja pela pouca qualificação para o trabalho que pretendem, seja pela sua precariedade.

Examinemos inicialmente o estrato com um a dois salários mínimos de renda.

Em 1960, dois terços (66,6%) desse estrato eram constituídos por empregados, quase um terço (31%) por autônomos e uma parcela insignificante (2,3%) por empregadores. A presença de burgueses (empregadores) e pequeno-burgueses (autônomos) num estrato de baixa renda surpreende. Na verdade, 66,1% dos empregadores e 50,2% dos autônomos, nesse estrato, estavam na agropecuária, onde a persistência da produção para o autoconsumo limita a renda e o gasto monetários. Via de regra, o homem do campo não tem os gastos com habitação e transporte que, para o homem da cidade, são inevitáveis. Além disso, ele tende a produzir parte da sua alimentação e dos seus instrumentos e animais de trabalho. Por tudo isso, não só os salários, mas também os lucros e o ganho do trabalho autônomo, tendem a

230 DOMINAÇÃO E DESIGUALDADE

ser mais baixos no campo do que na cidade. O que explica a presença de um pequeno número de empregadores e de um número bem mais avultado de autônomos no estrato com um a dois salários mínimos de renda.

Mas, o componente maior desse estrato era o dos empregados, dos quais a grande maioria (94,9%), em 1960, estava ocupada em atividades não agrícolas. Tratava-se do típico proletariado urbano, presumivelmente pouco qualificado. É o que revela a composição ocupacional do referido estrato, de cujos componentes 20% tinham ocupações agrícolas, 18,5% ocupações na indústria de transformação, 7,3% ocupações na construção civil, 6% ocupações no transporte urbano e rodoviário, 5,9% ocupações comerciais etc.

O estrato com um a dois salários mínimos de renda, em 1960, estava, ao que tudo indica, formado por duas classes sociais bem distintas: por um quinto de camponeses, que, na verdade, eram até relativamente prósperos, pois a grande maioria dos que trabalhavam então na agricultura tinha renda menor que um salário mínimo (convém notar que, em 1960, o salário mínimo brasileiro estava no auge de seu valor real); e por cerca de quatro quintos de trabalhadores urbanos, dos quais a grande maioria (63,2%) era de assalariados, provavelmente empregados em empresas de porte médio e grande, que registravam seus trabalhadores. É o que indica o pagamento de um a dois salários mínimos, pois a principal razão para não registrar os empregados era deixar de lhes pagar o mínimo legal.

De 1960 em diante, o componente camponês desse estrato diminui, aumentando o proletário. Em 1970, a proporção de empregadores tinha caído para 1,5% e a de autônomos, para 26%, aumentando a de empregados para 72,5%. Na década de 1970, essa tendência prossegue e, no fim dela, o estrato com um a dois salários mínimos de renda contava somente com 0,7% de empregadores e 22,2% de autônomos, tendo o percentual de empregados aumentado para 77%.

Essa tendência se explica em parte pelo êxodo rural e, portanto, pela queda da parcela do campesinato na população economicamente ativa do país.

Mas, por outro lado, ela decorre do processo de proletarização dos pobres que trabalham, inclusive na agricultura. A proporção dos que exerciam ocupações agrícolas, nesse estrato, cai de 20% em 1960 para

REPARTIÇÃO DA RENDA   231

12,7% em 1970, mas volta a atingir 20,8% em 1980. Só que, no início do período, quase todos os que tinham tais ocupações eram autônomos, isto é, camponeses (donos de explorações agrícolas familiares), ao passo que, no fim do período, cerca da metade deles era constituída por empregados. Em 1980, o estrato com um a dois salários mínimos de renda era formado por cerca de um décimo de camponeses, outro um décimo de autônomos urbanos e oito décimos de proletários. Naquele ano, tinham aumentado as proporções dos que tinham ocupações na construção civil (para 10,6%) e no comércio (para 7,9%), mantendo-se praticamente no mesmo nível a dos que estavam ocupados na indústria de transformação (18,6%).

Dessa forma, esse estrato se caracteriza cada vez mais como a camada mais mal paga do exército industrial ativo, sobretudo urbano, mas com uma parcela também significativa do agrícola. A existência desse estrato desmente a crença, muito comum, de que a pobreza decorre principalmente do "subemprego" ou do "desemprego", isto é, da marginalização de uma parte da população do processo de produção social, que, no caso do Brasil de hoje, é dominado por empresas capitalistas. O contínuo aviltamento do salário mínimo legal, durante toda a existência do regime militar, permitiu às empresas remunerar sua mão de obra em níveis muito baixos, pauperizando-a, portanto. Resultou daí que o desenvolvimento capitalista da economia brasileira produziu um vasto proletariado, que se estende por todas as faixas de renda, das mais altas (como vimos antes) até a média e a mais baixa, exceto a última, com renda inferior ao salário mínimo, onde se deve encontrar a parcela realmente marginalizada, ou seja, o exército industrial de reserva.

Examinemos, pois, o estrato com renda inferior ao salário mínimo. Em 1960, esse estrato era composto por 53% de empregados, 46,4% de autônomos e uma parcela mínima de empregadores (0,6%). Mais de três quartos dos autônomos e 40,2% dos empregados estavam na agricultura, onde o salário mínimo na época não vigorava. Tratava-se de um numeroso subproletariado, do qual mais da metade estava no campo, possivelmente muitos vivendo em economia de subsistência. A parcela urbana estava repartida, do ponto de vista da ocupação, em numerosas atividades: indústria de transformação (10,3%), serviços

232 DOMINAÇÃO E DESIGUALDADE

domésticos e de alimentação (7%), construção civil (3,4%), comércio (3,2%), outras e mal definidas – reduto clássico da pobreza – (54%) etc.

No subproletariado, a posição na ocupação não tem a mesma importância que nos estratos de renda mais elevada, pois se pode presumir que os autônomos que não chegam a ganhar um salário mínimo não são propriamente pequeno-burgueses – isto é, detentores de meios individuais de produção –, mas proletários que não encontram quem lhes compre a força de trabalho pelo piso legal e por isso sobrevivem vendendo diretamente seus serviços ou o produto de um trabalho sub-remunerado. São os trabalhadores a domicílio, os peões da construção civil, vendedores de rua, carregadores etc. Da mesma forma, os "empregados" no estrato com menos de um salário mínimo de renda devem estar principalmente nas empresas de fundo de quintal, que não lhes asseguram os direitos trabalhistas, ou então no serviço doméstico (no qual o salário mínimo tampouco vigora).

Nesse estrato, mais importante que a posição na ocupação é o setor de atividade. O fato de que mais da metade dele estava na agricultura, em 1960, corresponde ao tradicional atraso rural, onde a quase ausência de renda monetária é mais compreensível e mais suportável. Mas o que ocorre a partir de 1960 é a progressiva *urbanização* do estrato com menos de um salário mínimo de renda. A proporção engajada em atividades não agrícolas passa de 43% em 1960 para 47,3% em 1970 e para 54,1% em 1980.

Para analisar essa tendência, convém notar que a parcela de autônomos, cuja maioria é formada por camponeses, vai diminuindo também nesse estrato, sobretudo após 1970. O que deve ser consequência tanto do aumento da renda de uma parte do campesinato, que ascende assim a estratos mais elevados, quanto da emigração de outra parte do mesmo campesinato à cidade. Obviamente, a fuga da miséria rural deve contribuir para o inchaço da miséria urbana. Mas resguardemo-nos do simplismo, tão corrente, que atribui a multiplicação do número de pobres nas cidades ao êxodo rural. Na verdade, boa parte dos imigrantes consegue entrar em faixas mais altas de renda, ao passo que uma significativa parcela dos pobres urbanos se origina na própria economia da cidade, que possui mecanismos de reprodução da pobreza. Basta lembrar o avultado número de

REPARTIÇÃO DA RENDA   233

menores abandonados e as numerosas atividades sub-remuneradas que vicejam no mundo urbano brasileiro.

A composição ocupacional do estrato de menos de um salário mínimo de renda revela os principais refúgios da miséria urbana. Entre 1960 e 1980, aumenta nesse estrato a proporção dos que prestam serviços domésticos e de alimentação (de 7% para 15,7%), dos que têm ocupações no comércio (de 3,2% para 6%) e dos que estão ocupados na construção civil (de 3,4% para 4,6%), ao passo que a proporção dos que tem ocupações na indústria de transformação se mantém no mesmo nível, pouco acima de 10%. Mas não se deve atribuir grande importância a essa repartição ocupacional, pois estudos têm revelado que os subproletários, dada a precariedade de seus vínculos no trabalho, apresentam enorme mobilidade ocupacional. É comum que o mesmo trabalhador esteja em determinado momento numa obra e poucas semanas ou meses depois esteja colhendo laranjas como "boia-fria", para voltar em curto intervalo a uma outra atividade-urbana, como faxineiro de um prédio, limpador de carros ou vendedor ambulante.

Essa imensa mobilidade, no espaço geográfico e na divisão social do trabalho, atesta o caráter de exército industrial de *reserva* do subproletariado. Trata-se de uma ampla massa de trabalhadores que se encontra potencialmente à disposição do capital, o qual, mediante o mero desembolso de um salário mínimo, pode a qualquer momento mobilizá-la, engajando-a onde quer que necessite de mão de obra pouco qualificada. Mas, se o subproletariado não passa de uma reserva estratégica de mão de obra para o capital, ele é para si mesmo parte integrante da sociedade brasileira, da qual demanda debalde justiça, isto é, acesso a uma renda que lhe permita reproduzir, dentro dos padrões de normalidade, sua força de trabalho. A persistência de um estrato com renda inferior ao salário mínimo demonstra que nosso capitalismo, apesar de toda a acumulação havida durante o regime militar, nem sequer consegue aproveitar plenamente os recursos humanos que o atraso histórico do país lhe oferece em grande abundância e a custo irrisório.

III

Quantos são os ricos e os pobres no Brasil

Renda individual e familiar

A riqueza e a pobreza das *pessoas* são medidas pelo seu consumo, mais do que por suas posses, mesmo porque os dois andam juntos: quem muito tem gasta muito e as despesas de quem pouco ou nada possui só podem ser reduzidas. O rico sovina existe, mas, na verdade, constitui a exceção que confirma a regra.

Os diferentes níveis de consumo são resultados de diferentes níveis de renda. Por isso, a renda é um indicador muito razoável da riqueza e da pobreza das pessoas. Estamos falando de *renda em dinheiro*, embora haja também rendas não monetárias: desde o alto executivo, que recebe da firma automóvel e combustível, além de outras mordomias (para pagar menos imposto de renda), até o camponês que produz os alimentos consumidos pela sua família. É muito difícil avaliar o valor e a importância das rendas não monetárias, mas elas não chegam a distorcer completamente a correlação entre renda em dinheiro e níveis de consumo. Ninguém duvida que uma pessoa é mais ou menos pobre (ou rica) conforme a quantidade de dinheiro que ganha, embora o grau específico de pobreza (ou riqueza) possa ser afetado pela existência de rendas *in natura*, isto é, que não são recebidas em moeda corrente.

Como o consumo se dá no âmbito doméstico, o melhor indicador de riqueza pessoal e do seu contrário – a pobreza – é a *renda familiar*, ou seja, a soma das rendas individuais dos que vivem sob o mesmo teto, ou, mais precisamente, dos que juntam suas rendas para cobrir as necessidades de todos os membros do grupo familiar, inclusive dos dependentes. A *renda individual* da população economicamente ativa é o melhor indicador da repartição da renda entre as diversas classes sociais, pois ela constitui a remuneração dos que participam da produção social, como trabalhadores, empregados ou proprietários. Por isso a utilizamos no capítulo anterior. Mas agora se trata da renda que explica os diferentes níveis de consumo, e nesse caso o indicador adequado é a renda familiar, pois a mesma renda individual – digamos, de três salários mínimos – pode permitir um nível de consumo razoável para uma pessoa que possa usufruí-la por inteiro, mas pode também significar pobreza se dela tiver que viver uma família numerosa.

Mas mesmo a renda familiar não é o indicador mais adequado da pobreza ou riqueza pessoais, pois é preciso levar em consideração que as famílias não são do mesmo tamanho. Em verdade, as famílias com renda baixa tendem a ser comparativamente grandes, o que faz que o melhor indicador seja a renda familiar *per capita*, ou seja, a renda familiar dividida pelo número de pessoas que se sustentam com ela. Essa informação, oferecida pelo Censo Demográfico de 1980, mostra que os mais pobres pertencem em geral a famílias mais numerosas. Assim, os que têm renda familiar *per capita* de até um oitavo de salário mínimo pertencem a famílias que têm em média 5,6 membros; já os que têm de um oitavo a um quarto de salário mínimo estão em famílias com 5,4 membros em média; e assim por diante, até os que têm mais de cinco salários mínimos de renda familiar *per capita*, cujas famílias não têm mais do que três membros em média.

Portanto, para sabermos quantos são os ricos e os pobres no Brasil, devemos examinar a repartição da renda familiar *per capita*. Mas, quando essa informação não estiver disponível, teremos de usar a renda individual ou familiar como aproximação dela.

REPARTIÇÃO DA RENDA   237

Pobres e ricos na década de 1960

Como o Censo Demográfico de 1960 apurou apenas a renda individual da população economicamente ativa, mas não a renda familiar, não temos elementos seguros para mensurar a extensão da pobreza e da riqueza no começo da referida década. Mas há numerosos indicadores naquele censo que demonstram que o Brasil ainda era então um país muito pobre, arcando com um legado de muitas décadas de atraso, que somente após 1930 começou a ser sistematicamente superado.

Talvez o dado mais expressivo a esse respeito seja que, em 1960, nada menos que 70,1% da população economicamente ativa ganhavam menos que o salário mínimo, proporção que alcançava 88,7% na agricultura, mas mesmo nas cidades era mais da metade, ou seja, 54,9% (excluindo dos totais as pessoas ativas sem rendimentos, que, ao que se supõe, participam da renda do chefe da família, de quem são auxiliares não remunerados). Em outras palavras, menos de um terço da população ativa tinha emprego regular ou ganhos equivalentes.

É preciso distinguir aqui as condições no campo e nas cidades. O salário mínimo não tinha vigência na agricultura, sendo obrigatório apenas para as empresas urbanas. Além disso, como já vimos, os gastos monetários nas zonas rurais tendem a ser bem menores do que nas urbanas. Mesmo assim, não há dúvida de que a população rural, em 1960, era predominantemente pobre, para não dizer paupérrima. Basta mencionar que somente 8,4% dos domicílios rurais tinham instalação elétrica e, por isso, apenas 12,1% dispunham de rádio, 1,3% de geladeira e 0,3% de televisão; apenas 3,4% dispunham de água corrente e só 3% estavam ligados à rede de esgotos ou tinham fossa séptica. Em suma, a grande maioria dos que moravam no campo – e que constituíam 55,1% da população do país – não tinha acesso às comodidades da vida moderna e estava virtualmente isolada da rede de comunicação eletrônica de massa. A maior parte da população rural – 55,8% – não sabia ler nem escrever.

Mas a extensão da pobreza nas cidades, embora menor, não deixava de ser também expressiva. Como vimos, mais da metade da população ativa urbana ganhava menos que o salário mínimo. É verdade

238   DOMINAÇÃO E DESIGUALDADE

que o salário mínimo era, em 1960, muito maior do que hoje, tanto em termos absolutos quanto sobretudo em termos relativos. Basta dizer que, entre outubro de 1960 e maio de 1970, o salário mínimo no Rio de Janeiro perdeu cerca de 42% do seu poder de compra. Convém recordar aqui que o salário mínimo foi instituído em 1940, durante o Estado Novo, período em que os sindicatos estavam completamente reprimidos, de modo que sua aplicação foi muito precária. Entre 1943 e 1952, ele não foi reajustado, perdendo muito do seu valor real. Mas, em 1952, os sindicatos começaram a recuperar sua autonomia e o presidente Getúlio Vargas dobrou o valor do salário mínimo, fazendo-o retomar ao poder aquisitivo que tinha tido em 1943, por ocasião do reajustamento anterior. E, em 1954, voltou a dobrá-lo, aumentando seu poder aquisitivo, isto é, seu valor real. Ao longo dos anos 1950, as direções sindicais foram sendo conquistadas por representantes mais autênticos dos trabalhadores, tornando-se mais combativas e mais capazes de fazer valer os direitos que a legislação confere ao assalariado. A generalização do salário mínimo, ao menos nas cidades médias e grandes, deve ter se dado nessa época, tornando-se a principal conquista efetiva do movimento operário. Durante a segunda metade dos anos 1950, sob a presidência de Juscelino Kubitschek, o salário mínimo continuou sendo aumentado em valor real, de modo que ele atingiu seu ápice por volta de 1959. Daí por diante, em face de uma inflação cada vez maior, o salário mínimo, em termos de poder de compra, começou a cair, queda que se agravou a partir de 1965, quando, por determinação legal, os reajustamentos salariais passaram a ser inferiores ao aumento do custo de vida.

Mas, se o avanço da luta sindical generalizou o pagamento do salário mínimo nas áreas urbanas, como se explica que 54,9% das rendas individuais em atividades não agrícolas estivessem abaixo dele em 1960? Em primeiro lugar, porque estamos considerando o *maior* salário mínimo do país, que vigorava apenas na cidade do Rio de Janeiro. Nas demais áreas do país, ele era menor, de modo que nelas muitos assalariados regularmente registrados podiam ganhar menos. Na Guanabara, em 1960, apenas 30,4% das pessoas economicamente ativas ganhavam abaixo do mínimo.

REPARTIÇÃO DA RENDA   239

Em segundo lugar, boa parte das pessoas economicamente ativas nas cidades não é constituída por assalariados de empresas, mas desempenha atividades por conta própria (comerciantes, artesãos etc.) ou trabalha como empregados domésticos ou como operários não registrados etc. A maior parte dos pobres é precisamente formada por autônomos com pouco ou nenhum capital, empregados domésticos e assalariados não registrados. Nas regiões menos desenvolvidas do país, parcelas maiores da população ativa urbana estavam nessas categorias, em virtude da pequena demanda empresarial por força de trabalho. O atraso econômico se manifesta nessa pequena dimensão do mercado formal de trabalho. No Espírito Santo, por exemplo, em 1960, o salário mínimo urbano era 25% menor que o da Guanabara; da sua população urbana, quase a metade (48,4%) ganhava menos que o salário mínimo *local*, e 66,9% ganhavam menos que o maior salário mínimo do país.

Deve-se concluir, portanto, que, apesar das conquistas do movimento operário (sobretudo a fixação de um salário mínimo legal razoável para as condições da época), em 1960 a pobreza ainda era muito ampla entre a população urbana brasileira, principalmente devido ao nível ainda baixo de desenvolvimento econômico então atingido pelo país. Mesmo assim, as condições de vida nas cidades eram bem melhores do que no campo: 72,4% dos domicílios urbanos dispunham de energia elétrica, 61,6% possuíam rádio, 23,3%, geladeira e 9,5%, televisão; 47,8% dispunham de água corrente e 47,2% estavam ligados à rede de esgotos ou tinham fossa séptica. Esses dados permitem concluir que cerca de metade da população urbana ainda estava excluída das chamadas "comodidades da vida moderna", e quase dois quintos dela estavam isolados da rede de comunicação eletrônica de massa. Dessa população, 21,8%, com dez anos e mais, eram analfabetos.

A essa pobreza, que vitimava a quase totalidade da população rural e cerca da metade da população urbana, se contrapunha uma fração extremamente reduzida de gente rica. Um indicador nesse sentido é que somente 0,6% das pessoas ativas tinha, em 1960, renda igual ou superior a dez salários mínimos. Mesmo se considerássemos ricos os que ganhavam cinco ou mais salários mínimos (devido ao

240 DOMINAÇÃO E DESIGUALDADE

valor relativamente elevado do maior salário mínimo da época), eles não passavam então de 3,7% da população economicamente ativa.

Esses dados caracterizam bem como se repartia a renda no Brasil em 1960: a uma grande maioria de pobres correspondiam uma "classe média" de dimensões modestas (26,2% ganhavam de um a cinco salários mínimos) e uma classe rica muito reduzida. Mesmo nas cidades, a proporção dos que ganhavam cinco ou mais salários mínimos não passava de 6,1%.

Durante a década seguinte, essa repartição da renda pouco se alterou. Do ponto de vista do desenvolvimento, a década de 1960 pode ser dividida em três períodos: o primeiro abrange os anos de 1960 e 1961, em que a economia continua sob o forte impulso industrializador que lhe fora imprimido durante o mandato de Juscelino Kubitschek; o segundo cobre o período de 1962 a 1967, em que o país sofreu intensa crise econômica; e finalmente os anos finais, de 1968 e 1969, em que se iniciou o chamado "milagre econômico". Em suma, essa década teve quatro anos de desenvolvimento acelerado e seis anos de recessão ou estagnação.

O valor real do salário mínimo já começa a ser desgastado nos primeiros anos da década, quando a inflação se acelera fortemente e o governo João Goulart passa a reajustá-lo em porcentagens algo menores do que o aumento do custo de vida. Em fevereiro de 1964, o governo adotou a política de aumentar mais o salário mínimo das áreas em que ele era mais baixo, sacrificando o valor real do maior salário mínimo, que é o adotado para definir as classes de renda. Essa política acabou sendo também praticada pelos governos militares que se seguiram.

É provável que os salários tenham declinado, em geral, em 1963, em virtude do crescimento da inflação e do agravamento da recessão, que, naquele ano, pela primeira vez, ocasionou demissões em massa na indústria. Mas os sindicatos conseguiram aumentar a mobilização do operariado e continuavam obtendo reajustamentos proporcionais ao aumento do custo de vida, inclusive em intervalos menores, isto é, a cada seis meses. Dessa maneira, os assalariados das categorias bem organizadas conseguiam defender seus salários da inflação. A conquista do 13º salário, em 1962, representou uma elevação geral de até 8,3% dos salários; mas, considerando-se o "abono de Natal", que muitas categorias já vinham recebendo, o aumento de fato deve ter sido menor.

Tudo isso mudou radicalmente a partir de abril de 1964, quando um golpe inaugurou o regime militar que iria perdurar por 21 anos. O novo regime desarmou o movimento operário, substituindo as diretorias eleitas por interventores e cassando os parlamentares que davam cobertura política às reivindicações populares. O movimento dos trabalhadores rurais, que tinha as Ligas Camponesas por vanguarda, foi reprimido de modo sangrento, com o sacrifício das lideranças mais notórias (o filme *Cabra marcado para morrer* relata parte dessa história). A estabilidade no emprego foi abolida, em atendimento a antiga reivindicação do patronato. Em seu lugar, criou-se o Fundo de Garantia por Tempo de Serviço. O direito de greve foi não só legalmente muito restringido, mas abolido na prática. As poucas greves por aumentos de salário, tentadas sobretudo em 1968, foram brutalmente reprimidas pela polícia. Até 1978, as únicas greves toleradas foram as motivadas por atraso no pagamento dos salários.

Com o movimento operário fora do caminho, o governo Castelo Branco instituiu uma política salarial centralizada para todo o país, que está em vigor até hoje. Até então, os acordos coletivos de trabalho eram negociados diretamente entre sindicatos de trabalhadores e de empregadores, e arbitrados pela Justiça do Trabalho. De 1965 em diante, no entanto, os reajustamentos salariais passaram a ser decididos pelo governo federal, que passou a baixar cada mês uma portaria fixando o índice de reajustamento para todos os acordos que expiravam no referido mês. Reajustamentos em intervalos menores que um ano foram proibidos. Até 1979, os índices eram calculados à base do salário médio real dos doze meses anteriores, acrescido de uma porcentagem correspondente à inflação futura "esperada". Como a inflação real foi sempre bem maior do que a esperada, a aplicação dessa política salarial resultou em sistemática redução dos salários reais, inclusive do salário mínimo.

O Departamento Intersindical de Estatística e Estudos Socioeconômicos (Dieese) estudou os efeitos da aplicação dessa política salarial em 81 categorias de trabalhadores de todo o Brasil. A sua conclusão é "que houve uma perda acentuada do poder de compra dos salários, para o conjunto das categorias. Esta perda é evidente nos três primeiros anos de aplicação da Lei n.4.725, com uma ligeira recuperação no período que vai de 1968 a 1970...".[1] O estudo mostra que o salário real mais frequente caiu 25%, em termos reais, entre 1964-1965 e 1969-1970. Entre fevereiro de 1964 e maio de 1970, o maior salário mínimo caiu 34,5% em termos de poder de compra.

Essa foi a queda *absoluta* do salário mínimo em termos de poder de compra. Mas, em termos *relativos*, ela foi bem maior, pois nesse ínterim a economia se desenvolveu, o padrão de vida médio se elevou, juntamente com a renda *per capita*, ao passo que o salário mínimo diminuiu. Se observarmos a evolução da economia em prazo mais longo, de decênios, notaremos que as necessidades se multiplicam e que produtos que em determinado momento eram considerados relativamente supérfluos passam depois de certo tempo a ser indispensáveis. É o caso, por exemplo, da geladeira, da qual não se pode prescindir mais quando alimentos perecíveis são oferecidos à venda numa forma que exige sua refrigeração em casa. Ou o caso do aparelho de televisão, quando o seu uso se generaliza e a vida cultural de grande parte da população passa a ter nele uma fonte insubstituível. Pesquisas de orçamentos domésticos revelam também que, com o passar do tempo, o gasto com condução aumenta nitidamente, sobretudo nas grandes cidades.

Tudo isso demonstra que a cesta de bens e serviços, a ser coberta pelo salário mínimo para garantir um nível mínimo de subsistência, não permanece constante, mas cresce com o próprio desenvolvimento da economia. Por essa razão, o salário mínimo não pode permanecer o mesmo, mas tem que crescer, aproximadamente ao mesmo ritmo que a renda *per capita* do país. E foi o que ocorreu na década de 1950, a partir do momento em que Getúlio Vargas passou a reajustá-lo. Em 1952, o salário mínimo do Rio de Janeiro equivalia a duas vezes o Produto Interno Bruto (PIB) *per capita*, o que significa que ele proporcionava a uma família de quatro pessoas a metade do poder aquisitivo médio do país. Entre 1952 e 1960, esse salário mínimo oscilou

---

1 Dieese, *Dez anos de política salarial*, p.63.

REPARTIÇÃO DA RENDA   243

entre 2 e 2,69 vezes o PIB *per capita*, acompanhando aproximadamente o crescimento global da economia.

De 1960 em diante, o salário mínimo deixou de acompanhar o
PIB *per capita*; seu valor relativo caiu de 2,1 vezes o PIB *per capita* em
1960 para 1,64 em 1964 e para 1 em 1970. Durante essa década, portanto, o salário mínimo perdeu mais da metade do seu valor relativo,
proporcionando no fim dela apenas um quarto do poder aquisitivo
médio a uma família de quatro membros.

Como se vê, a política econômica posta em prática durante os
anos 1960, sobretudo após a instauração do regime militar, preju-
dicou fortemente os assalariados urbanos, que constituem parcela
crescente da população economicamente ativa: eles passam de 29,8%
em 1960 para 37,8% em 1970. É claro que seu efeito não foi igual para
todos os assalariados. Os que ocupavam posições de mando nas empresas tiveram sua remuneração reajustada de acordo com os lucros
delas, e não pelas diretrizes da política salarial. Edmar Bacha estudou
detalhadamente a evolução dos salários e ordenados em diversos grupos de grandes empresas do Centro-Sul.[2] Concluiu que, entre 1966 e
1972, os salários da mão de obra não qualificada "parecem cair de maneira inequívoca", ao passo que os salários dos demais trabalhadores
crescem de forma aleatória. "Os gerentes, entretanto, separam-se dos
trabalhadores tanto no que se refere à média salarial quanto no que
respeita à taxa de crescimento dos salários – ambas significativamente mais altas no caso dos gerentes".[3]

O que os dados disponíveis indicam é que pelo menos as grandes
empresas aproveitaram as facilidades da política salarial para reduzir
seus gastos com os trabalhadores menos qualificados e por isso mais
facilmente substituíveis, e com os recursos assim liberados deram
aumentos algo maiores, geralmente "por mérito", aos trabalhadores
qualificados; quanto a si mesmos – pois é a cúpula gerencial que de-
termina a escala salarial nas grandes empresas –, os gerentes foram
naturalmente generosos, atribuindo-se amplos aumentos reais de
salários.

---

2 Bacha, *Os mitos de uma década: ensaios de economia brasileira.*
3 Ibid., p.129.

Nada disso deve surpreender. Uma política salarial restritiva, ou de "arrocho", como se costuma dizer, transfere naturalmente renda do trabalho ao capital e, como a burguesia gerencial faz parte do capital, essa política concentra a própria renda salarial, tornando mais desigual a repartição desta. Essa concentração transparece na evolução da repartição da renda dos assalariados em atividades não agrícolas, entre 1960 e 1970: enquanto a proporção com menos de dois salários mínimos cai um pouco (de 78,8% para 76,9%), a proporção com dois a dez salários mínimos permanece praticamente a mesma (18,2% e 18,4%), mas a proporção com mais de dez salários mínimos aumenta nitidamente (de 0,6% para 1,4%). É provável que cada vez mais gerentes tenham conseguido ultrapassar a barreira dos dez salários mínimos, enquanto a grande massa dos pouco ou nada qualificados permaneceu abaixo dos dois salários mínimos, apesar da grande perda de valor (absoluto e relativo) dele.

A outra grande parcela (além dos assalariados urbanos) que forma a população economicamente ativa é constituída pelos trabalhadores do campo, dos quais a maioria é formada por camponeses, isto é, pequenos produtores que trabalham em terra própria ou arrendada, com o auxílio principalmente de membros da família. Como vimos, a grande maioria desses trabalhadores era extremamente pobre no início da década de 1960 e muitos estavam começando a se mobilizar, visando sobretudo à redistribuição da terra mediante a reforma agrária. O primeiro presidente do regime militar, general Castelo Branco, promoveu a aprovação do Estatuto da Terra, que facilitaria a execução de uma reforma agrária, se houvesse vontade política por parte do governo para agir nesse sentido. Mas, a completa destruição do movimento camponês, em 1964, desequilibrou o confronto de interesses pró e contra a reforma agrária nas zonas rurais, onde ela deveria ocorrer. A hegemonia dos proprietários fundiários foi reforçada pela desaparição de cena dos que tentavam contestá-la. A vigência do Estatuto da Terra por vinte anos sem que a reforma agrária fosse sequer tentada mostra bem que esta última só pode ser o fruto da luta dos diretamente interessados, sem a qual as leis que pretendem promovê-la permanecem letra morta.

REPARTIÇÃO DA RENDA

Ora, numa agricultura formada predominantemente por produtores autônomos, a repartição da renda depende basicamente da repartição da propriedade fundiária. Como esta última não foi modificada, a não ser marginalmente, pela incorporação de novas terras à agricultura e pela divisão de propriedades entre herdeiros, é natural que a repartição da renda agrícola também não tenha sido alterada. Na realidade, o que deve ter afetado a repartição da renda agrícola, na década de 1960, foi a crescente mecanização da produção, que atingiu tanto as pequenas como as grandes explorações. O trator substitui sobretudo o trabalho do assalariado, o que explica a queda da proporção de assalariados na força de trabalho agrícola, de 28,2% em 1960 para 19,8% em 1970.

Mas essa substituição não elevou a renda dos autônomos; pelo contrário, afetou-a negativamente, pois muitos pequenos camponeses complementavam a sua renda de exploração com trabalho assalariado em propriedades alheias, sobretudo nas grandes. A redução dessa demanda por trabalho assalariado, causada pela difusão do uso de tratores e maquinaria agrícola, deve ter aumentado a miséria do minifundiário, o qual não tem terra suficiente para ocupar toda a sua mão de obra familiar. Como única saída para o agricultor com pouca ou sem nenhuma terra, restou o abandono da agricultura e a migração para as cidades. A proporção da população brasileira que morava em áreas rurais caiu de 55% em 1960 para 44,1% em 1970, o que denota uma ampla migração rural-urbana. Não obstante, a população minifundiária não deixou de crescer acentuadamente: o número de pessoas ocupadas em explorações de menos de dez hectares aumentou 47,9%, passando de 4,8 milhões em 1960 para 7,1 milhões em 1970. Abrigava-se, nessas miniexplorações, um crescente "exército agrícola de reserva", do qual seria recrutado na década seguinte o grande contingente de boias-frias que viabilizaria a rápida expansão da cultura da cana (para o Pró-Álcool) e da laranja (em grande parte, para exportação).

Tudo isso explica por que a proporção de autônomos em atividades agrícolas com renda de até um salário mínimo, que já era esmagadora em 1960 (86%), ainda aumentou mais em 1970 (87,7%). Isso indica que a pobreza no campo durante os anos 1960 continuou enorme, tendo possivelmente aumentado. O Censo Demográfico de 1970 dá indicações mais precisas sobre as dimensões da pobreza mediante a renda familiar. Naquele ano, na zona rural, 69% das famílias tinham renda de até um salário mínimo e 20,3% das famílias tinham renda de um a dois salários mínimos. Ambos os grupos devem ser considerados pobres, na medida em que a renda familiar *per capita* não passava de 0,13 salário mínimo no primeiro e 0,27 salário mínimo no último.

Como vimos, em 1970 o maior salário mínimo era aproximadamente equivalente ao PIB *per capita*. Sendo a renda *per capita* notoriamente baixa no Brasil, é razoável fixar a "linha de pobreza", ou seja, a renda mínima abaixo da qual a pessoa deve ser considerada pobre, como a metade do PIB *per capita*. De acordo com esse critério, 89,3% das famílias rurais brasileiras eram pobres em 1970.

Os ricos, por outro lado, eram extremamente poucos no campo, em 1970. Se considerarmos "ricos", em zonas rurais, os que pertenciam a famílias com renda de cinco a dez salários mínimos (e com renda familiar *per capita* de cerca de 1,59 salário mínimo) e a famílias com renda de dez e mais salário mínimos (e com renda familiar per *capita* de 4,66 salários mínimos), verificamos que, em 1970, pertenciam à primeira categoria 0,34% das famílias rurais e à última, 0,15%. Em conjunto, os "ricos" não constituíam sequer 0,5% dos moradores na zona rural.

Esses dados mostram que as famílias de alta renda preferem morar nas cidades, que oferecem melhor qualidade de vida, sobretudo aos que dispõem de dinheiro. Grande parte da renda da terra e do lucro auferido pelo capital investido na agricultura deveria fluir, então, para as cidades em que moravam seus usufruidores. Isso significa que boa parte das famílias *urbanas* com renda de cinco a dez e dez e mais salários mínimos, que constituíam, em 1970, respectivamente 6% e 2,5% do total, deveria sua renda elevada, no todo ou em parte, à exploração agropecuária. Já era – como continua sendo – comum a figura do "fazendeiro de fim de semana", geralmente industrial, comerciante ou profissional liberal que, além de sua atividade urbana, também possui propriedades agrícolas. Nesses casos, a renda familiar é composta por rendas derivadas de atividades agrícolas e não agrícolas.

REPARTIÇÃO DA RENDA

Podemos concluir que, durante os anos 1960, a proporção de pobres no Brasil quase não diminuiu (se considerarmos que, do total de pessoas ativas, tinham renda de até um salário mínimo 70,1% em 1960 e 68% em 1970), mas que a proporção de ricos certamente aumentou (já que as pessoas com renda de dez e mais salários mínimos passou de 0,6% em 1960 para 1,1% em 1970). Como a renda pessoal média cresceu, na década dos 1960, 32,9% em termos reais, fica claro que esse acréscimo serviu muito mais para multiplicar o número de ricos do que para aliviar a situação dos pobres. No Brasil como um todo, em 1970, 45,2% das famílias tinham renda de até um salário mínimo e 22,8%, de um a dois salários mínimos. Portanto, mais de dois terços das famílias brasileiras eram indubitavelmente pobres, sendo essa proporção de 53% nas cidades e 89,3% no campo.

Os indicadores de qualidade de vida confirmam essa conclusão: entre 1960 e 1970, a proporção de domicílios com água corrente cresceu apenas de 47,8% para 52,6% nas cidades e de 3,4% para 6,2% no campo; a proporção com esgoto ou fossa séptica *caiu* de 47,2% para 44,2% nas cidades e de 3% para 2% no campo; a proporção de domicílios com instalação elétrica cresceu de 72,4% para 75,5% nas cidades e permaneceu a mesma (8,4%) no campo. O que cresceu bastante foi a proporção de domicílios *urbanos* com geladeira (de 23,3% para 42,5%) e com televisão (de 9,5% para 40,2%), mas no campo ambas permaneceram irrisórias: a proporção com geladeira evoluiu de 1,3% para 3,2% e a com televisão passou de 0,3% para 1,6%. E, para terminar, as taxas de analfabetismo entre a população de dez anos e mais diminuem entre 1960 e 1970, mas pouco: de 21,8% para 19,3% nas cidades e de 55,8% para 52,9% no campo.

Como se vê, geladeira e TV tornaram-se bens de primeira necessidade nas cidades, passando a ser utilizadas em pouco mais de dois quintos dos domicílios. De resto, mais da metade da população urbana e a quase totalidade da população rural continuavam, em 1970, excluídas dos benefícios mínimos – água, esgoto, bens duráveis – da civilização hodierna. Um quinto da população urbana e mais da metade da população rural continuavam excluídos de qualquer ensino, inclusive do elementar. Durante os primeiros seis anos do regime militar, a repartição da renda em termos *absolutos* multiplicou

248   DOMINAÇÃO E DESIGUALDADE

o pequeno número de muito ricos e conservou a grande proporção de pobres.

Pobres e ricos na década de 1970

Os anos 1970 foram institucionalmente homogêneos. Entre 1970 e 1980, sucederam-se três governos militares: o do general Médici, até 1974; o do general Geisel, até 1979; e o do general Figueiredo, o último do regime militar. A repressão ao movimento operário e às tentativas de oposição ao regime e à sua política continuou, com toda a intensidade, até meados da década. Da segunda metade da mesma em diante se dá o famoso processo de "distensão, lenta e segura", que começou com o afrouxamento gradativo da censura aos meios de comunicação de massa e culminou, em 1979, com a revogação do Ato Institucional n.5, que conferia poderes ditatoriais ao Executivo. Do ponto de vista da repartição da renda, a mudança mais significativa foi a retomada da prática grevista, a partir de 1978, cuja repressão foi consideravelmente atenuada daí por diante. Com isso, um crescente número de sindicatos passou a eleger diretorias mais combativas e a barganha coletiva dos salários foi sendo restaurada.

Em 1979, após ampla onda de greves, que cobriu o país de norte a sul, o governo enviou ao parlamento um novo projeto de lei salarial, instaurando reajustes semestrais diferenciados tendo por base o Índice Nacional de Preços ao Consumidor (INPC). Os assalariados com renda de até três salários mínimos receberiam 110% do INPC, os com renda de até dez salários mínimos receberiam 100% do INPC sobre a faixa de três a dez salários mínimos, e os com renda acima de dez salários mínimos receberiam 80% do INPC sobre a faixa que ultrapassasse esse limite. A partir de novembro de 1979, entrou em vigor a Lei n.6.708, que prescrevia essas normas de reajustamento salarial.

Se politicamente a década de 1970 se caracterizou por gradativa melhora, economicamente a situação evoluiu em sentido oposto. Até 1973, a economia brasileira cresceu com grande rapidez e inflação declinante, o que denotou o famoso "milagre econômico" (iniciado, como vimos, em 1968). De 1974 em diante, dificuldades externas

REPARTIÇÃO DA RENDA   249

(aumento do preço do petróleo importado, recessão mundial) e internas (agravamento de pontos de estrangulamento) fizeram que a inflação voltasse a disparar e que o crescimento se tornasse irregular. Mesmo assim, a expansão econômica manteve bastante vigor até 1976, e nos anos restantes da década continuou num patamar mais baixo, mas sempre acima do crescimento da população. Embora, de 1975 em diante, se falasse muito em "crise econômica", o fato é que, antes de 1981, o Brasil não sofreu propriamente qualquer recessão.

O período do "milagre econômico" (1970-1976)

Consideremos inicialmente o subperíodo 1970-1976, durante o qual o crescimento econômico foi particularmente intenso. A proporção de famílias com renda de até um salário mínimo cai de 45,2% em 1970 para 21,3% em 1976, e a de famílias com renda de um a dois salários mínimos aumenta de 22,8% em 1970 para 24,7% em 1976. Em 1976, a renda familiar *per capita* nas famílias com até um salário mínimo de renda era de 0,21 salário mínimo, e nas famílias com um a dois salários mínimos de renda era de 0,37 salário mínimo. De acordo com uma "linha de pobreza" equivalente a meio salário mínimo, conforme adotamos anteriormente, ambos os grupos de famílias devem ser considerados pobres. Dessa forma, ter-se-ia de concluir que a extensão da pobreza no Brasil diminuiu consideravelmente nesse subperíodo, passando de 68% em 1970 para 46% em 1976.

Para validar essa conclusão, é preciso examinar o que ocorreu com o maior salário mínimo, que serve de medida tanto da repartição da renda como da "linha de pobreza", entre 1970 e 1976. Em termos *absolutos*, isto é, de poder de compra, o salário mínimo foi ligeiramente aumentado – cerca de 5% no Rio e 7% em São Paulo – entre 1970 e 1976. Nesse sentido, a passagem de algo como 22% das famílias sobre a barreira da renda de dois salários mínimos representa efetivamente uma melhora do seu poder aquisitivo, fazendo que deixassem de ser pobres ou ao menos se tornassem menos pobres (no grupo seguinte de famílias com dois a cinco salários mínimos, no qual se encontravam 23,5% das famílias em 1970 e 29,5% em 1976, a renda familiar *per capita* era de 0,72 salário mínimo em 1970 e 0,75 salário mínimo em 1976 – acima, portanto, de 0,5 salário mínimo).

Mas, em termos *relativos*, o salário mínimo continuou caindo, pois seus reajustamentos nominais de modo algum acompanharam a rápida expansão do PIB *per capita* entre 1970 e 1976. Como vimos, em 1970 o salário mínimo tinha aproximadamente o mesmo valor que o PIB *per capita*; seis anos depois, ele não valia mais que 0,55 PIB *per capita*, ou seja, perdeu 45% do seu valor relativo. Isso significa que, se as necessidades básicas se expandiram ao mesmo ritmo que o PIB *per capita*, entre 1970 e 1976, o salário mínimo, embora tenha elevado ligeiramente o seu poder de compra em relação à *mesma* cesta de bens, de fato se tornou ainda mais insuficiente para prover as necessidades de uma família. Nesse sentido, os 46% de famílias que continuavam, em 1976, com até dois salários mínimos de renda e com menos de meio salário mínimo de renda familiar *per capita* tornaram-se *relativamente* até mais pobres do que eram em 1970, ao passo que os 22% de famílias que se alçaram acima dessa linha deixaram de ser pobres em termos absolutos, mas não relativos. Em outras palavras, essas famílias que em 1976 conseguiram melhorar seu poder aquisitivo não seriam mais pobres se a economia brasileira tivesse ficado no nível de 1970. Mas, como em 1976 o PIB *per capita* brasileiro era 54,8% mais alto do que em 1970, a posição dessas famílias em relação às suas novas necessidades básicas pouco se alterou.

Em suma, podemos concluir que o extraordinário crescimento da economia brasileira durante o período do "milagre" reduziu as dimensões da pobreza absoluta, mas não da relativa. Em compensação, multiplicou também, de forma extraordinária, a proporção de famílias de rendas média e alta. As famílias com renda de cinco a dez salários mínimos passaram de 3,7% do total em 1970 para 14,2% em 1976, e as com renda de dez salários mínimos e mais passaram de 1,5% do total em 1970 para 9,9% em 1976. Esses dados indicam que houve uma transformação muito ampla na estrutura da sociedade brasileira, que se reflete na repartição da renda. Como enfatizamos antes, em 1960, assim como em 1970, a pirâmide social brasileira apresentava uma enorme base de pobres e uma minúscula cúpula de ricos. Apenas meia dúzia de anos mais tarde, a base se reduziu um

REPARTIÇÃO DA RENDA   251

pouco e a cúpula se ampliou de forma surpreendente. Subitamente, surgiu uma numerosa "classe média" que, em padrão de consumo, não apresenta solução de continuidade com a "classe rica". Em termos relativos, as famílias com renda acima de cinco salários mínimos passam da metade do total em 1970 para quase um quarto em 1976. Em termos absolutos, o seu número passou de 963,3 mil em 1970 para 5.576,7 mil em 1976. Em seis anos, o mercado de bens duráveis de luxo (automóveis, aparelhos de som) e de serviços de padrão e custo elevados (hospitais privados, escolas particulares, viagens ao exterior) se multiplica por 5,8!

A política econômica posta em prática durante o "milagre" favoreceu a concentração do capital, ou seja, a multiplicação e o crescimento das grandes empresas. A política trabalhista e, em particular, a política salarial nesse período promoveram a contenção dos baixos salários e, com isso, provocaram a concentração da renda salarial, sobretudo nas grandes empresas. Surgiu assim o crescimento explosivo da demanda por bens e serviços de alto padrão, cuja expansão marcou precisamente o "milagre econômico" brasileiro.

É interessante observar que a redução da pobreza absoluta se deu tanto na zona urbana quanto na rural. Nas cidades, a proporção de famílias com renda de até dois salários mínimos caiu de 53,1% em 1970 para 33,9% em 1976 e, no campo, de 89,3% em 1970 para 70,6% em 1976. A redução da pobreza foi quase a mesma nas cidades, onde 19,2% das famílias ultrapassaram a barreira dos dois salários mínimos, que no campo, onde 18,7% das famílias fizeram o mesmo. Se, no entanto, considerarmos que no campo as despesas monetárias são bem menores, poderíamos talvez adotar como "linha de pobreza" um salário mínimo, em vez de dois, para as famílias rurais. Nesse caso, a redução da pobreza absoluta na zona rural teria sido até maior, pois a proporção de famílias com renda de até um salário mínimo caiu de 69% em 1970 para 37% em 1976. Cerca de 32% das famílias rurais teriam deixado de ser pobres nesse período.

Os padrões de consumo confirmam até certo ponto essa melhora da renda familiar. Nas cidades, entre 1970 e 1976, os domicílios com instalação elétrica aumentaram de 75,6% para 84,9%, os com geladeira, de 42,5% para 60%, e os com aparelho de televisão, de 40,2% para 66,4%. No campo, no mesmo período, os domicílios com instalação elétrica aumentaram de 8,4% para 19,2%, os com geladeira, de 3,2% para 9%, e os com televisão, de 1,6% para 9,6%. Se a ausência de geladeira e de televisão pode caracterizar pobreza, ou seja, privação de um nível mínimo de vida *normal*, então, em 1976, cerca de um terço da população urbana e aproximadamente nove décimos da população rural continuavam pobres. A grande proporção de pobres no campo se devia, no entanto, em 1976, mais à falta de serviços públicos – especificamente, de energia elétrica – do que à falta de renda monetária, pois quase 30% das famílias dispunham de renda de mais de dois salários mínimos, mas apenas 19,2%, de instalação elétrica.

A multiplicação de famílias com renda média e alta também ocorre nas cidades e no campo. Entre 1970 e 1976, a proporção de famílias com renda superior a cinco salários mínimos passa de 8,5% para 32,6% nas cidades, e de 0,5% para 7% no campo. É de se notar que começa a surgir, nesse período, no Brasil, uma classe média rural. Do ponto de vista do padrão de consumo, a difusão da posse do automóvel confirma o rápido crescimento do segmento de alto poder aquisitivo. Entre 1970 e 1976, a proporção de domicílios com carro aumenta de 13,7% para 24% na zona urbana e de 2,6% para 6% na zona rural.

O período pós-"milagre" (1976-1980)

No subperíodo 1976-1980, o crescimento econômico desacelerou-se visivelmente, enquanto a inflação cresceu bastante. Nos quatro anos anteriores a 1976, o PIB *per capita* cresceu 30,6%; nos quatro anos posteriores a 1976, esse crescimento cai a 14,8%. O deflator implícito do produto, que constitui a medida mais abrangente da inflação, aumenta durante toda a década de 1970, particularmente a partir de 1979, quando atinge 57,6%, chegando a 94,6% em 1980. No subperíodo 1976-1980, a economia brasileira sofre o segundo choque do petróleo e a contínua elevação da taxa internacional de juros, que grava a dívida externa – mas esses fatores adversos externos são de certa forma "neutralizados" mediante a crescente entrada de empréstimos em dinheiro do exterior.

À calmaria econômica de uma crise adiada (por endividamento externo) correspondeu um processo de mudança institucional que

REPARTIÇÃO DA RENDA

253

culmina, como vimos, na recuperação da barganha coletiva de salários e do direito de greve e na reformulação da política salarial. Esta última, a partir de fins de 1979, persegue a recomposição do valor real dos salários mais baixos e, implicitamente, do salário mínimo, à custa não tanto do lucro como dos altos salários, explicitamente acima de dez salários mínimos. Em fins de 1980, o governo intensificou o arrocho dos altos salários, fazendo aprovar a Lei n.6.886, segundo a qual a parcela dos salários entre 15 e 20 salários mínimos receberia apenas metade do INPC e a parcela acima de 20 salários mínimos nada receberia, podendo haver negociações entre patrões e empregados para determinar o eventual reajustamento daquela parcela.

Diante de tantas mudanças, é curioso constatar que a dimensão da pobreza e da riqueza no Brasil modificou-se muito pouco entre 1976 e 1980. A proporção de famílias com renda de até um salário mínimo quase não se alterou, passando de 21,3% para 21,7%, ao passo que a de famílias com renda de um a dois salários mínimos caiu um pouco (de 24,7% para 22,3%). Considerando esses dois grupos como pobres, a sua proporção conjunta se reduziu ligeiramente, de 46% em 1976 para 44% em 1980. Para 1980, é possível testar essa proporção de pobres mediante outro dado. É que o Censo Demográfico desse ano apresenta as famílias divididas em classes de renda familiar *per capita* e a linha de pobreza aqui adotada é, como se viu, de meio salário mínimo de renda familiar *per capita*. Em 1980, estavam abaixo dessa linha 42,9% das famílias brasileiras, cifra bastante próxima aos 44% de famílias com renda de até dois salários mínimos.

Entre 1976 e 1980, o valor real do salário mínimo do Rio de Janeiro sofreu um pequeno aumento de 3,8%, de modo que, como unidade de medida da repartição da renda e da linha de pobreza absoluta, ele continua válido. Mas, em termos relativos, o salário mínimo continuou perdendo valor. De 0,55 do PIB *per capita* em 1976 ele caiu para 0,41 em 1980, perdendo cerca de um quarto do seu valor relativo.

A redução da pobreza, entre 1976 e 1980, continua, portanto, ambígua. Se o poder aquisitivo de 2% das famílias de fato cresceu a ponto de elevá-las acima da linha de pobreza, o conjunto das famílias de baixa renda ainda se tornou mais pobre em relação ao nível geral de consumo atingido pelo conjunto do país.

A proporção de famílias com renda média e alta tampouco sofreu mudança significativa entre 1976 e 1980: a das com renda de cinco a dez salários mínimos passou de 14,2% para 14,3% e a das com renda de dez ou mais salários mínimos passou de 9,9% para 10,1%.

Como acontece em geral, a constância da repartição da renda de toda a população, entre 1976 e 1980, resulta de mudanças em sentido oposto, que se compensam, da repartição da renda em subconjuntos da população. Nesse subperíodo, a pobreza continuou diminuindo na zona urbana, mas voltou a subir na zona rural. Nas cidades, a proporção de famílias com renda de até dois salários mínimos caiu de 33,9% em 1976 para 32,5% em 1980, denotando ligeiro declínio na extensão da pobreza. No campo, essa proporção, no entanto, cresceu de 70,6% para 71,8%, revelando um aumento, também pequeno, na extensão da pobreza. Esse aumento é maior, se considerarmos como linha de pobreza rural um salário mínimo de renda familiar em lugar de dois como fizemos acima. A proporção de famílias abaixo dessa linha cresceu de 37% em 1976 para 41,8% em 1980.

Vale notar que, embora a queda na proporção de famílias com renda de até dois salários mínimos nas cidades (1,4%) tenha sido praticamente igual ao aumento desta no campo (1,2%), na população total essa proporção caiu 2% porque a proporção de famílias urbanas no total cresceu de 67% em 1976 para 70,5% em 1980, caindo, na mesma medida, a proporção de famílias rurais de 33% para 29,5%. Como a proporção de famílias pobres é muito maior no campo do que na cidade, o translado de 3,5% das famílias da zona rural à urbana resulta em queda da extensão da pobreza na população total.

É interessante notar que, nas cidades, à ligeira redução da pobreza, entre 1976 e 1980, correspondeu também uma ligeira redução das proporções de famílias com renda média (de cinco a dez salários mínimos), de 18,7% para 18,3%, e de famílias com renda alta (de dez e mais salários mínimos), de 13,9% para 13,5%. O grupo de famílias que cresceu, nesse subperíodo, foi o das com renda imediatamente acima da linha de pobreza (de dois a cinco salários mínimos), que passou de 33% em 1976 para 34,8% em 1980. Essa pequena, mas não insignificante, mudança na repartição da renda urbana pode ser atribuída principalmente às conquistas salariais do movimento operário,

REPARTIÇÃO DA RENDA255

consolidadas na legislação salarial de 1979, que levaram a reajustamentos maiores dos salários mais baixos e a reajustamentos menores dos mais altos. Entre 1976 e 1980, a proporção de *empregados em atividades não agrícolas* com renda de até um salário mínimo caiu de 30,1% para 27,8%, subindo as proporções de um a dois salários mínimos (de 31,7% para 34,5%) e de dois a cinco salários mínimos (de 25,2% para 26,5%), ao passo que a proporção com renda acima de cinco salários mínimos caiu (de 12,7% para 11%).

Embora em dimensões restritas, houve uma desconcentração da renda urbana, *pela primeira vez desde 1960*, contrariando a tendência dominante, de sentido oposto. E não parece haver muita dúvida de que essa desconcentração da renda urbana deva ser atribuída à ação do movimento operário. Fica claro, portanto, que a concentração da renda tornou-se tão extrema, no Brasil, entre 1960 e 1976, devido principalmente à ausência de um movimento operário organizado, eliminado do cenário social pela repressão, entre 1964 e 1978.

No campo, a renda continuou se concentrando, com quase 5% das famílias caindo abaixo da linha de um salário mínimo de renda. A proporção de famílias com renda de dois a cinco salários mínimos caiu, entre 1976 e 1980, de 22,2% para 20,9%, e o mesmo ocorreu com a das famílias com renda de cinco a dez salários mínimos (de 5,1% para 4,5%). Somente a proporção das famílias com renda alta, de dez ou mais salários mínimos, aumentou de 1,9% em 1976 para 2% em 1980. Em suma, aumentaram as proporções dos extremos – de menos de um e de mais de dez salários mínimos –, com queda das proporções das classes intermediárias, o que denota claramente concentração da renda, com aumento simultâneo do número de pobres e de ricos.

A concentração da renda agrícola decorre basicamente da concentração da propriedade fundiária, tendência que se verifica ao longo de toda a década de 1970. De acordo com os dados dos censos agropecuários, as explorações com até dez hectares tiveram participação decrescente na área total: 3,1% em 1970, 2,8% em 1975 e 2,5% em 1980. O mesmo se dá com a participação das explorações de dez a 100 hectares, que cai de 20,4% em 1970 para 18,6% em 1975 e para 17,7% em 1980. Em compensação, cresce a participação dos estabelecimentos médios e grandes, especialmente a dos últimos. A dos

256 DOMINAÇÃO E DESIGUALDADE

estabelecimentos com 1.000 e mais hectares sobe de 39,5% em 1970 para 42,9% em 1975 e 45,1% em 1980.

Essa tendência, diante da ausência de reforma agrária, resulta espontaneamente da penetração do capital na agricultura, sobretudo do capital das grandes empresas, que investiram amplamente em projetos agropecuários nas zonas de fronteira agrícola e em plantações de cana para a produção de álcool, incentivadas por generosos subsídios do erário público. Também a mecanização da lavoura, facilitada pela enorme expansão do cultivo de soja, durante a década 1970-1980, favoreceu a concentração fundiária, na medida em que áreas maiores permitem o uso mais intenso da maquinaria. Consequentemente, a participação dos estabelecimentos pequenos, com até 50 ha, no valor da produção agropecuária cai de 47,6% em 1970 para 42,6% em 1975 e para 39,6% em 1980; em compensação, sobe a dos estabelecimentos médios e grandes, particularmente dos primeiros (de 50 a 1.000 hectares), que passa de 39,5% em 1970 para 43,6% em 1975 e para 44,3% em 1980.

A passagem de uma parcela da produção dos estabelecimentos pequenos para os médios e grandes implica a transferência do pessoal ocupado na agricultura na mesma direção, com sensível transformação da estrutura de classes. Os produtores em pequenos estabelecimentos são, em geral, camponeses autônomos; os que trabalham em grandes propriedades tendem a ser assalariados, em boa parte temporários. Os "responsáveis [pela exploração] e membros não remunerados da família", que constituem em sua maioria o campesinato, representavam 80,5% da força de trabalho agrícola em 1975; cinco anos depois, sua participação tinha caído para 73,9%. Em compensação, entre 1975 e 1980, aumentou a participação dos empregados permanentes (de 7,6% para 10,3%) e sobretudo a dos temporários (de 8,3% para 13,1%). Houve, portanto, a proletarização de uma parte da força de trabalho agrícola, que deve ter sido o principal fator do aumento da pobreza no campo entre 1976 e 1980.

Convém notar que o número de empregados temporários sobe de 1.697 mil em 1975 para 2.768 mil em 1980, expandindo-se 63,1% em apenas um quinquênio. Essas cifras denotam o notável crescimento do número de trabalhadores diaristas, chamados de "volantes" ou

REPARTIÇÃO DA RENDA

"boias-frias", que se deslocam pelo território para encontrar ocupação em diferentes safras. Esses trabalhadores ficam desempregados no período da entressafra e, até há pouco, careciam de organização sindical e não gozavam de qualquer benefício trabalhista que a legislação garante ao assalariado. É um tipo de pobre rural (mas que comumente mora em cidades) produzido pela grande expansão das plantações de cana e de cítricos, cuja colheita não é mecanizada. O crescimento do cultivo mecanizado da soja em áreas onde antes se praticava a cafeicultura produziu um excedente populacional, o qual (junto com excedentes de outras áreas) sustenta com o seu trabalho subpago a expansão dessas outras culturas, cujas safras ainda são manuais.

Em termos de padrão de vida, a redução da pobreza absoluta, iniciada em 1970-1976, continuou em 1976-1980, mas a um ritmo muito menor. Nas *cidades*, houve progresso significativo apenas no abastecimento de água corrente, que alcançava 89,9% dos domicílios, contra apenas 67,8% em 1976; já no que se refere a esgotos, o progresso foi muito menor: em 1980, estavam ligados à rede geral ou possuíam fossa séptica 58,1% dos domicílios, contra 53,5% em 1976; a instalação elétrica continua se generalizando, dispondo dela 91,3% dos domicílios em 1980, contra 84,9% em 1976. No que se refere aos bens duráveis de consumo, em 1980 dispunham de geladeira 65,7% dos domicílios, contra 60% em 1976; tinham televisão 73% dos domicílios, contra 66,4% em 1976; e automóvel, 28,2% dos domicílios, contra 24% em 1976.

No *campo*, a redução da pobreza prosseguiu em 1976-1980 ao mesmo ritmo lento de 1970-1976. A proporção de domicílios com água corrente passou de 13,7% em 1976 para 18,1% em 1980; a de domicílios ligados à rede de esgotos ou com fossa séptica passou de 4,6% para 7,5%; e a de domicílios com instalação elétrica cresceu de 19,2% em 1976 para 21,4% em 1980. O pequeno avanço nesse último aspecto limitou a difusão dos eletrodomésticos na zona rural: a proporção de domicílios com geladeira só cresceu de 9% em 1976 para 13,6% em 1980, e a de domicílios com televisão, de 9,6% em 1976 para 15,7% em 1980. Quanto ao automóvel, sua difusão também não foi muito grande: dele dispunham 6% dos domicílios em 1976 e 9,8% em 1980.

Caracterizamos a pobreza, hoje em dia, como a privação de bens indispensáveis a um nível mínimo de vida normal, como geladeira e aparelho de televisão. De acordo com esse critério, a proporção de famílias pobres teria decrescido, entre 1976 e 1980, de um terço a cerca de um quarto, nas cidades, e de 90% para algo como 85% no campo. Portanto, também do ângulo do padrão de vida, em 1976-1980, houve maior redução da pobreza na cidade do que no campo.

O período final do regime militar (1980-1985)

Nesse subperíodo, a distensão "lenta e segura" prossegue até o seu fim lógico, a substituição do regime militar por um regime civil e democrático. Essa substituição se dá caracteristicamente às meias, isto é, não pela eleição direta de um novo presidente e de uma Assembleia Constituinte, como se fez em 1945 ou em outros países, por exemplo em 1983 na Argentina, mas por uma eleição indireta, no Colégio Eleitoral formado no regime antigo. O novo regime civil adia a convocação da Constituinte e, portanto, a redemocratização completa do país até 1987, de modo que a transição do Brasil do autoritarismo à democracia deverá – de acordo com o cronograma da autodenominada "Nova República" – estender-se por todo um mandato presidencial, de 1985 a 1989, quando se espera a posse do primeiro presidente escolhido em eleições diretas, desde 1960, já na vigência da nova Constituição.

Esse período final do regime militar é marcado pela crise econômica mais grave desde os anos 1930. Suas causas são de caráter internacional, decorrentes da desorganização financeira que se instalou no sistema internacional de pagamentos a partir do colapso das regras acertadas em Bretton Woods e que regularam esse sistema do fim da Segunda Guerra Mundial até 1971. Nesse ano, o governo dos Estados Unidos repudiou seu compromisso de manter determinada paridade entre o dólar e o ouro, inaugurando assim o sistema das taxas cambiais flutuantes, que vigora até o momento. Nesse sistema, os governos nacionais não se responsabilizam mais pelo valor externo de suas moedas, o que teve por consequência: a) intensa especulação, por parte de multinacionais, bancos centrais e bancos privados, além

REPARTIÇÃO DA RENDA   259

de indivíduos, com as principais moedas "fortes" (dólar, marco, iene etc.); e b) internacionalização do sistema bancário, o qual constituiu um mercado internacional não regulado de capitais, o chamado "euromercado".

Com o desenvolvimento do euromercado, ao qual acorreram capitais no valor de centenas de bilhões de dólares (sobretudo após a primeira elevação dos preços do petróleo, em 1973), os governos dos principais países capitalistas renunciaram paulatinamente à regulação de seus sistemas financeiros nacionais, forçados a tomar essa atitude por recorrentes "fugas de capitais", sempre que a taxa nacional de juros caía abaixo da vigente no euromercado. Daí resultou enorme afluxo de depósitos a curto prazo nos bancos internacionalizados, que estes trataram de encaminhar, a taxas flutuantes de juros, a países semi-industrializados da América Latina, do Sul e Leste da Europa e do Extremo Oriente. Essa foi a origem do superendividamento externo, que atingiu, ao longo dos anos 1970, o Brasil, ao lado de dezenas de outros países.

Como vimos, a entrada maciça de empréstimos em dinheiro permitiu ao Brasil, entre 1974 e 1980, enfrentar a elevação dos preços do petróleo sem submeter então a economia a um "ajuste" recessivo. Mas, a partir de 1979, as taxas internacionais de juros começaram a subir e o Brasil passou a pagar o serviço da dívida externa com novos empréstimos em dinheiro, o que inevitavelmente acelerou o endividamento externo do país e o tornou totalmente dependente dos credores externos. Estes continuaram fornecendo empréstimos ao Brasil, mas em 1980 passaram a exigir que o governo reequilibrasse as contas externas mediante políticas recessivas, o que efetivamente passou a ser feito a partir de 1981, desencadeando-se a referida crise.

A crise, causada pelo superendividamento externo, atingiu dezenas de países semi-industrializados e coincidiu com a mais grave recessão do pós-guerra no conjunto dos países capitalistas industrializados. O Brasil, como o maior devedor (ao lado do México) do Terceiro Mundo, foi duramente atingido, sendo obrigado a reduzir drasticamente seu nível de consumo, produção e emprego, de modo a obter saldos suficientes em seu comércio exterior para cobrir o pagamento dos juros devidos. A crise atingiu seu auge em agosto e setembro de 1982, quando o México foi obrigado a se declarar inadimplente (incapaz de atender a seus compromissos financeiros), o que levou imediatamente à suspensão, no euromercado, de todos os empréstimos novos aos países latino-americanos, tornando-os igualmente inadimplentes. Nessa emergência, os governos dos países credores se uniram para salvar seus bancos da bancarrota e impor aos governos dos países inadimplentes, através do FMI, políticas "saneadoras" que exacerbaram a inflação e aprofundaram a crise econômica nestes últimos. Vale notar que os governos dos países devedores aceitaram, apesar de alguns protestos verbais, essa imposição e – até o momento – se mostram incapazes de se unir numa contraproposta alternativa que não faça recair todo o ônus do ajustamento sobre seus povos.

Não cabe aqui uma descrição completa da crise, que só interessa na medida em que constitui o pano de fundo da evolução da repartição da renda de 1981 em diante. Basta notar suas dimensões mais gerais: entre 1980 e 1983, o produto real brasileiro caiu 3,8% e o produto real *per capita* diminuiu 10,6%. Houve, portanto, um severo empobrecimento do povo brasileiro nesses anos. A crise atingiu particularmente a indústria de transformação, cujo produto real diminuiu 12,2% entre 1980 e 1983, e a construção civil, que viu seu produto real contrair-se 18,5% nesse período. A agropecuária foi muito menos afetada, seu produto real apresentando mesmo um crescimento, modesto mas positivo, de 6% em 1980-1983. Esses dados indicam que o efeito das políticas recessivas foi muito maior nas cidades do que no campo, concentrando-se sobretudo nos centros industriais.

Em 1984, graças ao espetacular crescimento da economia dos Estados Unidos, o Brasil pôde beneficiar-se de uma limitada recuperação, induzida essencialmente pelo aumento das exportações, sobretudo ao mercado daquele país. Essa recuperação, além de precária – pois depende de condições favoráveis no mercado mundial –, foi bastante modesta: o PIB cresceu, em termos reais, 4,5%, taxa inferior às alcançadas mesmo no período pós-"milagre", entre 1977 e 1980. Seja como for, a crise econômica propriamente dita se estendeu por três anos, de 1981 a 1983, que é o período para o qual analisaremos a evolução da repartição da renda, pois para 1984 ainda não se dispõem de dados.

REPARTIÇÃO DA RENDA   261

A crise atingiu fundamentalmente o consumo de bens duráveis e o investimento, afetando sobretudo a indústria de bens de capital, de bens intermediários e da construção civil. A aguda contração da produção e do emprego nesses ramos industriais repercutiu por sua vez no resto da economia, afetando negativamente – mas com menor intensidade – a indústria de bens não duráveis de consumo, o comércio e demais atividades.

A política salarial que vigiu nesse período permaneceu inalterada entre dezembro de 1980, quando foi promulgada a Lei n.6.886, e fevereiro de 1983, quando o governo baixou o primeiro de uma série de decretos-leis (nada menos que quatro, só em 1983), visando reduzir os reajustamentos salariais abaixo da variação do lNPC. O arrocho salarial é parte importante da política de ajuste recessivo posta em prática desde 1981 e intensificada a partir do início de 1983, quando o Brasil passou a se submeter à supervisão do Fundo Monetário Internacional. A principal modificação da política salarial atingiu os trabalhadores que ganhavam até três salários mínimos e que recebiam reajustamentos 10% acima da variação do INPC; a partir de fevereiro de 1983, eles passaram a receber apenas o equivalente ao aumento do INPC, e a partir de agosto de 1983 o seu reajustamento caiu, assim como o de todos os demais assalariados, a 80% do INPC. Em novembro de 1983, os reajustamentos da faixa de até três salários mínimos voltaram a ser equivalentes à variação do INPC. Para os trabalhadores com ganhos de três a dez salários mínimos, que eram reajustados de acordo com o INPC até 1983, as alterações da política salarial acarretaram a redução de seus reajustamentos abaixo da variação do custo de vida. Para os assalariados com ordenados elevados, acima de dez salários mínimos, as normas da Lei n.6.886, de 1980, não foram alteradas até agosto de 1983, quando na verdade os que ganhavam acima de quinze salários mínimos foram beneficiados, pois o Decreto-Lei n.2.045 uniformizou os reajustamentos em 80% da variação do INPC para todos os assalariados. Em novembro de 1983, os reajustamentos na faixa de sete a quinze salários mínimos foram fixados em 60% da variação do INPC e, na faixa acima de quinze salários mínimos, em 50% daquela variação.

A instabilidade da política salarial, em 1983, foi causada pelas tentativas do governo de restaurar o arrocho salarial, contra as quais se levantou a opinião pública, inclusive importantes setores patronais, que exigiam a baixa dos custos financeiros e não dos salários reais. Isso estimulou o Legislativo a opor resistência às propostas de política salarial do Executivo, que se viu obrigado a reformulá-las seguidamente. Como os decretos-leis do Executivo entravam imediatamente em vigor, até serem apreciados pelo parlamento, a política salarial foi modificada quatro vezes durante o ano de 1983 (e mais uma vez em novembro de 1984).

Entre 1980 e 1982, a legislação salarial em vigor favorecia a elevação dos salários baixos e a diminuição dos mais elevados, visando a uma redistribuição da renda salarial para baixo. Durante 1983, a legislação passou a visar à diminuição de todos os salários, embora o peso do arrocho continuasse (exceto entre agosto e novembro) mais concentrado nas faixas mais elevadas de ganho.

Mas a política salarial não é o único fator que condiciona a repartição da renda. Como ela só se aplica aos empregados regularmente registrados, o próprio montante desses empregados na força de trabalho como um todo dá a amplitude da influência da legislação salarial sobre a repartição da renda. Ora, como a crise atingiu principalmente a grande indústria e a construção civil, o chamado *emprego formal* caiu como proporção da força de trabalho.

Entre 1980 e 1983, a força de trabalho brasileira cresceu 9,8%, passando de 39,7 para 43,6 milhões de pessoas. O emprego formal, registrado pela Relação Anual de Informações Sociais (Rais), que é formada pelas informações que todas as empresas e entidades governamentais fornecem ao Ministério do Trabalho, cresceu no mesmo período apenas 4%, passando de 17,1 para 17,8 milhões de pessoas. O emprego formal abrangia 43% da força de trabalho em 1980 e apenas 40,8% em 1983. Dos 3,9 milhões de brasileiros que entraram no mercado de trabalho nesse período, apenas 0,7 milhão, ou 17,5%, conseguiu emprego regularmente registrado. Isso dá uma estimativa inicial da perda de empregos formais acarretada pela crise: se a proporção de pessoas formalmente empregadas na força de trabalho se tivesse mantido constante entre 1980 e 1983, o emprego total

REPARTIÇÃO DA RENDA   263

registrado pela Rais deveria, nesse último ano, ter sido superior em *1 milhão* ao que realmente foi. Mas, na realidade, o emprego formal tende a crescer como proporção da força de trabalho quando a economia se desenvolve normalmente, de modo que a perda de empregos causada pela crise foi certamente superior a 1 milhão. Além disso, o emprego formal registrado pela Rais tem aumentado também pelo crescimento da cobertura, isto é, pelo aumento do número de empresas e entidades já constituídas, que passam a fornecer as informações. O número de informantes cresceu de 902.069 para 1.012.094 entre 1980 e 1983. O próprio Ministério do Trabalho acredita que muitos desses 110 mil novos informantes não são estabelecimentos que foram criados entre 1980 e 1983,[4] mas simplesmente passaram tardiamente a cumprir suas obrigações definidas pelo Decreto n.76.900 de 1975. Dessa maneira, deve-se concluir que uma parte (cuja dimensão é impossível de se estimar) dos 700 mil novos empregos registrados pela Rais entre 1980 e 1983 não é genuinamente nova, mas resulta do aumento da cobertura desse levantamento.

Interessa notar que, nesse período de crise econômica, o emprego formal computado na Rais apresenta fortes oscilações setoriais. Entre 1980 e 1983, ele caiu 14,9% na indústria, mas aumentou 44,1% na agricultura, 33,9% no governo e 9,6% no comércio. Acontece que o número de informantes à Rais aumentou, no mesmo período, 34,1% na agricultura, 48,6% no governo e 15,4% no comércio, o que leva a crer que, em boa medida, essas grandes expansões do emprego são fictícias, devidas ao aumento de cobertura.

Mas a queda do emprego na indústria deve ser real, sendo particularmente severa na construção (–29,4%), na mecânica (–29,6%), na metalurgia (–25,1%), na tecelagem (–23,7%) e na indústria de material elétrico e de comunicações (–23,2%). Houve, em compensação, aumento do emprego na indústria de vestuário, calçados etc. (+11,4%) e na de alimentos (+6,4%), entre os ramos industriais mais importantes. Esses dados mostram que o impacto da crise foi muito maior nas indústrias de bens duráveis, bens de capital e bens intermediários do que nas de bens não duráveis.

---

4 Ministério do Trabalho, *Relação Anual de Informações Sociais: Rais 83.*

Houve também aumento do emprego nos serviços (+5,8%) entre 1980 e 1983, sobretudo nos serviços financeiros (+23,5%), embora nesses últimos parte do aumento possivelmente se deva ao crescimento da cobertura.

Como a grande indústria, que foi muito mais atingida pela crise, está em sua maior parte localizada no eixo São Paulo-Rio, o emprego registrado pela Rais também mostra grandes oscilações regionais. Entre 1980 e 1983, ele aumentou 30,2% no Norte e Centro-Oeste, 19% no Nordeste, 17,9% em Brasília, 4,8% no Sul e 4,6% em Minas Gerais e Espírito Santo, tendo diminuído 2,5% em São Paulo e 1,9% no Rio de Janeiro.

Vejamos, então, como evoluiu a repartição da renda salarial registrada pela Rais. Entre 1980 e 1983, a proporção que ganhava até três salários mínimos caiu de 68,1% para 67,1%, crescendo a dos que ganhavam de três a dez salários mínimos de 26,3% para 26,9%, e a dos que ganhavam mais de dez salários mínimos, de 5,6% para 6%. Como se vê, a mudança na repartição foi mínima, afetando apenas cerca de 1% do total de empregados. O Ministério do Trabalho atribui a diminuição da parcela dos que ganham salários mais baixos "à queda do nível de emprego para os jovens e os trabalhadores não qualificados que usualmente estão localizados na base da pirâmide de remunerações".[5]

Na verdade, há no intervalo entre 1980 e 1983 dois movimentos na estrutura salarial registrada pela Rais. Um entre 1980 e 1982, quando o salário mínimo é mantido mais ou menos constante em termos reais (ele aumenta 1,7% em 1981 e 1% em 1982) e a legislação salarial garante reajustamentos de 110% do INPC aos que ganham até três salários mínimos. Entre 1980 e 1982, a proporção dos que ganhavam até dois salários mínimos cai de 49,8% para 47%, aumentando a proporção de todas as demais faixas: de 18,3% para 19,1% da faixa de dois a três salários mínimos; de 26,3% para 27,9% da faixa de três a dez salários mínimos; e de 5,6% para 6% da faixa de dez salários mínimos e mais. Entre 1982 e 1983, esse movimento se inverte. A legislação salarial deixa, como vimos, de redistribuir renda para baixo e o salário

---

5 Ibid., Cad.C, p.8.

REPARTIÇÃO DA RENDA   265

mínimo perde 8,8% de seu poder de compra. Além disso, a proporção dos que ganham até dois salários mínimos volta a subir, de 47% em 1982 para 48,5% em 1983, com queda na proporção das faixas seguintes, exceto a última, de dez salários mínimos e mais, que se conserva em 6%.

Isso significa que, até 1982, o impacto da crise sobre os trabalhadores do setor formal se fez sentir sob a forma de desemprego, mas não de queda do salário real. Antes pelo contrário, o efeito da legislação salarial, e provavelmente do poder dos sindicatos, logrou elevar um pouco os ganhos dos trabalhadores de menor remuneração. O ganho médio dos quase dois terços de empregados com até três salários mínimos aumentou 2,1% em termos reais, entre 1980 e 1982 – avanço pequeno, mas não desprezível em tempo de crise. Em 1983, o ganho desse grupo cai 11,1%, em termos reais, em relação ao ano anterior, em função da perda de valor real do salário mínimo e dos reajustamentos salariais abaixo do aumento do INPC. Em 1983, a crise se fez sentir duplamente para o trabalhador do setor formal: pela queda do seu ganho e pelo aumento do desemprego.

Curiosamente, quando se passa do setor formal, registrado pela Rais, para o conjunto da população com renda, a situação muda completamente. Usaremos, para a população total, os dados da Pnad, de 1979 a 1983, sem considerar os do Censo Demográfico de 1980, que não são estritamente comparáveis com aqueles. Entre 1979 e 1982, a proporção de pessoas com renda individual até um salário mínimo *aumenta* de 31,1% para 36,6% nas cidades e de 57,8% para 65% no campo. Naturalmente, as proporções com ganhos mais elevados caem, tanto na zona urbana como na rural.

Essa queda no nível de renda individual se traduz em aumento da pobreza, refletido na renda familiar. Com efeito, a proporção de famílias abaixo da linha de pobreza de dois salários mínimos de renda familiar passa de 41% em 1979 para 39,9% em 1981 e para 46,2% em 1982. Especificamente, entre 1981 e 1982, mais de 6% das famílias brasileiras caem abaixo da linha de pobreza.

O que se passa entre 1982 e 1983 já é mais ambíguo, pois o próprio salário mínimo perde 8,8% de seu valor real. O fato é que, em termos de renda individual, a proporção daqueles com renda de até um salário mínimo diminui de 36,6% para 33,4% nas cidades e de 65% para 61,4% no campo. Em termos de renda familiar, a proporção de famílias pobres (com até dois salários mínimos) também cai de 46,2% para 40,8%. Se o salário mínimo tivesse sido mantido em termos reais, poder-se-ia imaginar que mais de 5% das famílias voltaram a emergir da pobreza entre 1982 e 1983, Mas, como o salário mínimo se depreciou, é difícil concluir se a proporção de pobres sofreu alguma mudança entre 1982 e 1983.

A única conclusão que se pode tirar da comparação dos dados da Pnad com os da Rais é que, no período 1970-1980 a 1982, a pobreza no Brasil aumentou em consequência do crescimento do setor informal. Beneficiados pela legislação salarial e pela atividade de seus sindicatos, os trabalhadores que puderam conservar seus empregos no setor formal puderam manter e – os de baixa remuneração – até aumentar um pouco sua renda real. Mas as centenas de milhares que perderam seus empregos no setor formal e os milhões que, não fosse a crise, teriam ingressado nele, estes foram obrigados a achar alguma forma de sobreviver em atividades "informais". Como no Brasil não havia – e nem há ainda – qualquer auxílio aos desempregados, aqueles que não encontram quem lhes queira comprar a força de trabalho nos termos da legislação trabalhista não têm outra alternativa a não ser disputar com outros integrantes do subproletariado os precários ganhos de atividades ocasionais ou cronicamente sub-remuneradas.

Integravam o setor informal, medido pela diferença entre o número de pessoas ocupadas registrado pelo Censo ou pela Pnad e o registrado pela Rais, 23,6 milhões de pessoas em 1980 e 24,7 milhões em 1982. Mas, como o total da Rais cresceu nesse período, em boa parte como consequência do aumento da cobertura, conforme se viu, o tamanho do setor informal é certamente *menor* em 1980 do que os 23,6 milhões indicam, o que significa que o seu crescimento, em 1980-1982, é com certeza *maior* do que 1,1 milhão dado pelos números acima. O que interessa é que o setor informal, nesse período, cresceu mais nos ramos de atividade atingidos pela crise: o número de ocupados informais subiu, entre 1980 e 1982, de 4.954 mil para 6.458 mil na prestação de serviços, de 1.969 mil para 2.321 mil na indústria de transformação e de 1.932 mil para 2.399 mil no comércio, crescendo

REPARTIÇÃO DA RENDA

muito menos na construção (de 2.156 mil para 2.391 mil) e decrescendo na agricultura (de 10.245 mil para 9.613 mil). Pode-se observar que os que perderam seus empregos formais na indústria de transformação acabaram, juntamente com muitos que entraram nesses anos no mercado de trabalho, encontrando refúgio na prestação de serviços (muitas mulheres, sobretudo no serviço doméstico, todo ele informal), no comércio (provavelmente no comércio de rua) e na própria indústria de transformação. É interessante notar que, dos ocupados nesse ramo, 28,6% estavam no setor informal em 1980 e 33,7% em 1982. O que deve ter acontecido é que muitos operários, despedidos das fábricas, para sobreviver montaram pequenas oficinas ou continuaram a trabalhar sem registro no mesmo ramo.

A queda no setor informal representa, quase sempre, uma redução violenta do ganho da pessoa, pois as atividades-refúgios já são em geral mal pagas e o ganho cai ainda mais quando elas ficam com excesso de participantes por efeito da crise. Os dados confirmam a estreita interligação entre aumento do setor informal e aumento da pobreza. Entre 1979 e 1982, o número de pessoas, na zona urbana, com renda de até um salário mínimo cresceu de 2.816 mil, dos quais 42,7% estavam ocupados na prestação de serviços, 14,7% no comércio, 13,1% na construção e 9,8% na indústria de transformação. Certamente, não é coincidência que os ramos mais importantes do setor informal urbano e que mais aumentaram o número de ocupados também tenham sido os que respondem por mais de 80% do aumento de trabalhadores que nem sequer ganham o salário mínimo, entre 1979-1980 e 1982.

Já no período seguinte, em 1983, o empobrecimento se generaliza em consequência da queda do salário mínimo real e da remuneração dos assalariados do setor formal. O próprio Ministério do Trabalho conclui que "a redução de 3,6 para 3,5 SM [salários mínimos] entre 1982 e 1983 representa uma diminuição real de 11,3% na remuneração média no período".[6] Vimos anteriormente que os assalariados com até três salários mínimos perderam, no mesmo período, 11,1% em termos reais do seu ganho médio. Houve, portanto, em 1983, um

---

6 Ibid., p.5.

268   DOMINAÇÃO E DESIGUALDADE

arrocho salarial que atingiu de modo semelhante as diversas faixas de remuneração dos que estavam inseridos no setor formal.

Ao lado do arrocho salarial, que afetou principalmente o setor formal, o empobrecimento também foi agravado pelo desemprego, que deve, em princípio, ter ampliado o setor informal. Entre 1982 e 1983, o total de empregos registrados pela Rais cai pela primeira vez, desde 1980, em termos absolutos, de 17.959 mil para 17.766 mil. Como a cobertura da Rais continuou crescendo – o número de empresas informantes passou de 985.972 em 1982 para 1.012.094 em 1983 –, é provável que a perda de postos de trabalho no setor formal tenha sido maior que os quase 200 mil indicados pelas cifras acima. De fato, de acordo com a Pnad, o número de empregados com carteira de trabalho assinada diminuiu, entre 1982 e 1983, de 691 mil, passando de 17.320 mil para 16.629 mil.

Medido pela diferença entre os totais registrados pela Pnad e pela Rais, o tamanho do setor informal teria passado de 24.742 mil em 1982 para 25.808 mil em 1983, o que representa um aumento modesto de pouco mais de 1 milhão, inferior mesmo ao ocorrido entre 1981 e 1982. Acontece que o total de pessoas ocupadas com renda, registrado pela Pnad, cresceu apenas 2% em 1983, quando tinha crescido 4,9% no ano anterior. Daí, pode-se deduzir que grande parte dos que perderam seus empregos no setor formal ou foi para o setor informal, mas por algum motivo não foi computado pela Pnad, ou permaneceu de fato inativa, ampliando o desemprego aberto.

O desemprego, medido pela Pnad como diferença entre o total de pessoas ativas e o de ocupadas, passa de 2.023.116 em 1981 para 1.958.885 em 1982 e para 2.474.207 em 1983. O montante de desempregados entre 1981 e 1982 diminuiu 3,2%, mas, entre 1982 e 1983, ele aumentou 26,3%. Está claro que, em 1983, houve sensível crescimento do desemprego aberto, isto é, do número de pessoas em busca ativa de trabalho. Mas, além disso, deve ter aumentado o número dos "desalentados", que já desistiram de procurar trabalho, após tentar debalde por algum tempo. Estes acabam sendo classificados pela Pnad como não ativos. Um grupo particularmente atingido pelo desalento é o dos jovens que terminam a escola e entram no mercado de trabalho, sem chances de conseguir emprego. Na população urbana, a proporção de

REPARTIÇÃO DA RENDA   269

ativos entre os jovens de 15 a 19 anos caiu de 52,3% em 1982 para 50,3% em 1983. Na população rural, essa mesma proporção (ativos no grupo de 15 a 19 anos) subiu de 65,8% para 68% entre 1982 e 1983. Como a crise teve lugar predominantemente nas cidades, a queda da taxa de participação entre os jovens urbanos provavelmente indica um aumento do número de desempregados ocultos, isto é, desalentados, ao menos nesse grupo.

Há que concluir, pois, que em 1983 o empobrecimento nas cidades se acentuou, como resultado do arrocho salarial e da eliminação de postos de trabalho no setor formal, que teve por consequência o aumento do desemprego aberto, possivelmente do oculto, e do número de pessoas no setor informal. Neste último, entre 1982 e 1983, caiu a participação da agricultura (de 38,9% para 34,3%), subindo a da construção (de 9,7% para 15,4%). Na construção, o número de trabalhadores *sem* carteira de trabalho assinada, segundo a Pnad, mais que dobrou, passando de 944.346 em 1982 para 2.438.385 em 1983. Tudo leva a crer que trabalhadores despedidos do setor formal acabaram se engajando como "peões" na construção civil, em grande número. Fizeram-no, porém, com forte redução de seus ganhos. Em 1982, estavam com *até meio* salário mínimo 154 mil pessoas ocupadas na construção; em 1983, esse total passou a 1.404 mil. Esses dados ilustraram dramaticamente o empobrecimento causado pela transferência de centenas de milhares de pessoas do setor formal ao informal.

Finalmente, cabe observar que, do ponto de vista do nível de vida, houve poucas mudanças significativas entre 1981 e 1983. *Nas cidades*, cresceram um pouco as proporções de domicílios a) ligados à rede de esgotos ou com fossa séptica (de 56,8% para 60,4%); b) com canalização interna de água (de 75,5% para 78,2%); c) com energia elétrica (de 92% para 93,4%); e d) com geladeira (de 70,6% para 73,3%). No *campo*, essas proporções cresceram um pouco mais: a) ligados à rede de esgotos ou com fossa séptica (de 5,5% para 6,6%); b) com canalização interna de água (de 19,3% para 20,6%); c) com energia elétrica (de 27% para 32,3%); e d) com geladeira (de 17,4% para 21,4%). Em compensação, as taxas de alfabetização da população com dez anos e mais quase não se moveram: passaram de 82,5% em 1981 para 83,3% em 1983 na zona urbana; e ficaram em 56%, nesse período, na zona rural.

270   DOMINAÇÃO E DESIGUALDADE

Por esses dados – os únicos disponíveis, da Pnad –, a crise só teve por efeito desacelerar o ritmo de queda da pobreza nas cidades, onde aproximadamente um quinto da população continua sem saber ler e escrever e mais um quarto nem sequer dispõe de geladeira; a crise não parece ter afetado a população do campo, entre a qual a pobreza continua declinando, embora quase metade ainda seja analfabeta e quase quatro quintos não disponham de água corrente nem de geladeira.

Quanto às classes média e rica, suas parcelas descrevem o mesmo movimento: caem entre 1979 e 1982 e retomam ao nível original em 1983. Entre 1979 e 1982, a proporção de famílias com cinco a dez salários mínimos de renda cai de 15,7% para 13,6%, e a de famílias com mais de dez salários mínimos cai de 11% para 8,7%. Observando-se a repartição da renda das pessoas ocupadas por ramos de atividade, verifica-se que a diminuição dos grupos com cinco a dez e mais de dez salários mínimos de renda é particularmente severa na agricultura, no comércio, na construção e na prestação de serviços. Nesses ramos, a parcela de empregados com carteira assinada é bem menor do que em outros, nos quais os grupos de renda de cinco salários mínimos e mais caem menos, por exemplo nas "outras atividades" (em que predomina o setor financeiro) e na atividade "social" (saúde, educação). Conclui-se, portanto, que a redução das parcelas de famílias de renda média e alta, entre 1979 e 1982, deve-se menos a mudanças no setor formal do que à perda de renda da pequena burguesia e da burguesia comercial, agrícola etc., em função da crise econômica que se desencadeou no país de 1981 em diante.

Entre 1982 e 1983, a proporção de famílias com renda de cinco a dez salários mínimos cresceu de 13,6% para 15,6%, e a de famílias com mais de dez salários mínimos subiu de 8,7% para 11,1%. Examinando-se a repartição da renda das pessoas ocupadas, por ramo de atividade, nota-se que os grupos de cinco a dez e de mais de dez salários mínimos que mais aumentaram nesse período estavam na agricultura, no comércio e na prestação de serviços, tendo crescido proporcionalmente menos na indústria de transformação, na atividade "social" e nas "outras atividades". Em outras palavras, o crescimento das classes de renda média e alta, em 1982-1983, se deu sobretudo em ramos que estão predominantemente no setor informal e menos nos que

REPARTIÇÃO DA RENDA   271

compõem o formal (no qual se destaca a indústria de transformação).
Isso leva a crer que, em 1983, o pequeno e médio empresariado agrícola, comercial e de serviços conseguiu preservar sua renda, e, como o limite das classes, medido em salários mínimos, cai em valor real, o seu número nos níveis acima de cinco salários mínimos aumentou.

Em suma, a queda e a recuperação das camadas de renda média e alta parecem resultar da *contrapartida* dos movimentos do salário real no setor formal da economia. Em 1979-1982, a pressão do movimento operário e a legislação salarial condicionaram o crescimento dos salários baixos e médios no setor formal, resultando em consequência a redução dos grupos de renda familiar acima de cinco salários mínimos, sobretudo nos ramos em que predomina a produção simples de mercadorias e o capital concorrencial. Em 1982-1983, a mudança na legislação salarial e o enfraquecimento do movimento operário levaram à queda do salário real no setor formal, beneficiando aparentemente, em termos relativos, os mesmos setores que tinham perdido renda real nos anos anteriores.

Essas hipóteses são confirmadas pelas mudanças na composição social dos grupos de pessoas ocupadas com renda média e alta. No grupo de cinco a dez salários mínimos de renda, a proporção de autônomos caiu de 21,4% em 1979 para 18,4% em 1982 e depois voltou a subir para 23% em 1983; a proporção de empregados descreveu movimento inverso: subiu de 63,6% em 1979 para 66,7% em 1982 e depois caiu para 64,1% em 1983; a proporção de empregadores pouco mudou de 1979 (15%) para 1982 (14,9%), e depois caiu para 12,8% em 1983. Confirma-se, pois, que as condições favoráveis no setor formal levaram à expansão dos empregados nesse grupo de renda média, entre 1979 e 1982, e que a mudança daquelas condições, em 1983, condicionou a sua queda, favorecendo sobretudo a pequena burguesia, que aumentou sua participação no mesmo grupo também à custa dos empregadores.

No grupo de mais de dez salários mínimos, a evolução foi semelhante: entre 1979 e 1982, aumento da proporção de empregados (de 60% para 64,9%) com queda da de autônomos (de 15,1% para 12,9%) e da de empregadores (de 24,9% para 22,2%); entre 1982 e 1983, queda da proporção de empregados (de 64,9% para 62,4%), aumento da de autônomos (de 12,9% para 15,6%) e manutenção, ao redor de 22%, da de empregadores. O grande aumento da proporção de empregados, entre 1979 e 1982, mostra que a legislação salarial então em vigor, apesar de determinar reajustamentos inferiores ao INPC para os salários acima de dez mínimos, não afetou a participação dos assalariados no grupo de renda alta, mesmo porque, graças aos reajustamentos de 110% do INPC sobre a faixa de até três salários mínimos, os que ganhavam até onze salários mínimos não sofriam perda de renda real. A queda dessa proporção, em 1983, deve ser atribuída à redução dos reajustamentos em todas as faixas e possivelmente à rotatividade, pois muitas empresas aproveitaram o desemprego da mão de obra técnico-administrativa para substituir empregados com altos ordenados por outros mais "baratos".

Cumpre observar que a proporção de empregadores cai ao longo de todo o período 1979-1983, tanto no grupo de cinco a dez salários mínimos como no de mais de dez salários mínimos, o que mostra que a crise econômica, a partir de 1981, atingiu de modo mais severo o capital concorrencial do que os operadores autônomos de renda média e alta.

Para concluir

Depois da análise de tantos números, porcentagens e tendências, o que se pode concluir sobre o acontecido com a pobreza e a riqueza, no Brasil, durante o regime militar? Bem, é claro que *a proporção de pobres diminuiu*, de mais de dois terços das famílias até 1970 para cerca de dois quintos no início dos anos 1980. Naturalmente, *aumentou a proporção de ricos*, de 1,5% para cerca de 11% das famílias, assim como a da "*classe média*", de 3,7% para 15,6% das famílias, no mesmo período. O que menos aumentou foi a proporção de famílias com *renda baixa, mas acima da linha de pobreza*, de dois a cinco salários mínimos, que passou de 23,5% em 1970 para cerca de dois quintos no início dos anos 1980.

Durante o período do regime militar, a economia brasileira cresceu notavelmente, embora de modo descontínuo. Entre 1964 e 1983, a renda *per capita* em termos reais praticamente dobrou, de acordo com as estimativas da FGV. Nessas condições, a proporção de pobres teria que diminuir, a não ser que *todo* o acréscimo de renda fosse apropriado pela pequena minoria (5%) de famílias de renda média e alta, o que seria no mínimo altamente improvável. O desenvolvimento da nossa economia se deu mediante maciça transferência de famílias do campo à cidade, o que, por si só, já requeria uma elevação da renda monetária de grande número delas. Além disso, houve redução da pobreza na zona rural, onde a proporção de famílias com renda de até um salário mínimo caiu de 69% em 1970 para 41,8% dez anos depois. Nas cidades, a proporção de famílias pobres (com renda de até dois salários mínimos) também diminuiu, no mesmo período, de 53% para 32,5%.

O fato importante é que essa redução da pobreza absoluta, durante o regime militar, foi muito menor do que poderia ter sido, em face do grande desenvolvimento da economia nacional. Se esse desenvolvimento se tivesse pautado por critérios de justiça social, em lugar do grande aumento das classes rica e média, teria havido maior expansão do grupo de renda familiar de dois a cinco salários mínimos, o que teria reduzido muito mais a proporção de pobres. Em outras palavras, se as classes rica e média, cuja proporção conjunta passou de 5,2% em 1970 (e era certamente ainda menor em 1964) para 26,6% em 1983, tivessem crescido para "apenas", digamos, 10%, *todos* os restantes 90% de famílias poderiam estar hoje acima da linha de pobreza.

Isso não acontece porque – exceto no curto intervalo entre 1979 e 1982 – as políticas aplicadas à repartição da renda tendiam basicamente a concentrá-la. A feroz repressão ao movimento operário e ao movimento camponês, a abolição da barganha coletiva dos reajustamentos salariais, a desvalorização do salário mínimo – em termos absolutos no início (entre 1964 e 1968) e em termos relativos durante *todo* o período –, tudo isso combinadamente fez que a remuneração da grande maioria dos trabalhadores fosse mantida no mesmo baixo patamar. Resultou daí que os mecanismos de mercado encaminhassem a maior parte do imenso acréscimo de renda à minoria que usufrui rendas de propriedade, sob a forma de lucros, dividendos, juros, aluguéis e sobretudo altos ordenados. Como se viu no capítulo anterior, as grandes empresas, públicas e privadas, nacionais e estrangeiras, estão na posse de seus administradores, os quais, ao fixarem seus próprios ordenados, partilham com os proprietários legais – os acionistas – os lucros das mesmas. O regime militar fez que o intenso desenvolvimento das forças produtivas multiplicasse o número de famílias que compõem a classe média e sobretudo a rica, mantendo desnecessariamente mais de dois quintos das famílias abaixo da linha de pobreza.

E é possível mesmo que a proporção de pobres seja até maior, pois utilizamos como linha de pobreza dois salários mínimos de renda familiar nas cidades e um salário mínimo no campo, durante um período em que o valor do salário mínimo em relação ao PIB *per capita* caiu a pouco mais de um quarto do seu nível inicial. Explicitando: o salário mínimo valia 1,64 do PIB *per capita* em 1964 e apenas 0,44 do mesmo em 1983. Isso significa que, em relação às necessidades normais de consumo, determinadas pelo padrão de vida *médio*, os 40,8% das famílias que, em 1983, tinham renda de até dois salários mínimos eram muito mais pobres do que os 68% das famílias que, em 1970, estavam na mesma situação. Ou, por outro lado, que, se os 23,5% das famílias que, em 1970, tinham dois a cinco salários mínimos de renda podiam satisfazer suas necessidades básicas, isso poderia não ser verdade para os 32,5% das famílias que, em 1983, estavam na mesma situação.

É preciso convir, porém, que certos indicadores de consumo básico tiveram considerável aumento durante o regime militar. No que se refere ao *saneamento*, a proporção de domicílios com água corrente aumentou, entre 1960 e 1983, de 3,4% para 21,8% no campo e de 47,2% para 78,2% nas cidades; e a de domicílios ligados à rede de esgotos ou com fossa séptica passou de 3% para 6,6% no campo e de 47,2% para 60,4% na cidade. Nesse aspecto, a situação melhorou nitidamente nas áreas urbanas, embora ainda deixe muitíssimo a desejar nas áreas rurais. O progresso foi maior em relação aos domicílios com *instalação elétrica*, cuja proporção, entre 1960 e 1983, passou de 72,4% para 93,4% nas cidades e de 8,4% para 32,3% no campo. Ele permitiu maior difusão de aparelhos domésticos eletrônicos e elétricos, como a geladeira, a qual passou a ser usada em 73,3% dos lares urbanos e 21,4% dos rurais, em 1983, em contraste com, respectivamente, 23,3% e 1,3%, 23 anos antes.

Finalmente, a alfabetização também avançou na população de dez anos e mais, atingindo 83,3% dos moradores das cidades e 56% dos do campo em 1983, contra, respectivamente, 78,2% e 44,2% em 1960. Esses dados mostram que houve algum aumento de escolarização básica, embora muito modesto se comparado com o enorme avanço econômico ocorrido nesse quase quarto de século.

Em suma, durante o regime militar, indiscutivelmente o Brasil enriqueceu enquanto nação e eliminou parte de sua pobreza absoluta – parte essa relativamente pequena em face de tal enriquecimento. A redução da pobreza absoluta foi tão limitada *porque* o regime militar propiciou extraordinário crescimento das classes média e rica. A experiência histórica demonstra que, em toda parte, o desenvolvimento capitalista tende muito mais a multiplicar o número de ricos do que a reduzir a proporção de pobres. Mas a análise do que ocorreu no Brasil, sob o regime militar, demonstra também que essa tendência inerente ao capitalismo pode ser contida ou exacerbada pelas condições políticas que balizam o desenvolvimento.

Argumenta-se, às vezes, que a grande expansão das classes média e rica foi "necessária" para criar um potente mercado interno para bens duráveis de consumo, cuja produção liderou o crescimento da economia no período em questão. Esse raciocínio contém duas *falhas*. *Primeira*: uma renda mais bem distribuída suscitaria uma expansão *ainda maior* do mercado interno de bens de consumo duráveis e não duráveis, pois a propensão a consumir dos que emergem da pobreza é certamente maior que a dos que penetram em elevados níveis de renda. Indubitavelmente, uma renda menos concentrada daria lugar a um crescimento maior da procura por bens de consumo baratos em vez de caros – digamos, de geladeiras em vez de automóveis ou de aparelhos de TV em preto e branco em vez de coloridos ou de videocassetes, o mesmo valendo para alimentos, roupas, artigos de limpeza etc. Mas nada demonstra que o desenvolvimento, mesmo capitalista, tenha que se basear em mercados de bens e serviços sofisticados. Em muitos países, esse desenvolvimento fundamentou-se no consumo de massa de bens e serviços ordinários, o que de modo algum diminuiu o vigor da acumulação de capital. Tomar o que foi como tendo "necessariamente" que ser revela um fatalismo injustificado, que a história de nossos dias desmente a cada passo. *Segunda*: quando os termos de intercâmbio externo pioraram para o Brasil, a partir de 1974, o "modelo" concentrador da renda praticado pelo regime militar agravou a situação, tornando o ajustamento da economia às novas circunstâncias internacionais muito mais difícil. Isso se deu porque o conteúdo importado no consumo das classes de renda alta e média é sabidamente muito maior que no das classes de renda baixa. É óbvio que os usuários de automóveis, por exemplo, consomem muito mais divisas estrangeiras do que os usuários de bicicletas ou de transporte coletivo. O Brasil viu-se coagido a elevar o montante de suas exportações a custos ruinosos, num período em que o mercado mundial estava em recessão, por ter acumulado uma dívida externa enorme, a qual serviu, em boa parte, para sustentar o padrão de vida das classes rica e média, grandemente expandidas pela concentração da renda. Esta foi, portanto, nada funcional para o desenvolvimento do país, sobretudo na segunda metade do período do regime militar.

IV

A desigualdade na repartição da renda

Vimos, no primeiro capítulo, que a desigualdade na repartição da renda é medida através da comparação das parcelas da renda total (soma das rendas individuais ou familiares) obtidas por determinadas frações da população de pessoas ou famílias. A partir dos censos demográficos ou da Pnad, indivíduos ou famílias são ordenados, do mais pobre ao mais rico, e depois divididos em grupos, calculando--se a participação de cada um na renda total, e a sua renda real média. O procedimento-padrão é dividir a população em dez grupos iguais, chamados *decis*, sendo o último decil, o de renda mais alta, ainda subdividido nos 5% mais ricos (escreve-se: 5⁺) e no 1% mais rico (1⁺).

Aproveitando essa divisão, estudaremos a participação na renda total e a evolução da renda real dos seguintes grupos:

a) os três decis formados pela soma do sétimo, oitavo e nono. No Brasil, esses três decis obtêm ao redor de 30% da renda total, ou seja, sua parcela da renda total é bem próxima da parcela de 30% que representam da população. A renda média desses três decis é, portanto, igual ou pouco maior que a renda média de toda a população. Esses decis, que denominaremos "30%

médios", constituem o divisor entre os 60% que estão abaixo deles e os 10% que estão acima, os primeiros com cerca de um terço da renda média de toda a população e os últimos com quatro a cinco vezes a mesma.

b) os primeiros seis decis (60$^+$), que constituem o conjunto dos pobres, cuja renda média é bem menor que a da população. Mesmo o sexto decil, o menos pobre dos seis, tem uma renda média que é apenas 50% a 60% da renda média da população. Denominaremos esses seis decis "os 60% mais pobres".

c) o último decil (10$^+$), constituído pelas pessoas ou famílias de renda mais elevada. Quando for o caso, destacaremos ainda os 5% e o 1% de renda mais elevada. Denominaremos esses grupos "os 10% mais ricos", "os 5% mais ricos" e "o 1% mais rico".

1960-1970: o crescimento da desigualdade

Para a década de 1960, dispomos unicamente de dados sobre a repartição da renda na população economicamente ativa (excluídas as pessoas ativas sem rendimento), nos anos censitários de 1960 e 1970. Os dados do Censo Demográfico de 1960 já revelavam a enorme distância que separava pobres e ricos. Os 10% mais ricos se apropriavam de 39,6% da renda total, usufruindo cerca de quatro vezes a renda média da população, ao passo que os 60% mais pobres recebiam 24,9% da renda total, com uma renda igual a pouco mais de 40% da média global. A renda média dos 10% mais ricos era *quase dez vezes* maior que a dos 60% mais pobres.

Em 1970, a desigualdade havia aumentado ainda mais. A parcela dos 10% mais ricos aumentara para 46,7% e a dos 60% mais pobres diminuíra para 20,9%; a dos 30% médios também caiu um pouco, de 35,5% em 1960 para 32,4% em 1970. A renda média de toda a população cresceu em termos reais, nessa década, 32,9%; a dos 10% mais ricos, no entanto, cresceu 56,7%, ao passo que a dos 60% mais pobres só aumentou 12,5%. Obviamente, a distância entre ricos e pobres se ampliou ainda mais: a renda dos primeiros em 1970 era *13,4 vezes* maior que a dos últimos.

Esses dados mostram claramente os resultados da política de arrocho salarial e desvalorização do salário mínimo praticada pelo

REPARTIÇÃO DA RENDA

regime militar. Os ganhos dos anos iniciais do "milagre econômico" (1968-1970) foram quase integralmente apropriados pelos 10% mais ricos e, dentro desse grupo, pelos subgrupos de renda ainda mais elevada. A parcela da renda total dos 5% mais ricos subiu de 28,3% em 1960 para 34,1% em 1970, e a do 1% mais rico subiu de 11,9% em 1960 para 14,7% em 1970. A concentração da renda *dentro* do grupo dos 10% mais ricos fica evidente comparando-se as taxas de crescimento das rendas reais entre 1960 e 1970: 56,7% dos 10% mais ricos, 60,4% dos 5% mais ricos e 63,1% do 1% mais rico. A renda média do 1% mais rico era 28,7 *vezes* maior que a dos 60% mais pobres, em 1960; dez anos depois, tomara-se 42,2 *vezes* maior.

O crescimento livre da economia capitalista no Brasil – livre das reivindicações dos trabalhadores das cidades e do campo – tornou-nos campeões mundiais da desigualdade. Apesar de a renda média de toda a população ter crescido de quase um terço, a pobreza absoluta praticamente não diminuiu na década de 1960, como se viu no capítulo anterior. Consequentemente, a pobreza relativa cresceu de modo desmesurado.

É interessante notar que o aumento da desigualdade, nos anos 1960, se deu sobretudo nas atividades urbanas, sendo bem mais limitado na agricultura. Já em 1960, o grau de desigualdade era maior no setor urbano em comparação com o "primário", como o denomina Langoni.[1] No primeiro, os 10% mais ricos se apropriavam de 37,6% da renda total e os 60% mais pobres, de apenas 27%; no segundo, essas proporções eram, respectivamente, 33% e 29,9%. A renda média dos 10% mais ricos era, em 1960, 8,4 *vezes* maior que a dos 60% mais pobres nas cidades, e "apenas" 6,6 *vezes* maior no campo.

Entre 1960 e 1970, a desigualdade na repartição da renda *urbana* cresceu tanto quanto na total: a parcela da renda total dos 10% mais ricos subiu de 37,6% para 44,7%, e a dos 60% mais pobres caiu de 27% para 22,1%. Nessa década, a renda real média dos primeiros cresceu 63,9%, ao passo que a dos últimos aumentou somente 12,7%. A dos 5% mais ricos cresceu ainda mais (74,4%), embora a do 1% mais rico tenha crescido menos (48,3%).

---

1 Langoni, *Distribuição da renda e desenvolvimento econômico do Brasil*, p.68 e 70.

280

DOMINAÇÃO E DESIGUALDADE

Essa evolução contrasta com a do setor "primário", no qual a parcela dos 60% mais pobres na renda total praticamente não mudou (29,9% em 1960 e 29,6% em 1970), tendo havido pequeno decréscimo na dos 30% médios (de 37,2% para 34,1%), o que permitiu o aumento da dos 10% mais ricos (de 33% para 36,3%).

O fato fundamental é que, entre 1960 e 1970, a renda real urbana cresceu muito mais (42,1%) que a "primária" (14%). No campo, a renda real dos 60% mais pobres cresceu apenas um pouco mais que a total (15,6%), ao passo que a dos 30% médios cresceu menos (5,6%) e a dos 10% mais ricos se expandiu mais (26,8%). Na agricultura, a desigualdade aumentou à custa dos 30% médios. Nas atividades urbanas, a desigualdade aumentou muito mais, e à custa, principalmente, dos 60% mais pobres.

Esses dados confirmam a hipótese de que a concentração da renda, entre 1960 e 1970, foi devida, em grande medida, à política de arrocho salarial, que teve efeitos sobretudo no mercado de trabalho urbano. Nesse período, o crescimento da renda real foi predominantemente urbano e se realizou de forma extremamente concentrada, como os dados indicam, dando lugar ao aumento da desigualdade.

1970-1980: aumento e declínio da desigualdade

1970-1976: o "milagre econômico"

Nesse período, há dados sobre a repartição da renda da população economicamente ativa (excluídos os ativos sem renda) para os anos de 1970, 1972, 1976 e 1980, e sobre a repartição da renda das famílias para os anos de 1970, 1976 e 1980.

Os primeiros indicam que a renda continuou a se concentrar pelo menos até 1972. Entre 1970 e 1972, a parcela da renda total dos 10% mais ricos subiu de 46,7% para 52,6%, ao passo que a dos 60% mais pobres caiu de 20,9% para 16,8%; a dos 30% médios também diminuiu de 32,4% para 30,6%. Nesse período de apenas dois anos, a renda real da população cresceu 48,8%, ou seja, cerca de 50% mais que nos dez anos anteriores, o que mostra a imensa expansão econômica havida

REPARTIÇÃO DA RENDA   281

no auge do "milagre econômico". Mas a renda real dos 60% mais pobres cresceu somente 19,2%, ao passo que a dos 10% mais ricos cresceu 67,9%. Dentro desse grupo, a renda se concentrou ainda mais, pois a dos 5% mais ricos cresceu 73,4% e a do 1% mais rico, 93,3%. Em 1972, a renda média desse 1% mais rico era *68,2 vezes* maior que a dos 60% mais pobres. Esse parece ter sido o grau máximo de desigualdade atingido pela repartição da renda no Brasil.

Entre 1972 e 1976, a repartição da renda da população economicamente ativa mostra, pela primeira vez, alguma tendência à desconcentração: a parcela da renda total dos 10% mais ricos cai ligeiramente (de 52,6% para 50,1%), subindo a dos 60% mais pobres (de 16,8% para 18,3%) e a dos 30% médios (de 30,6% para 31,6%).

Entre 1972 e 1976, a renda real da população cresceu 27,6%, taxa ainda elevada, embora menor que a do biênio anterior. Nesse período. a renda real dos 60% mais pobres cresceu 40,7%, a dos 30% médios, 29,6%, e a dos 10% mais ricos, somente 22,2%. Dentro do grupo dos 10% mais ricos, a renda também se desconcentrou ligeiramente: a renda dos 5% mais ricos cresceu apenas 21,5% e a do 1%, somente 16,3% nesse quatriênio. Como se vê, a tendência da repartição da renda, entre 1972 e 1976, foi exatamente oposta à registrada em 1970-1972 e na década de 1960. Enquanto até 1972 são os grupos de renda mais alta que usufruem de maior aumento de sua renda real, de 1972 a 1976 se dá o contrário; é a do grupo dos 60% mais pobres que cresce mais, e as taxas de incremento vão declinando à medida que se passa aos grupos de renda mais elevada.

Os fatores condicionantes da redistribuição *regressiva* da renda, até 1972, são bem claros e foram expostos anteriormente. Mas que teria feito a redistribuição se tornar *progressiva* desse ano em diante? Obviamente, não foi qualquer mudança na política salarial e trabalhista, a qual, como vimos, se manteve inalterada em suas linhas fundamentais até 1978-1979. É verdade que a redução sistemática dos salários reais mediante reajustamentos inferiores ao aumento do custo de vida não foi continuada nos anos 1970, a não ser em 1974, como resultado de uma subestimação mais ou menos deliberada da elevação dos preços no ano anterior. Mas esse arrocho parece ter sido compensado nos anos seguintes. O salário mínimo real (deflacionado pelo Índice de Custo de Vida do Rio de Janeiro) permaneceu quase

282 DOMINAÇÃO E DESIGUALDADE

constante entre 1970 e 1972, caiu 2,4% em 1974, mas subiu 11% (em relação a 1970) em 1976.[2] Como a renda real média da população economicamente ativa cresceu 89,9% entre 1970 e 1976, um aumento de 11% no salário mínimo dificilmente poderia ter contribuído para que a renda passasse a se desconcentrar.

A explicação encontra-se, provavelmente, no paulatino esgotamento do exército industrial de reserva, à medida que o intenso crescimento da economia ia elevando o nível de emprego. Uma indicação nesse sentido é que a taxa de participação na população economicamente ativa das pessoas com dez ou mais anos sobe de 44,9% em 1970 para 49,9% em 1976. Entre 1970 e 1976, foi particularmente grande o aumento do número de pessoas com ocupações administrativas (73,6%), científicas e técnicas (73,3%) e industriais, inclusive na construção civil (66%). Nessas condições, é possível que as empresas, no fim do período, tenham começado a disputar entre si a mão de obra menos qualificada, elevando mesmo espontaneamente – isto é, não premidas por reivindicações coletivas, na época rigorosamente proibidas – os salários mais baixos. A isso se deve acrescentar o aumento do número de horas trabalhadas, o que também contribuiu para elevar o montante de remuneração da grande massa de trabalhadores. Nas atividades não agrícolas, a porcentagem de pessoas que trabalhavam cinquenta e mais horas por semana passou de 24,8% em 1970 para 29,1% em 1976. É interessante observar que esse aumento foi maior nos grupos de renda mais alta: de 24,4% para 28,5% no grupo com um a dois salários mínimos; de 24,1% a 31,4% no grupo de dois a cinco salários mínimos; de 25,6% a 32,7% no grupo de cinco a dez salários mínimos; e de 30,1% a 35,9% no grupo com mais de dez salários mínimos.[3] Fica claro que a ascensão de muitos trabalhadores a níveis mais elevados de renda se deu à custa de um aumento do número de horas extras, ou seja, mediante um prolongamento da jornada de trabalho.

Essa hipótese é, em certa medida, respaldada pelos dados disponíveis sobre a repartição da renda dos diversos grupos profissionais em 1970, 1972 e 1976. Convém assinalar, de passagem, que a Pnad de 1972 provavelmente subestimou a população economicamente ativa com

---

2 IBGE, *Anuário estatístico do Brasil: 1984*, v.45, p.941.
3 IBGE, *Indicadores sociais: tabelas selecionadas 1979*.

REPARTIÇÃO DA RENDA 283

renda, a qual teria caído de 26.684,2 mil pessoas em 1970 a 26.424,3 mil em 1972, para subir depois a 34.086,5 mil em 1976. Dado que o crescimento econômico foi maior entre 1970 e 1972 do que entre 1972 e 1976, o que se deve esperar é que a população economicamente ativa crescesse bastante no biênio inicial, e não que diminuísse. A subestimação da Pnad de 1972 concentrou-se principalmente em dois grupos ocupacionais: agropecuária e produção extrativa vegetal e animal, cujo contingente com renda teria caído de 10.090,7 mil em 1970 a 7.330,9 mil em 1972, para subir a 9.225,1 mil em 1976; e prestação de serviços, cujo total de pessoas com renda teria caído de 2.225,3 mil em 1970 para 1.733,6 mil em 1972, para subir depois a 2.820,7 mil em 1976. Pode-se avaliar a subestimação da Pnad de 1972 em no mínimo 2 milhões de pessoas com ocupações agrícolas e 500 mil pessoas com ocupações em serviços. Os dois grupos ocupacionais em que ocorreu a provável subestimação destacam-se por conterem a maior proporção de pessoas com baixa renda, o que significa que o crescimento da desigualdade, assinalado pela Pnad de 1972, em comparação com o Censo de 1970, teria sido *ainda maior*, não fosse a referida falha do levantamento de 1972.

No grupo com ocupações *agrícolas*, a parcela com até meio salário mínimo caiu de 60,2% para 52,3% entre 1970 e 1972, mas declinou muito mais em 1976, quando foi de apenas 21,2%. A parcela com meio até um salário mínimo permaneceu a mesma em 1970 (31,7%) e em 1972 (31,1%), mas depois subiu para 41,3% em 1976. Vê-se que a renda da parcela com até um salário mínimo das pessoas com ocupações agrícolas cresceu muito mais entre 1972 e 1976 do que entre 1970 e 1972. Praticamente o mesmo ocorreu com as pessoas com ocupações em *serviços*, cuja parcela com até meio salário mínimo passou de 70,1% em 1970 para 60,1% em 1972 e para 46,5% em 1976, e cuja parcela com meio até um salário mínimo aumentou de 22,2% em 1970 para 24,3% em 1972 e para 32,1% em 1976. Também nesse grupo ocupacional, verifica-se um crescimento maior da renda da parcela com até um salário mínimo em 1972-1976 do que em 1970-1972.

Mais surpreendente ainda é o que se verifica entre as pessoas com ocupações *administrativas*, cujo contingente com renda até meio salário mínimo *aumentou*, em 1970-1972, de 5% para 12%, caindo depois para 1,5% em 1976. Algo semelhante se verifica entre as pessoas com ocupações *industriais*, cuja parcela com até meio salário mínimo também

284 DOMINAÇÃO E DESIGUALDADE

aumentou entre 1970 e 1972, de 16% para 17% para cair em 1976 a 7,1%. Esses dados, assim como os analisados no parágrafo anterior, indicam que a renda real dos 60% mais pobres, que tinham quase todos menos de um salário mínimo de renda, cresceu muito menos em 1970-1972 do que nos quatro anos seguintes. E isso se deu também em grupos ocupacionais em que predominam os assalariados, como as ocupações administrativas e industriais, o que vem a favor da hipótese de que a situação no mercado formal de trabalho foi, à medida que se prolongava o crescimento da economia, se tornando mais favorável aos trabalhadores de pouca qualificação e baixa renda. Dessa maneira, a concentração da renda, cada vez mais acentuada até 1972, foi revertida nos anos seguintes – em proporções bem limitadas, é preciso que se diga desde logo.

Na realidade, a desigualdade na repartição, em 1976, ainda era bem maior que em 1970: a parcela da renda do total dos 60% mais pobres, entre 1970 e 1976, caiu de 20,9% para 18,6%, a dos 30% médios de 32,4% para 31%, ao passo que a dos 10% mais ricos subiu de 46,7% para 50,4%. Como se vê, a redução da desigualdade havida entre 1972 e 1976 não chegou a compensar o aumento da mesma ocorrido nos dois anos anteriores.

Para o período 1970-1976, dispõe-se também de dados que permitem analisar a evolução da repartição da renda familiar. Sob esse aspecto, a repartição apresenta também desigualdade crescente. Entre 1970 e 1976, a parcela dos 60% de famílias mais pobres na renda total caiu de 19,3% para 18,1% e a dos 30% médios, de 34,9% para 33,6%, subindo a das 10% de famílias mais ricas de 32,2% para 35,1%. Dentro do estrato mais rico, a renda também se concentrou, pois a parcela na renda total dos 5% mais ricos se elevou de 32,2% para 35,1% e a do 1% mais rico, de 12% para 16,8%. A renda familiar média cresceu, em termos reais, 101,7% entre 1970 e 1976, havendo crescimento um pouco menor dos 60 mais pobres (89,2%) e dos 30% médios (94,4%), e crescimento acima da média dos 10% mais ricos (112,6%), dos 5% mais ricos (119,9%) e sobretudo do 1% mais rico (181,5%). Como seria de se esperar, o aumento da desigualdade na repartição da renda individual se traduziu num aumento análogo na repartição da renda familiar.

Como vimos, o período 1970-1976 corresponde à época do excepcional crescimento econômico conhecido como "milagre econômico". Pelos dados, o poder aquisitivo médio das unidades familiares praticamente dobrou, permitindo evidente melhora do padrão de vida.

REPARTIÇÃO DA RENDA

Esse benefício repartiu-se de forma flagrantemente injusta, atingindo as famílias de alta renda de maneira mais intensa do que as de renda média, e estas mais do que as famílias de renda baixa. Fosse outra a repartição dos ganhos desse período excepcional e o Brasil poderia ter eliminado de uma vez a miséria absoluta de seu seio. Imaginemos, a título de exercício, que, mediante adequada política salarial e tributária, a expansão da renda real dos 5% mais ricos tivesse sido limitada a "apenas" 50%, enquanto a renda real média crescesse 101,7%. Suponhamos ainda que a renda real dos 5% imediatamente abaixo do 5% mais ricos, assim como a dos 30% médios, também crescesse 101,7%, fazendo que a parcela da renda real não apropriada pelos 5% mais ricos fosse beneficiar os 60% mais pobres. A parcela da renda total desses últimos passaria então de 19,3% em 1970 para 27,6% em 1976 e sua renda real cresceria 188,4%, ou seja, quase triplicaria. Convém notar que essa quase foi a taxa de crescimento efetivo do 1% de famílias mais ricas (181,5%). Uma redistribuição de renda desse tipo seria amplamente justificada pelo fato de que os 5% de famílias mais ricas já dispunham de renda bastante elevada em 1970, de modo que a limitação do seu crescimento a "apenas" 50% só os deixaria relativamente menos ricos e permitiria aos 60% de famílias de baixa renda tornar-se relativamente menos pobres.

Mas o que de fato aconteceu foi o contrário. A política posta em prática pelo regime militar durante o período do "milagre econômico" tornou as famílias mais ricas riquíssimas, permitindo-lhes ostentar um padrão de vida faustoso, em contraste com a pobreza de grande parte da população. Foi nessa época que se generalizaram os hábitos de passar as férias no exterior, construir verdadeiras cidades de veraneio no litoral e nas montanhas e utilizar bens de luxo, como carros esporte, lanchas de recreio etc. Tudo isso, que antes tinha sido privilégio de uma minoria de milionários, tornou-se parte do padrão de vida da chamada "alta classe média", a principal beneficiária do "milagre econômico".

Esse consumismo, gozado por uma minoria, não seria, é claro, tão criticável se ao mesmo tempo quase metade da população não continuasse desprovida de meios de satisfação de suas necessidades básicas, como casa, escola, saneamento e até nutrição adequada. Esse contraste provocou em muitos a impressão de que a miséria absoluta

286 DOMINAÇÃO E DESIGUALDADE

até aumentou, no Brasil, durante a época do "milagre". Os dados, no entanto, desmentem essa impressão. A renda real dos 60% de famílias mais pobres inegavelmente aumentou entre 1970 e 1976, o que deve ter possibilitado o crescimento do seu consumo. Mas o patamar inicial de sua renda era tão baixo que mesmo uma expansão de 89,2% não bastou para assegurar a todos um padrão de vida "normal", sobretudo numa época em que tal padrão passou a incluir diversos bens duráveis de alto custo, como fogão a gás, geladeira e televisor. Além disso, grande parte das famílias mais pobres passou a residir em áreas metropolitanas, tendo que gastar uma proporção bem maior de sua renda em aluguel ou aquisição de moradia e em condução.

1976-1980: os anos pós-"milagre"

Durante esse quatriênio, a tendência à redução da desigualdade na repartição da renda prosseguiu, tendo por resultado que o perfil da repartição no fim da década fosse bem semelhante ao seu início. Entre 1976 e 1980, a parcela da renda total da população economicamente ativa dos 60% mais pobres subiu de 18,6% a 19,6%, a dos 30% médios, de 31% a 32,7%, ao passo que a dos 10% mais ricos caiu de 50,4% a 47,7%. Dentro desse último estrato, a renda também continuou se desconcentrando: a parcela da renda total apropriada pelos 5% mais ricos caiu de 37,9% para 34,9% e a do 1% mais rico, de 17,4% para 14,9%.

Digno de nota é que, de acordo com os dados da Pnad de 1976 e do Censo Demográfico de 1980,[4] a renda real média da população economicamente ativa teria *caído* 5,2% entre 1976 e 1980. Essa informação contradiz inteiramente o que se supunha tivesse ocorrido com a economia brasileira nesse período. De acordo com as *Contas nacionais*,[5] a segunda metade dos anos 1970 apresentou, sem dúvida, taxas de crescimento menores que na primeira metade, mas *sempre positivas*. Assim, entre 1976 e 1980, em termos reais, o PIB *per capita* teria *aumentado* 14,8%, a renda disponível *per capita* do setor privado teria *aumentado* 19,3% e o consumo pessoal *per capita* teria *aumentado* 26,1%. Embora nenhum desses indicadores seja igual à renda média

---

4 IBGE, *Anuário estatístico do Brasil: 1982*, v.43.
5 FGV, *Contas nacionais do Brasil*.

REPARTIÇÃO DA RENDA 287

da população economicamente ativa, há uma grande correspondência entre eles, sobretudo entre a renda disponível *per capita* do setor privado e a renda da população economicamente ativa, ainda mais que a proporção economicamente ativa de toda a população – 36,8% – praticamente não variou entre 1976 e 1980.

Poder-se-ia imaginar que a divergência entre os resultados da repartição da renda e da contabilidade nacional fosse devida à diversidade de métodos de deflacionamento, pois, enquanto a primeira utiliza o Índice Geral de Preços – Disponibilidade Interna (IGP-DI), a segunda utiliza o Deflator Implícito. Entre 1976 e 1980, o IGP-DI aumentou de 100 para 609,8, ao passo que o Deflator Implícito subiu de 100 para 639,5. Mas essa diferença entre os índices de inflação na realidade *reduz* a divergência entre a variação da renda real da população economicamente ativa e os indicadores das contas nacionais. Assim, se por exemplo deflacionamos o PIB *per capita* não pelo Deflator Implícito, mas pelo IGP-DI, o seu crescimento entre 1976 e 1980 será ainda maior, ou seja, de 20,4% e não de 14,8%. Do mesmo modo, se deflacionarmos a renda real da população pelo Deflator Implícito (em vez de pelo IGP-DI), ele teria decrescido, entre 1976 e 1980, de 9,6% e não de 5,2%.

A renda real da população economicamente ativa é medida mediante levantamentos amostrais da população, que estão naturalmente sujeitos a flutuações amostrais e a erros nas informações colhidas. As contas nacionais são calculadas a partir de grande variedade de fontes, a maioria das quais também está sujeita aos mesmos tipos de erro. À primeira vista, parece-nos impossível decidir qual dos dois cálculos tem maior probabilidade de estar certo, ou, alternativamente, em qual deles o erro provável deve ser maior. Como, em relação à repartição da renda, que interessa aqui, os dados indicam uma queda na renda real da população economicamente ativa, trabalharemos com essa hipótese, assinalando, no entanto, que caberia ao IBGE, responsável pelo cálculo da repartição da renda, e à FGV, responsável pelo cálculo das contas nacionais, compatibilizar suas metodologias de modo a oferecer resultados mutuamente compatíveis ou, ao menos, explicitar as causas da diversidade de resultados, de modo a oferecer aos estudiosos a possibilidade de optar conscientemente por uma estimativa ou outra.

288 DOMINAÇÃO E DESIGUALDADE

Voltando, portanto, à repartição da renda entre 1976 e 1980, verificamos que a tendência à redução da desigualdade também se manifesta na evolução da renda familiar. Nesse período, a parcela dos 60% de famílias mais pobres na renda total sobe de 18,1% para 19,2%, a dos 30% de famílias médias sobe de 33,6% para 35,6%, ao passo que a dos 10% de famílias mais ricas cai de 48,3% para 45,2%. Dentro desse último grupo, a desigualdade também se reduz, entre 1976 e 1980, pois a parcela na renda total dos 5% de famílias mais ricas cai de 35,1% para 31,2% e a do 1% de famílias mais ricas cai de 16,8% para 13,2%. Também quanto à repartição da renda familiar, pode-se afirmar que o aumento da desigualdade, registrado entre 1970 e 1976, foi revertido durante o resto da década, de modo que o perfil da repartição em 1980 mostra-se muito semelhante ao de 1970.

Examinemos agora a evolução da renda real da população economicamente ativa. Entre 1976 e 1980, a renda real dos 60% mais pobres teria aumentado 10,2%, ao passo que a dos demais estratos teria diminuído tanto mais quanto maior fosse seu nível de renda: 1,8% a dos 30% médios e 9,8% a dos 10% mais ricos; dentro desse último estrato, a renda real dos 5% mais ricos teria caído 12% e a do 1% mais rico, 17,6%. A evolução da renda familiar foi semelhante, só que ela caiu em todos estratos, pois a renda familiar média caiu mais (7,6%) do que a individual (5,2%). A renda real dos 60% de famílias mais pobres teria caído 4,5%, a dos 30% de famílias médias, 3,7%, e a dos 10% de famílias mais ricas, 15,0%; nesse último estrato, a renda real dos 5% de famílias mais ricas teria caído 19,3% e a do 1% de famílias mais ricas, 28,4%.

O período 1976-1980 foi caracterizado por forte aceleração do aumento do custo de vida e por amplas lutas salariais, de 1978 em diante, que culminaram com a mudança da legislação salarial, como já foi visto. A variação do custo de vida em São Paulo, por exemplo, passou de 35,5% em 1976 a 50,2% em 1979 e a 78% em 1980. No Rio de Janeiro, essa variação foi de 41,9%, 52,7% e 82,8%, respectivamente. E, em Belo Horizonte, de 60,8%, 64,1% e 104,7%, respectivamente. A queda da renda real faz crer que os reajustamentos dos salários não acompanharam as elevações cada vez maiores do custo de vida. E como tanto os acordos salariais, concluídos de 1978 em diante, como a legislação salarial, de 1979 em diante, determinaram reajustamentos menores para as

REPARTIÇÃO DA RENDA

faixas salariais mais elevadas, seria lógico que as perdas de renda real fossem tanto maiores quanto mais elevado se mostrasse o seu nível.

É preciso assinalar, no entanto, que essa hipótese explicativa da evolução da renda real nos diferentes estratos de renda *não* é compatível com os dados disponíveis sobre os reajustamentos salariais na indústria, no período 1976-1980, que tenderam a ser *maiores* que a elevação do custo de vida, tanto para as faixas de salários baixos como para as de salários médios. Mas, em outros setores, há indícios de que os salários reais caíram. Comparando-se os censos econômicos de 1975 e 1980 e deflacionando-se os salários médios anuais pela média da variação do custo de vida em São Paulo, Rio de Janeiro, Porto Alegre, Recife, Brasília e Belo Horizonte, verifica-se que estes *aumentaram 8,5%* na indústria de transformação (passando de 138.858 para 150.728), mas *caíram 30%* nas atividades comerciais (passando de 93.269 para 65.254) e *19,6%* nos serviços (passando de 100.490 para 80.763, sempre em cruzeiros de 1980). Tomando o conjunto do pessoal ocupado na indústria de transformação, comércio e serviços – 7.848,7 mil pessoas em 1975 e 10.846,5 mil em 1980 –, o seu salário médio (em cruzeiros de 1980) passou de 116.985,6 em 1975 para 107.816,6 em 1980, registrando uma queda de 7,8% em termos reais.

Essa queda do salário médio real no setor urbano do mercado formal de trabalho tende a confirmar que a renda real média da população economicamente ativa deve ter caído entre 1976 e 1980. O fato de os censos econômicos cobrirem um período um pouco maior – 1975-1980, em vez de 1976-1980 – não tira força da corroboração. Se o salário real caiu entre 1975 e 1980, a queda certamente não se deu apenas no primeiro ano desse lustro, devendo ter prosseguido entre 1976 e 1980. Também deve ser assinalado que o pessoal ocupado, registrado pelos censos econômicos, é uma parcela minoritária da população economicamente ativa, possivelmente a parcela mais bem paga. A redução do seu ganho real é ao menos compatível com os dados da repartição da renda, que indicam queda maior da renda real dos estratos de renda mais alta. Convém notar ainda que, de acordo com o índice de custo de vida médio das seis metrópoles, aqui adotado, também o salário mínimo sofreu, entre 1975 e 1980, uma redução real de 14,3% e de 16% entre 1976 e 1980. Usando como deflator o IGP-DI, o salário mínimo perde, entre 1976 e 1980, 11,4% do seu poder de compra. Isso reforça a hipótese de que os reajustamentos salariais praticados entre 1976 e 1980 devem ter ficado bem abaixo do aumento do custo de vida. Na realidade, os índices do custo de vida nas várias capitais diferem consideravelmente entre si. Entre 1975 e 1980, o custo de vida teria subido 604% em São Paulo, 680% no Rio, 687% em Porto Alegre, 810% em Brasília, 942% em Recife e 1.129% em Belo Horizonte. Obviamente, conforme o deflator utilizado, os resultados quanto à evolução da renda ou dos salários reais podem mudar completamente. Nos cálculos apresentados, usamos a *média simples* desses seis índices, que resulta numa elevação de 809%. Mas, se ponderarmos os índices pelas populações das capitais, em 1980, a média cai a 714%. Com o uso da *média ponderada*, o salário real do conjunto dos ocupados na indústria de transformação, comércio e serviços *sobe 3%* entre 1975 e 1980, em vez de cair 7,8% quando se aplica a média simples.

Pode-se supor que a média ponderada é mais representativa, por considerar o tamanho das populações sobre as quais incidem as diversas elevações do custo de vida. Mas tudo leva a crer que o custo de vida subiu mais nas cidades fora do eixo São Paulo-Rio, de modo que a média simples possivelmente representa melhor a elevação média, pois reflete o que deve ter ocorrido nas outras cidades, para as quais não há dados.

Concluímos, pois, que a política salarial aplicada em 1976-1980, apesar das numerosas lutas dos assalariados, contribuiu para reduzir os salários reais, sobretudo os médios e altos, o que teria feito cair a renda real individual e familiar. Teria havido, pois, uma redução das desigualdades, mas num contexto de empobrecimento geral. Do ponto de vista do consumo e do nível de vida, o que é relevante é a renda familiar, que caiu em todos os grupos de renda, embora muito mais nos 10% de famílias ricas (15%) do que nos 60% de famílias mais pobres (4,5%).

1979-1983: a crise econômica

Para o período mais recente, os dados disponíveis são provenientes das Pnads de 1979, 1981 e 1983, e se referem às pessoas que naqueles anos tiveram rendimentos, inclusive as economicamente inativas. Esses dados se referem, portanto, a um universo maior do que

REPARTIÇÃO DA RENDA

291

a população economicamente ativa, embora esta última constitua a maior parte dele. Assim, em 1983, numa população de 92,9 milhões de pessoas com dez anos e mais, 51,8 milhões tiveram renda e, destas, 43,6 milhões eram economicamente ativas.

Entre 1979 e 1981, a repartição da renda tornou-se um pouco menos desigual, com aumento da participação na renda total dos 60% mais pobres (de 18,6% para 19,1%) e dos 30% médios (de 33,2% para 34,2%), e consequente redução da dos 10% mais ricos (de 48,2% para 46,7%). Dentro desse estrato, a participação dos 5% mais ricos também diminuiu (de 34,9% para 33,4%). Essa tendência à desconcentração da renda parece ser continuação daquela verificada entre 1976 e 1980, inclusive porque se dá num contexto de queda da renda real, de modo que a desconcentração resulta, não da elevação da renda dos mais pobres, mas da queda da renda dos mais ricos. Com efeito, entre 1979 e 1981, a renda média de toda a população teria caído 3,2%. Essa queda se deve *inteiramente* à redução da renda real dos 10% mais ricos (de 6,5%), pois a renda dos 60% mais pobres e dos 30% médios permaneceu praticamente constante.

Para o período 1980-1981, há dados que permitem analisar a evolução da renda familiar. Também a repartição desta se tornou menos desigual: aumentou a parcela da renda total dos 60% de famílias mais pobres (de 19,2% para 20,9%) e dos 30% de famílias médias (de 35,6% para 36,5%), reduzindo-se a dos 10% de famílias mais ricas (de 45,2% para 42,6%); nesse último grupo, a parcela dos 5% de famílias mais ricas também caiu (de 31,2% para 28,8%). A desconcentração da renda familiar, em 1980-1981, também dá sequência à tendência do quadriênio anterior, resultando principalmente da queda maior da renda das famílias mais ricas. Entre 1980 e 1981, a renda média de todas as famílias teria caído 6,4%, verificando-se pequeno *aumento* da renda (1,7%) dos 60% de famílias mais pobres e *quedas crescentes* da renda dos 30% de famílias médias (5%), dos 10% de famílias mais ricas (12,7%) e, entre estas últimas, dos 5% de famílias mais ricas (14,4%) e do 1% de famílias mais ricas (18%).

Esses dados indicam que o primeiro ano de crise (1981) assistiu, quase exclusivamente, à queda da renda da parte mais rica da população, enquanto pessoas e enquanto famílias. Uma explicação desse curioso impacto nivelador da crise seria que ela se circunscreveu, em seu

292 DOMINAÇÃO E DESIGUALDADE

período inicial, aos ramos industriais produtores de bens duráveis e de bens intermediários e de capital, que empregam os operários relativamente mais bem remunerados, como já foi visto no capítulo anterior. A crise atingiu também a construção civil, mas apenas de leve, em 1981; esse ramo foi fortemente abalado pela crise dois anos depois, em 1983[6] (o que foi confirmado pela análise comparativa dos dados da Rais e da Pnad.[7] Como a legislação salarial em vigor no período 1979-1981 favorecia a preservação (se não o aumento) da renda real dos que ganhavam até três salários mínimos, o impacto da crise teria se dado sobretudo sobre os assalariados de ganhos elevados e sobre os pequenos e médios empresários.

Entre 1981 e 1983, a repartição da renda das *pessoas* tornou-se *mais desigual*, invertendo a tendência dos cinco anos anteriores. A parcela da renda total dos 60% mais pobres caiu (de 19,1% a 17,7%), aumentando quase nada a dos 30% médios (de 34,2% para 34,4%), mas um pouco mais a dos 10% mais ricos (de 46,7% a 47,9%) e, entre estes, também a dos 5% mais ricos (de 33,4% a 34%).

No período 1981-1983, a crise agravou-se substancialmente, o que se traduziu em forte redução (20,4%) da renda média das pessoas. A desigualdade na repartição aumentou porque só a renda dos 60% mais pobres decresceu em proporção maior (26,2%), ao passo que a dos 30% médios diminuiu na mesma proporção da renda total (de um quinto) e a dos 10% mais ricos diminuiu apenas um pouco menos (18,3%).

A reversão da tendência de queda da desigualdade, em 1983, se explica por fatores que já foram analisados: mudanças na legislação salarial, que proporcionaram a redução real dos salários mais baixos; e a crise na construção civil, ramo que emprega ampla massa de trabalhadores de baixos ganhos, dos quais grande parcela foi lançada no chamado mercado "informal", com níveis de remuneração muito rebaixados.[8] Além disso, em 1983, também o comércio foi mais afetado, o que igualmente reduziu a renda real de uma importante massa de trabalhadores que, em sua maioria, está entre os 60% mais pobres.

---

6 O produto real da construção civil caiu 4,3% em 1981, aumentou 0,2% em 1982 e diminuiu 15% em 1983 (FGV, *Conjuntura Econômica*, Rio de Janeiro, v.38, n.6, jun. 1984).

7 Ver Cap.III, seção "O período final do regime militar (1980-1985)", p.258.

8 Ibidem.

V

Conclusões

Durante os 21 anos de regime militar, o Brasil mudou muito. Houve um notável desenvolvimento das forças produtivas, o que condicionou profundas transformações na estrutura de classes no Brasil. Como se viu no Capítulo II, tomando-se o período 1964-1985 como um todo, a estrutura social brasileira sofreu as seguintes transformações:

a. crescimento numérico e diversificação da *camada rica*, na qual se multiplicou a burguesia gerencial, em detrimento da burguesia empresarial e da pequena burguesia; surge nessa camada uma proporção pequena mas crescente do proletariado, o que embaralha as distinções sociais tradicionais, fazendo surgir o conceito ambíguo de "classe média", na qual se jogam operários bem pagos, trabalhadores intelectuais, pequenos e médios empregadores etc. Depois, como antes, as altas rendas continuam sendo predominantemente derivadas dos *lucros*, só que cada vez mais sob a forma de ordenados em vez de retiradas, dividendos, juros ou aluguéis;

b. tendência muito semelhante se verifica na *camada média*, em que a proporção de empregados e autônomos cresce em detrimento dos empregadores; só que, nessa camada, os assalariados são, em sua grande maioria, pertencentes ao proletariado e não à burguesia gerencial, como é o caso na camada rica. Temos aqui a comprovação estatística do que se denomina "proletarização da classe média", ou seja, a ascensão de uma parcela minoritária mas significativa do proletariado a níveis médios de renda;

c. finalmente, quanto à *camada pobre*, verifica-se a queda de sua proporção na população economicamente ativa e sua crescente urbanização. O aumento da proporção de empregados em detrimento dos autônomos, entre os pobres, não implica uma transformação do caráter de classe dessa camada, mas é consequência da intensa urbanização havida no Brasil nesse período; no campo, os pobres soem ser "autônomos" (posseiros, parceiros), ao passo que, nas cidades, sobrevivem mais comumente como "empregados" (empregadas domésticas, peões da construção).

É claro que essas transformações decorrem *primeiro* do avanço das relações capitalistas de produção, isto é, de que uma parte cada vez maior da produção é realizada em empresas e não mais por produtores autônomos. É uma generalização razoável dizer que, no Brasil (como em muitos outros países), as atividades urbanas são predominantemente capitalistas, ao passo que na agricultura prevalece a produção simples de mercadorias, constituída por explorações familiares. É evidente que, no período em estudo, o desenvolvimento da economia consistiu na expansão das atividades urbanas em detrimento das agrícolas e extrativas, embora estas últimas não tenham deixado de crescer. O que é menos evidente é que essa forma de desenvolvimento ensejou a transformação da maioria dos trabalhadores de produtores autônomos (camponeses) em empregados.

Em *segundo* lugar, a mudança da estrutura social decorre do avanço do capitalismo monopolista – isto é, da produção concentrada em grandes empresas – durante o período do regime militar.

O crescimento proporcional da grande empresa – multinacional, estatal e nacional privada – imprime sua marca característica à estrutura de classes do país. Essa marca consiste na expansão do número de administradores profissionais e técnicos, que constituem cada vez mais a fração predominante da burguesia brasileira; e na expansão de um proletariado relativamente bem pago, constituído por empregados administrativos, pessoal de vendas, trabalhadores intelectuais, operários industriais especializados etc., que passam a constituir a maioria da camada média e até um segmento da camada rica.

A mudança da estrutura social torna, portanto, *cada vez menos* coincidentes a estrutura de classe e a estrutura de repartição de renda. Se, no passado, dominação social e privilégio econômico podiam ser tranquilamente tomados como idênticos, ou seja, como faces distintas de uma mesma identidade social, no capitalismo moderno, dominado pelo capital monopolista, essa identidade deixa de ser válida: uma parte, minoritária mas significativa, das classes dominadas goza de certo conforto material, confundindo-se, do ângulo do *consumo*, com o estrato correspondente da classe dominante. Mas, nos locais onde efetivamente se exerce poder de classe, isto é, nas empresas, essa confusão não existe e ninguém deixa de perceber que gerentes e secretárias ou membros da diretoria e membros do *staff* técnico *não* pertencem às mesmas classes, mesmo que possuam em casa bens duráveis da mesma espécie.

É possível, mediante análise combinada da estrutura de posições na ocupação, grupos ocupacionais e repartição da renda, deslindar a evolução da estrutura de classes no Brasil entre 1960 e 1980, ou seja, durante a maior parte do período do regime militar. A proporção representada pela *burguesia empresarial* na população economicamente ativa cresceu de 0,4% em 1960 a 0,7% em 1980, o que se deve ao aumento desta nas cidades (de 0,3% para 0,8%) e no campo (de 0,4% a 0,5%). O crescimento maior da burguesia empresarial nas cidades assinala o intenso aumento do número de pequenas e médias empresas urbanas, sobretudo durante o período do "milagre econômico", em que a proporção dessa fração da classe dominante, nas cidades, passou de 0,3% em 1970 a 1,1% em 1976. No período mais recente, o declínio da proporção representada pela burguesia empresarial na população economicamente ativa urbana (a 0,8% em 1980) deve resultar de um decréscimo do número de pequenas e médias empresas, possivelmente como consequência da centralização do capital, que sói caracterizar períodos de menor crescimento econômico.

A *burguesia gerencial* também cresceu como proporção da população economicamente ativa, passando de 1,6% em 1960 a 2,1% em 1980. Essa fração de classe praticamente inexiste no campo e apresenta proporção crescente nas cidades até 1976 (quando atinge 3,9%), mas cai depois (a 3%) em 1980. O seu crescimento na população economicamente ativa total deve-se pois, apenas à urbanização da burguesia, ou seja, ao fato de que a classe dominante passa a estar cada vez mais inserida em atividades não agrícolas, nas quais predomina a burguesia gerencial.

O crescimento das duas frações que compõem a classe capitalista é causado pela expansão das relações capitalistas de produção, que ocasiona também o crescimento do proletariado. Mas esse crescimento é menor do que o do número de pessoas com renda elevada. Como um todo, a burguesia (gerencial *e* empresarial) passou de 2%, em 1960, a 2,8%, em 1980, da população economicamente ativa, na qual a proporção com rendimento de mais de dez salários mínimos aumentou de 0,6% para 4,7% no mesmo intervalo. Há que se considerar que o salário mínimo perdeu, nesses 20 anos, muito do seu valor relativo, mas, mesmo assim, é evidente que o estrato de alta renda se expandiu mais do que a classe dominante. O que significa que a concentração da renda, que resulta das políticas aplicadas durante o regime militar, alçou a posições privilegiadas, quanto à renda, uma pequena parcela da pequena burguesia e do proletariado, ocasionando nessas classes certa diferenciação no consumo.

A proporção da *pequena burguesia* na população economicamente ativa aumentou de 11,8% em 1960 para 17% em 1980. Essa classe cresceu sobretudo no campo, onde sua proporção passou de 11,8% a 27,4% entre 1960 e 1980. Esse grande aumento da participação da pequena burguesia nas atividades agrícolas se deve, em última análise, ao avanço da agricultura comercial, que condicionou o incremento do uso de insumos industrializados (mecânicos e químicos) na produção e a elevação da receita monetária de grande parte das

REPARTIÇÃO DA RENDA   297

explorações, sobretudo as de tamanho médio e grande. Esse processo de transformação da agricultura brasileira permitiu que quase um sexto dos ocupados nessa atividade ascendessem do subproletariado à pequena burguesia. Os dados dos censos agropecuários não indicam que tenha havido, entre 1960 e 1980, mudanças significativas na estrutura de propriedade do solo ou da distribuição da produção pelas explorações de diferentes tamanhos. O que se verificou apenas foi a redução da proporção de pessoas ocupadas e da proporção da produção total nas explorações com até 10 ha, e o seu aumento nas de mais de 10 ha. O que significa que agricultores que possuíam áreas provavelmente acima de 10 ha puderam obter de sua exploração recursos suficientes para lhes garantir independência econômica, o que não lhes era possível no início do período. O grande crescimento da pequena burguesia na agricultura (de 9,7% a 34,7%) deu-se na época do assim chamado "milagre econômico" (1970-1976), quando o mercado interno de alimentos e matérias-primas teve notável expansão. No período mais recente, com o desenvolvimento da agricultura capitalista da cana, de cereais, de cítricos etc., a parcela da pequena burguesia caiu um pouco e a do subproletariado aumentou.

Nas cidades, a proporção da pequena burguesia variou pouco, passando de 11,7% em 1960 a 12,5% em 1980. Esses dados mostram que, apesar do intenso desenvolvimento das relações capitalistas de produção em nosso quadro urbano durante o regime militar, o número de produtores autônomos aumentou na mesma proporção, aproximadamente, que a população ocupada em atividades não agrícolas como um todo. E que há não apenas competição, mas também complementaridade entre o capital (sobretudo o grande capital) e o produtor autônomo. Grandes empresas dão serviço a numerosos trabalhadores em domicílio, para economizar os encargos sociais que teriam de desembolsar se os empregassem como assalariados. Em determinados ramos (computação, aparelhos elétricos e eletrônicos, construção civil), a expansão dos capitais monopólicos suscita a multiplicação de microempresas, que prestam serviços àqueles capitais ou aos usuários de seus produtos.

O *proletariado propriamente dito*, formado pelos assalariados do setor formal da economia, foi a classe que mais se expandiu como

298 DOMINAÇÃO E DESIGUALDADE

proporção da população economicamente ativa, passando de 13,7% em 1980 para 31,7% em 1980. Essa expansão se deu tanto nas cidades (de 28,8% para 40,3%) como no campo (de 1% para 11,7%). Ela não requer explicação específica, pois todo o sentido do desenvolvimento brasileiro, nesse período, foi o de inserir parcelas crescentes da força de trabalho como proletários na divisão social do trabalho. Essa proletarização cada vez maior do trabalhador não se deu pela descida da burguesia ou da pequena burguesia ao proletariado – o que só deve ter se dado pela migração rural-urbana e em escala pequena –, mas pela subida do subproletariado ao proletariado propriamente dito. Essa tendência é particularmente notável no campo, em que a crescente penetração do capital alargou o emprego formal de maneira acentuada, ensejando a formação de um ainda modesto proletariado agrícola, que em 1960 era praticamente inexistente.

Finalmente, a proporção do *subproletarado* (formado pelos que trabalham no setor informal) diminuiu, de 72,5% em 1960 para 48,5% em 1980. Essa queda foi maior no campo (de 86,7% para 60,3%) do que nas cidades (de 55,7% para 43,4%), o que se explica em parte pelo êxodo rural. Este tende a urbanizar parte do subproletariado rural, o que contribui para diminuí-lo na população agrícola. Ainda assim, após duas décadas de intenso desenvolvimento, é frustrante constatar que praticamente a metade da força de trabalho ainda se encontra no exército industrial de reserva, ou seja, ganha tão pouco que não consegue o suficiente para se manter acima da linha de pobreza absoluta.

Tentamos demonstrar que esse quadro não era inevitável. Apesar das oscilações conjunturais, a economia do país se desenvolveu de forma marcante, o que ensejou forte expansão da renda real. O fato inegável é que esse aumento da renda se repartiu da forma mais injusta, beneficiando sobretudo os que já tinham nível elevado de rendimento. Consequentemente, como se viu, a proporção de ricos aumentou muito mais que a das camadas de renda média, do que resultou que grande parte da população – mais de dois quintos no campo e quase um terço nas cidades continua mergulhada em extrema pobreza.

A repartição da renda, no Brasil tanto quanto em qualquer outro país, é condicionada pela estrutura de relações de produção, que

REPARTIÇÃO DA RENDA   299

suporta o modo de produção prevalecente. Este, no Brasil, é há muito
o capitalismo, que no regime militar se tornou predominantemente
monopolista. Isso significa que o desenvolvimento da economia é li-
derado por grandes empresas – estatais, privadas, *joint ventures* etc. –,
as quais tendem a se apropriar da parte do leão dos acréscimos de
renda. Em outros termos, o excedente econômico tende a assumir *inicialmente* a forma de lucro bruto das referidas empresas. O problema
é o que acontece com ele *depois*. A repartição da renda pessoal – e, por
consequência, da renda familiar – é indubitavelmente condicionada
por esse fator estrutural, que começa por se fazer sentir no Brasil, assim como já atua há décadas em outros países capitalistas industrializados. Ora, é evidente, a partir da história desses outros países, que
a ação de um movimento operário bem articulado no plano econômico e político pode suscitar a redistribuição de parcela significativa
do excedente em favor dos menos favorecidos, seja diretamente, mediante elevações do salário real em proporção ao aumento da produtividade do trabalho, seja indiretamente, mediante investimentos e
gastos públicos em educação, saúde, transporte de massa, habitação
popular etc.

A experiência brasileira durante o regime militar confirma isso
pelo lado negativo. A completa supressão do movimento operário, no plano tanto econômico como político, entre 1964 e 1978, fez
que o fator estrutural determinasse a repartição da renda até o fim.
O extraordinário acréscimo de renda, ocorrido entre 1968 e 1976, foi
apropriado pela burguesia gerencial, que redistribuiu partes dele a
uma camada privilegiada do proletariado propriamente dito (provavelmente empregada pelo próprio capital monopolista) e a setores
da burguesia empresarial e da pequena burguesia, cujas atividades
são complementares às das grandes empresas. Foi notável, nesse sentido, a mudança na repartição da renda familiar no campo, entre 1970
e 1976, onde a proporção de famílias com cinco a dez salários mínimos de renda passou de 3,7% a 14,2%, e a com mais de dez salários
mínimos, de 1,5% a 9,9%. Mas, nas cidades, a mudança foi também no
mesmo sentido, pois, nesse período, as referidas proporções passaram respectivamente de 6% a 18,7% e de 2,5% a 13,9%. O acréscimo de
renda também reduziu a proporção de famílias abaixo da linha de

pobreza absoluta, mas serviu sobretudo para expandir as camadas de renda média e alta, agravando o grau de desigualdade da repartição. Se essa desigualdade diminuiu ligeiramente, entre 1972 e 1976, como indicam os dados, isso se deveu provavelmente à escassez de mão de obra em determinadas atividades – construção pesada, agricultura comercial –, o que deve ter levado ao aumento dos baixos salários nas áreas de acumulação mais intensa de capital. Seja como for, o período de 1968 a 1976 (sobre o qual se pode inferir, graças aos dados disponíveis para 1970-1976) se caracterizou pelo extraordinário aumento da renda pessoal e familiar, que poderia ter permitido uma repartição menos desigual, mas, na realidade, levou a uma desigualdade ainda maior na repartição.

A situação parece ter mudado após 1976: o movimento operário ressurgiu com ímpeto, primeiro no plano econômico, logo mais no político; e a renda real, pessoal e familiar, passa a diminuir em vez de aumentar. Esse último aspecto contradiz a crença generalizada, baseada nos dados da Contabilidade Nacional, de que a renda teria crescido, em termos reais, entre 1976 e 1980, passando a diminuir apenas a partir de 1981. Não se dispõe de informações que permitam resolver essa contradição no momento e, se baseamos a análise dos períodos anteriores nos resultados dos censos demográficos e Pnads, não há por que supor que esses resultados deixem de ser válidos de 1976 em diante. Portanto, admitimos os referidos resultados, que apontam pequena redução da renda média pessoal (5,2%) e familiar (7,6%) entre 1976 e 1980. Entre 1981 e 1983, a crise se inicia para valer e a renda pessoal média cai 20,4% em termos reais.

Entre 1976 e 1980, a renda passa a se repartir menos desigualmente, apesar de estar em queda, o que só pode ser atribuído à pressão redistribuidora dos sindicatos e outras associações voluntárias ligadas à classe operária. A legislação salarial adotada em fins de 1979, que sanciona e generaliza a redistribuição da renda salarial em favor dos que ganham até três salários mínimos, deve ser creditada à ampla atividade reivindicatória e grevista dos dois anos anteriores. Aquilo que poderia ter sido feito com facilidade entre 1968 e 1976, quando a renda crescia impetuosamente e o *acréscimo* dela poderia ter sido destinado em sua maior parte aos mais pobres, acabou sendo feito em condições adversas, de 1976 em diante. Só que, então, o que se redistribuiu não foi um ganho, mas uma perda, e a vitória lograda pelo movimento operário, ao menos até 1981, foi a de evitar que a diminuição da renda real atingisse os 60% de famílias mais pobres tanto quanto os estratos mais ricos. Estes sofreram reduções acentuadas de renda real. Os 10% de famílias mais ricas perderam 15% da sua renda entre 1976 e 1980, enquanto os 60% mais pobres perderam somente 4,5%.

Seja como for, o ocorrido entre 1976 e 1980 comprova também, no que concerne ao Brasil, que a determinação estrutural da repartição da renda, devida à hegemonia do capital monopolista no processo de desenvolvimento, não tem que ser a única, podendo, por assim dizer, ser eventualmente "corrigida" pela atuação de forças sociais que lhe são contrárias. O que caracterizou o regime militar, durante a maior parte de sua vigência, foi precisamente a mais completa repressão dessas forças. Mesmo porque o golpe que instaurou o regime militar, em 1964, teve por finalidade principal eliminar do cenário econômico e político sindicatos, partidos, Ligas Camponesas e outras organizações voluntárias que, de algum modo, representavam os interesses dos trabalhadores da cidade e do campo e se opunham à consecução de políticas de "estabilização", consideradas indispensáveis pela classe dominante. Até 1978, o regime militar cumpriu, com zelo digno de causa melhor, o seu destino. Por sorte, ou melhor, por efeito de uma série de fatores internos e externos, na maior parte desse período a economia brasileira pôde crescer muito, o que fez que a concentração da renda – consequência inevitável das políticas do regime – causasse um aumento da pobreza relativa e uma diminuição, limitada mas significativa, da pobreza absoluta.

Quando a renda deixou de crescer, o regime militar enveredou pelo caminho da "abertura política", que culminou com sua autoabolição. A "abertura" resultou também do enfraquecimento da base social de apoio ao regime, o qual esteve ligado ao crescente insucesso do mesmo no *front* econômico. Mas seria dar provas de estreito economicismo atribuir a "abertura" apenas ou mesmo principalmente aos malogros econômicos. Pesaram nessa reviravolta de grande significado igualmente fatores políticos e ideológicos, por exemplo a opção preferencial pelos pobres assumida oficialmente pela Igreja Católica, a crescente oposição ao regime de certas categorias de trabalhadores intelectuais (jornalistas, advogados), mudanças na correlação de forças dentro do estabelecimento militar etc. E, dessa maneira, nos últimos anos do regime militar, a repressão ao movimento operário diminuiu o suficiente para que este pudesse influir sobre a repartição da renda, revertendo a tendência de sua concentração cada vez maior. É verdade que o aguçamento da crise, em 1982-1983, permitiu ao regime militar um último arrocho salarial, voltando a concentrar a renda. Foi como se o regime militar quisesse marcar sua saída da cena histórica com as características de sua entrada. Com a inflação ultrapassando a marca dos 200% e o produto real em queda acelerada, o último governo militar tentou voltar às suas premissas originais, o que permitiu tornar claro seu obsoletismo em face da nova situação do país. A resistência da sociedade civil, inclusive de ponderáveis setores empresariais, às medidas de arrocho concentrou-se no Legislativo, onde pela primeira vez o governo sofreu sucessivas derrotas. Esses eventos, ao longo de 1983, prepararam a dissolução da maioria parlamentar do governo e conduziram, no ano seguinte, à queda final do regime militar.

A luta ao redor da repartição da renda esteve na origem e no fim do regime militar. Essa luta, sem dúvida, continuará no período histórico que agora se inicia, mas em condições bem diferentes. O regime militar instituiu extrema centralização dos reajustamentos salariais e acabou por unificar nacionalmente o salário mínimo. Além disso, ele legou à nova democracia em formação uma repartição da renda extremamente desigual. Desconcentrar a renda tornou-se, por isso, prioridade máxima, não só do ponto de vista da justiça social, mas também do político. É a tarefa histórica da democracia a ser instaurada no país. As forças que têm vocação para essa tarefa serão chamadas a desempenhar um papel crucial no futuro próximo. Convém que se preparem para ele destrinchando a teia de fatores que determinam a repartição da renda e formulando um elenco de medidas eficazes para reduzir os intoleráveis graus de desigualdade de renda que hoje predominam no Brasil.

Referências bibliográficas

BACHA, E. *Os mitos de uma década*: ensaios de economia brasileira. Rio de Janeiro: Paz e Terra, 1976.

DEPARTAMENTO INTERSINDICAL DE ESTATÍSTICA E ESTUDOS SOCIOECONÔMICOS (Dieese). *Dez anos de política salarial*. São Paulo: Dieese, 1975. (Série Estudos Socioeconômicos, n.3.)

FUNDAÇÃO GETÚLIO VARGAS (FGV). *Contas nacionais do Brasil*. Rio de Janeiro: FGV, 1984.

_____. *Conjuntura Econômica*, Rio de Janeiro, v.38, n.6, jun. 1984.

INSTITUTO BRASILEIRO DE GEOGRAFIA ESTATÍSTICA (IBGE). *Anuário estatístico do Brasil: 1984*. v.45. Rio de Janeiro: IBGE, 1985.

_____. *Anuário estatístico do Brasil: 1982*. v.43. Rio de Janeiro: IBGE, 1983.

_____. *Indicadores sociais: tabelas selecionadas 1979*. Rio de Janeiro: IBGE, 1979.

LANGONI, Carlos Geraldo. *Distribuição da renda e desenvolvimento econômico do Brasil*. Rio de Janeiro: Expressão e Cultura, 1973.

MINISTÉRIO DO TRABALHO. *Relação Anual de Informações Sociais: Rais 1983*. Brasília, 1985.

SINGER, Paul. *Dominação e desigualdade*: estrutura de classes e repartição da renda no Brasil. Rio de Janeiro: Paz e Terra, 1981.

SOBRE O LIVRO

FORMATO
13,5 x 21 cm

MANCHA
24,9 x 41,5 paicas

TIPOLOGIA
Coranto 10/14

PAPEL
Off-white 80 g/m² (miolo)
Cartão Triplex 250 g/m² (capa)

1ª Edição Editora Unesp: 2024

EQUIPE DE REALIZAÇÃO

EDIÇÃO DE TEXTO
Tulio Kawata (Copidesque)
Angélica Ramaciotti (Revisão)

PROJETO GRÁFICO
Marcos Keith Takahashi (Quadratim)

CAPA
Quadratim

EDITORAÇÃO ELETRÔNICA
Eduardo Seiji Seki

ASSISTENTE DE PRODUÇÃO
Erick Abreu

ASSISTÊNCIA EDITORIAL
Alberto Bononi
Gabriel Joppert

Rua Xavier Curado, 388 • Ipiranga - SP • 04210 100
Tel.: (11) 2063 7000 • Fax: (11) 2061 8709
rettec@rettec.com.br • www.rettec.com.br